인도 100문 100답 ②

인도를 이해해야 세계에 다가선다
인도 100문 100답 2
이광수 지음
앨피

35년 동안 인도 전공 학과에서 학생들 가르치고 연구하는 일을 하면서, 여러 곳으로부터 인도에 관한 이런저런 질문을 많이 받았다. 특강을 요청받기도 하는데, 어차피 인도에 관해 대중들이 갖는 궁금증을 풀어 줘야 하기에, 그들이 무엇을 궁금해하는지 그 질문을 파악하고 답을 해 드리는 일에 몰두하였다. 그리고 그 내용을 묶어 2018년에《인도 100문 100답》을 냈다. 반응이 상당히 뜨거웠다. 책을 내고 난 뒤 주로 인도 관련 비즈니스를 하는 사람들로부터 고맙다는 반응을 많이 받았는데, 덧붙이는 질문으로 경제나 비즈니스보다는 사회나 정치 혹은 문화에 관한 질문이 많았다. 이후로 이러저러한 요청에 따라 유튜브 채널 〈최준영 박사의 지구본 연구소〉에 나가 인도 이야기를 1년 넘게 했다. 거기서도 시청자들의 반응을 듣는다. 강의, 강연, 책, 방송 할 것 없이, 대중한테서 나오는 가장 큰 반응은 인도는 이해하기 너무 어렵다는 것이다.

그도 그럴 것이, 인도는 세계 그 어느 나라보다 복합적이고 이질적인 요소들이 섞여 있는 나라다 보니 그럴 수밖에 없다. 그 어려운 것들을 길게 설명하자니, 대중은 그 설명을 다 알아들을 수가 없다. 가장 중요한 건 역사적 이해다. 어떤 질문에 대한 답의 핵심은 그것이 만들어지고 실천하면서 변화하는 역사에 있는데, 우리나라 사람들이 인도 역사를 제대로 이해하고 있을 리 만무하기 때문이다. 그렇다고 그 길고 방대한 역사를 다 읽고 이해하라고 할 수도 없다. 보통의 지식 수요자들은 대체로 체계적으로 역사를 공부하는 과정을 밟을 수 없는 상황인데, 인도의 역사는 얼마나 복잡하고 방대한가?

전문가가 거의 없다 보니 어쩌다 주워들은 내용도 제대로 된 게 별로 없을 터, 그렇다면 그 지적 욕구를 채워 줄 수 있는 방식은 한 가지밖에 없다. '1문 1답'을 하되, 질문에 대한 답으로서 팩트를 명시한 후 그에 대한 역사적 분석을 요점만 간단히 하고 그것을 토대로 그 사회문화적 의미를 풀어 보는 것이다. 이 방식으로 먼저 출간한 《인도 100문 100답》에서 더 깊이 다루지 못한 내용을 한데 모아, 한 걸음만 더 들어가 대답하는 내용으로 이 책을 썼다. 그래서 이 책에서는 가능한 한 질문과 직접 관련된 내용을 다루되, 간접적 배경이나 예시 등 더 넓거나 깊게는 들어가지 않으려 했다.

현재 인도에 가장 큰 관심을 보이는 이들은 단연 기업인들이다. 그들은 이구동성으로 묻는다. 진짜, 인도가 중국을 대체하는 시장이 되겠습니까? 인도 경제가 정말 앞으로도 계속 성장하겠습니까? 이런 질문에 대한 대답은 그 누구도 정확하게 할 수 없다. 경제 전망은 변화의 트렌드를 보고 해석해야 하는데, 그 트렌드라는 것 또한 지나간 데이터로 해석하는 것이라 한계가 있다. 인도는 지금도 계속 전인미답의 길을 걷고 있는데, 20년 전의 데이터를 가지고 지금의 인도를 논하는 건 참으로 자의적이라는 것이다. 20년 전의 데이터가 무의미하다는 말은 아니지만, 그보다는 그 정치적 · 사회적 · 문화적 의미를 분석하는 편이 현재의 인도(경제)를 진단하고 미래를 예측하는 데에 더 도움이 될 것이다. 정치적 · 사회적 · 문화적 맥락 위에 경제 데이터를 얹어야 제대로 된 전망이 나올 수 있다.

그러한 맥락에서 중요한 것이 인도라는 국민국가가 건설된 과정에 대한 분석이다. 국민국가 건설을 설계하고 지휘한 초대 수상 네루Jawaharlal Nehru는 어떤 나라를 건설하려 했는지, 네루의 유산 위에서 인디라 간디는 어떤 정치를 하다 어떤 역사적 발자취를 남겼는지를 찾아봐야 한다. 언뜻 보면 그들의 유산이 현재 모디 수상의 신자유주의경제와 별 관계가 없이 보이지만, 그렇지 않다. 그 토대라는 묵힌 유산이 지금의 많은 변수를 만들어 낸다. 지금 글을 쓰는 이 순간에도 하리야나주의 농민 시위대가 '딜리 짤로Dilli Chalo(델리로 진격하자)'라고 외치며 델리로 이어진 국도를 점거해 교통을 마비시키고 기물을 파손하는 격렬한 저항운동을 벌이고 있다는 인도발 뉴스가 나온다. 인도 경제가 잘 나간다는데 왜들 저러는가? 저들의 저항이 향후 인도 경제에 어느 정도 영향을 끼칠까? 이런 전망이 가능하려면 건국 이후 지금까지 진행된

국민국가 인도공화국의 성격과 사회 변화를 알아야 한다. 이 책은 그러한 이해의 과정을 보여 주려 하였다.

그렇다면 인도에 대한 공부와 이해가 인도라는 나라에 투자하고 외교관계 맺고 취직하고 비즈니스를 하려는 이들에게만 필요할까? 내가 보기에는 그보다 더 중요한 게 있다. 우리와는 너무나 다른 세계, 그 낯선 세계를 이해해 보는 것이다. 나와 다른 사람들과 함께 살아가야 하는 복합적이고 중층적인 세계에 대한 이해와 공감, 요즘의 글로벌 시대에 꼭 필요한 교양인의 자세다. 인도는 우리에게 너무나 복잡하고, 너무나 이질적이어서 표준이라거나 정상이라거나 보편이라거나 하는 따위의 개념을 적용하기가 참 어려운 나라다. 수없이 많은 요소가 국가와 민족 같은 큰 틀이 약한 사회문화 안에서 마구 섞이면서 만들어 내는 결과는 실로 다양하고 가변적이다. 그렇게 살아가는 그 사람들의 삶의 양식, 이것이 내가 이 책을 통해 독자들에게 보여 주고 싶은 것이다.

그 안에서 어떤 건 우리와 비슷한 것도 있고, 어떤 것은 전혀 다른 것도 있다. 겉으로는 비슷해 보이지만 그 의미는 전혀 다른 것도 있고, 그 반대의 경우도 있다. 그러한 삶의 모습들, 인도인들이 살아가는 방식에 대한 존중과 이해, 그것을 소개하고 싶다. 과연 인도의 힌두교는 이상한 종교인가? 우리의 불교는 말할 것도 없고 기독교가 힌두교와 전혀 다른가? 인도의 카스트는 어떠한가? 우리에게는 그런 카스트가 없는가? 양반과 상놈을 나누는 반상제班常制가 사라진 자리에 새로운 카스트가 들어서지는 않았는가? 인도인들이 저지른 테러와 학살의 정치가 우리에게는 없는가? 그들이 겪은 영국 식민 지배와 우리가 겪은 일본 식민 지배 사이에 다른 점과 같은 점은 무엇일까? 이런 질문과 설명 위에서 다른 질문과 의미를 끌어올리는 작업을 독자들과 함께 할 수 있다면 더 바랄 것이 없겠다.

이 책은 어쩌면 내가 교수 생활 35년간 마지막에 내놓는 인도에 관한 저작이 될지 모른다. 오랫동안 인도사를 전공하는 역사학자로서 정체성을 유지하면서 살고 싶었는데, 35년을 겪고 보니 나는 인도라는 나라를 전공으로 하는 지역 연구가, 지역 전문가가 되어 있었다. 사회에서, 대중이 원하는 길을 가지 않을 수 없었고, 그 길 위에서 항상 행복했다. 지금까지 그 인도로 가는 길을 함께 해 준 모든 분께 지난 35년간의 영광을 돌린다.

인도를 온전히 연구하고 가르칠 수 있게 해 준

제2의 고향 부산에서

이광수

차 례

현재의 뿌리, 고대와 중세의 역사

식민과 민족이 만날 때

간디의 조국, 네루의 나라

흔들리며 피는 꽃, 하나의 연방

빈곤 경제에서 최강 경제로

인도를 통해 새로운 세계질서를 보다

모디의 나라는 어디로 가는가?

현대 인도인의 일상

I

카스트는 없지만,
카스트는 있다

모디 수상의 카스트는?

한국 사람들은 인도의 카스트에 대해 여전히 많은 오해를 한다. 그 여러 오해 가운데 하나가 아직도 인도 사회에서 카스트가 어떤 위계적 기능을 할 것이라는 생각이다. 처음 나렌드라 모디가 수상이 되었을 때, 그에 대한 설명은 항상 그의 카스트부터 시작하곤 했다. 최근에도 모디에 관한 강의를 요청받아, 한국 사람들이 모디의 총선 승리와 연방정부 수상 취임과 연임을 어떻게 이해하는지를 파악해 보고자 동영상 몇 개를 시청했다. 그러다가 시청률이 꽤 높은 프로그램에 비전문가들이 강연자나 패널로 출연해 그에 대해 이야기하는 동영상들을 봤다. 그중에는 라훌 간디와 모디의 대결을 왕자와 거지에 빗댄 내용도 있었다.

물론 실제 인도 선거판에는 그런 비유가 없다. 설령 그와 비슷한 내용이 있다 하더라도, 라훌을 왕자로 비유할 수는 있어도(초대 수상 네루의 외증손자로 외할머니가 인디라 간디, 아버지가 라지브 간디Rajiv Gandhi로 모두 수상을 역임했다) 모디를 '거지'라 한 건 너무 심했다. 모 프로그램 강연자는 그 이유가 모디의 카스트 때문이라고 했다. 말도 안 되는 소리다. 현재 인도 사회에서 카스트가 갖는 의미를 이해하지 못하는 것이다.

백 번 양보하여, 만약 인도에서 누군가가 모디를 '거지'로 이미지화했다면 그건 그의 카스트 때문이 아니라 그가 어렸을 적에 가난해서일 것이다. 모디의 카스트는 간치Ghanchi로, 범인도적으로 치면 뗄리Teli라는 기름 짜는 일을 직업으로 하는 카스트이다. 바르나(고대 인도에서 정한 네 가지 계급 체계. 브라만-끄샤뜨리야-바이샤-슈드라) 범주로 치면 슈드라Shudra, 요즘 정치행정적 카테고리로 치면 여타후진계급Other Backward Classes에 속한다. 전통적 분류로 보면 하층 카스트이지만 인구수로는 인도 사회 최대 집단이고, 무엇보다 경제적으로 이들이 전부 가난하다고 말할 수는 없다. 인도에서도 카스트가 사회적으로 기능하지 않은 지가 이미 오래되었고, 특히 도시에서는 음식과 결혼이라는 사적인 영역을 제외하고는 거의 작동하지 않는다. 보이지 않는 방식으로 하층계급을 천시하는 건 있지만, 카스트가 낮아서 사회적으로 높은 지위를 차지할 수 없다고 할 수는 없다. 자본주의 시장경제 체계가 보편화되고 그 안에서 직업의 자유가 널리 퍼지면서, 도시의 젊은이들은 자신의 카스트가 뭔지조차 모르는 경우가 허다하다.

그러니 모디의 카스트가 슈드라에 속한다고 해서 그가 수상 자리에 오르는 것이 특별한 일은 아니다. 그런데 '거지'라니 어불성설이 아닐 수 없다. 모디가 말한 바에 따르면, 그의 부친은 그가 어렸을 적에 구자라뜨주의 한 기차역 구내에서 짜이(홍차)를 팔았다. 당시 기준으로 볼 때 가난하다고 할 수는 있어도 극빈층이라거나 거지라고 할 수는 없다. 더군다나 모디의 카스트가 슈드라이기 때문에 거지라고 하는 건 말이 안 되는 소리다. 실제로 상대 당인 인도국민회의에서 찌이왈라(홍차 팔이)가 이 나라를 이끌 수 있겠느냐고 여러 차례 공격하긴 했지만, 모디가 가난해서라거나 카스트가 낮아서라거나 하는 말은 그 누구도 한 적이 없다.

현대 인도 사회에서도 직업의 자유는 100퍼센트 보장되고, 그건 카스트와 무관하다. 카스트가 낮아서 뭘 못한다거나, 카스트가 낮음에도 불구하고 뭘 해냈다거나 하는 이야기는 성립할 수 없다. 카스트가 낮은 사람이 극도로 가난하게 산다거나 거지를 한다면, 그건 카스트가 낮아서가 아니라 돈이 없어서일 테고, 돈이 없는 이유는 집안 대대로 가난이 이어졌기 때문일 수 있다. 그 가난에 자본주의 이전의 카스트가 깊은 영향을 끼친 것은 맞고, 카스트가 낮은 사람 중에 여전히 가난한 사람이 많은 것도 대체로 맞는 말일 수 있지만, 카스트가 마치 중세 봉건시대의 신분제와 같이 작동한다는 것은 틀린 말이다.

어떤 시사 토론 프로그램에서는 브라만이 주도하는 인도 정치에서 낮은 카스트의 모디가 수상까지 올라간 일은 획기적이라고 했다. 정말 잘못된 이해이다. 인도 정치에서 브라만이 주도 세력이지도 않고 될 수도 없으며, 낮은 카스트가 높은 지위에 올라가는 게 놀랄 만한 일도 아니다. 슈드라보다 더 낮은 불가촉천민이 대통령이 된 일도 있고, 불가촉천민이 대학 총장이 된 일도 있다.

심지어 요즘에는 힌두 사제마저 시험을 봐서 뽑는데, 불가촉천민도 합격하면 사제가 될 수 있다. 슈드라 범주에 들어가는 사람들이 전체 인구의 40퍼센트나 된다. 그들이 사회적으로 높은 지위에 올라간 것이 뉴스가 된다면 그 사회가 제대로 작동할 수 있을까?

낮은 카스트가 가난하고 힘없고 무시당하는 것은 대체로 맞다. 그것은 오랫동안 역사적으로 축적된 결과다. 그래서 그들에게 인도 정부는 적극적 보상정책을 펼치고 있고, 특히 정치에서는 그들끼리 집단 세력화하는 현상도 자주 나타난다. 그렇지만 카스트가 마치 신분처럼 작동하는 일은 현재 인도 사회에 없다. 낮은 카스트여서 뭘 못 하고, 낮은 카스트임에도 뭘 해냈다고 하는 건 있을 수 없다. 인도를 여전히 카스트의 나라로 보면 인도를 제대로 이해할 수 없다. 특정인의 카스트가 뭔지 궁금해할 필요도 없다. 카스트가 작동하는 건 음식을 먹거나 결혼을 하는 것과 같은 사적인 영역에서나 가능하다. 한국 사회와 마찬가지로 인도도 돈, 학력, 인맥 등이 큰 영향력을 발휘하는 사회다. 다만, 우리보다 카스트라는 관계가 사적 영역에서 훨씬 더 강력한 영향을 끼칠 뿐이다.

불가촉천민이라서 하수구 청소를 한다고?

인도에 관한 오해 가운데 가장 심각한 것이 카스트에 관한 것이고, 그 가운데서도 불가촉천민 문제일 것이다. 자신이 인도 전공 교수라고 하는 사람조차 자기는 딱 보면 누가 불가촉천민임을 알 수 있다고 할 정도로 '아무 말 대잔치'가 벌어진다. 그러니 방송사나 유튜브에서 혹은 인도를 몇 번 다녀온 사람들이 불가촉천민에 관한 아무 말이나 하는 건 별로 놀랍지도 않다. 몇 년 전에 유력 방송사 프로그램에서 인도의 불가촉천민 문제를 다룬 걸 본 적이 있다. 그 프로그램은 델리의 하수구 청소를 하는 불가촉천민을 집중적으로 취재해서 방영했다. 이루 말로 할 수 없을 만큼 더러운 하수구 맨홀 안으로 들어가 온갖 악취가 나는 더러운 오물을 청소하는 모습을 그대로 방영했다. 그 다큐멘터리의 주인공은 도시 외곽에 사는, 불가촉천민 카스트에 속하는 도시빈민이었다. 그러니 불가촉천민이 더러운 하수구 청소를 한다는 말은 맞는 말이다. 하지만 하나는 알고 둘은 모르는 소리다.

그 사람은 불가촉천민이어서 그 일을 하는 게 아니다. 그의 신분이 그런 일을 하게 되어 있어서 하는 게 아니라는 말이다. 직업의 자유가 있는 자본주의 사회에서 그 일을 하기 싫으면 하지 않아도 된다. 그러나 목구멍이 포도청이라 그 일을 해서 먹고 살아야 하기 때문에 그 일을 하는 것이다. 그는 가난해서, 배운 게 특별히 없어서, 다른 사람들이 그 일에 나서지 않아서 그 일을 직업으로 택한 것이다. 하수구 청소는 전통적 카스트 체계에서 상층 카스트인 브라만, 끄샤뜨리야, 바이샤나 하층 카스트인 슈드라에 속하는 사람들은 하지 않는 일이다. 직업의 자유가 있다지만, 불가촉천민 위의 위계에 속한 사람들은 그런 오염된 일을 하기를 극도로 꺼린다. 직업의 자유가 있기 전 전통사회 때부터 하수구 청소는 줄곧 불가촉천민의 일이었다. 실제로 문제의 프로그램에 나온 주인공은 델리시 정부 산하 도시 청소 일을 맡는 어느 기관에 속한 일용직 노동자다. 그는 직업인으로서 그 일을 맡아 할 뿐이라는 것이다.

그러니 어떤 직업의 노동환경이 열악하다면, 그것은 카스트나 신분 문제가 아니라 도시빈민의 문제다. 다른 예를 들어 보면 더 쉽게 이해할 수 있다. 어느 곳이라도 도시에 가면 매춘부가 있다. 그 가운데 브라만에 속한 사람이 있겠는가 없겠는가? 이건 상식의 문제다. 당연히 있다. 돈벌이가 없고 가난한 여성이 당장 아이 분유 값이라도 마련하고자 한다면, 혹은 다른 사정상 그 일을 하게 된다면 브라만 신분이라도 매춘부 일을 할 수 있다. 물론 가능성은 낮지만 있을 수 있는 일이라는 것이다. 그러니 그 매춘부 문제가 사회적 문제가 된다면, 그건 카스트와는 아무 관계가 없다.

또 하나의 예를 보자. 인도의 도시들에는 아야Aya라는 파출부가 있다. 아야는 일정한 시간에 집으로 와서 집 안의 온갖 허드렛일을 하는 가내 청소부 일용노동자다. 당연히 전통적으로 상층 카스트는 그 일을 하지 않고, 주로 슈드라에 속한 사람들이 하는 경우가 많다. 그래서 어떤 파출부는 집 안팎 청소는 해도 화장실 청소는 하지 않는 경우가 있다. 화장실 청소는 불가촉천민 출신 파출부에게 따로 맡기라는 것이다. 음식을 만드는 부엌일 파출부가 청소, 특히 화장실 청소를 하지 않는 경우도 있다. 그러나 요즘 들어서는 파출부와 화장실 청소부를 따로 두지 않는 경우가 많다. 청소하는 파출부가 화장실 청소도 한다. 돈을 더 많이 벌어야 하기 때문이다. 특히 2000년대 이후 인도 경제성장이 시작되고, 도시가 급성장하면서 본격화된 사회현상이다. 이런 파출부 가운데 브라만을 비롯한 상층 카스트도 있다. 다만, 아직도 브라만이나 상층 카스트가 그런 일을 하는 걸 드러낼 수 없는 사회적 분위기 탓에 고향에서 멀리 떨어진 다른 도시로 가서 일을 한다. 델리나 구르가온에서 일하는 아야의 상당수가 비하르나 서벵갈 출신이 많은 건 그 때문이다.

인도의 도시는 전형적인 현대사회 공간이다. 익명의 공간이고, 직업의 자유가 있는 공간이라는 말이다. 그가 하는 일을 보고 무슨 직업을 가진 사람인지 알 수는 있지만, 그의 카스트가 무엇인지는 알 수 없다. 인도 사람에게 카스트가 뭐냐고 물어보는 것은 사적 영역을 묻는 실례되는 일이다. 인도 사회, 특히 도시에서는 누구든 무슨 일이나 할 수 있다. 많이 배우고 능력 있는 사람은 공무원 시험을 봐서 공무원이 될 수 있고, 그렇지 못한 사람은 일용 노동자가 된다. 직업은 카스트와 아무 관계가 없다. 다만, 전통 카스트 체계에서 하층 카스트와 불가촉천민에 속한 사람들은 상당수가 가난하다. 배운 것도 변변치 않고 빈곤만 대물림된 결과이다. 그러나 운 좋게 혹은 각고의 노력 끝에 영국 식민 시기 이후 근대화 물결을 타서 부자가 된 사람들도 꽤 있다. 역으로 빈곤층으로 추락한 상층 카스트도 얼마든지 있다. 그들은 웬만하면 자기 카스트 집단이 꺼리는 일은 하지 않지만, 돈이 필요해지면 어쩔 수 없다. 과거에는 카스트 문화가 압도적이었지만, 도시에 현대성이 강해지면서 이제는 그런 전통이 옅어졌다는 이야기다.

인도 하면 카스트를 떠올리지만, 카스트로 보지 않아야 인도를 제대로 이해할 수 있다. 특히 도시가 그렇다. 인도도 다른 나라들과 마찬가지로 자본주의 사회고 근대사회다. 빈부 문제 · 노동 문제 · 인권 문제가 사회의 주요 문제고, 거기서 카스트는 주요 기준이 되지 않는다. 물론, 사적 공간에서 작동하는 카스트 간 차별이 있고, 특정 카스트 집단이 정치적 영향력을 행사하는 것은 별개의 문제다. 한국에도 성씨별 문중 정치가 얼마든지 있을 수 있는 거 아닌가? 인도도 이와 비슷하다. 특히 인도의 도시에서는 카스트에 너무 관심 가져서는 안 된다.

암베드까르 박사는 왜 《마누법전》을 불태웠는가?

인도에서도 12월 25일 크리스마스를 기념한다. 그러나 적어도 인도의 불가촉천민들은 다른 이유로 이날을 기린다. 1927년 12월 25일, 불가촉천민의 지도자 암베드까르B. R. Ambedkar 박사는 《마누법전》을 불태웠다. 그가 주도한 이 행동은 실로 엄청난 충격을 주었고, 그로 인해 많은 불가촉천민이 살해당했다. 그들은 왜 많고 많은 힌두교 경전 가운데 《마누법전》을 불태웠을까? 답부터 말하자면, 《마누법전》은 고대 인도에서부터 20세기 들어서까지 인도 사회에 엄청난 영향력을 행사하는 성전으로, 특히 불가촉천민과 슈드라에 대한 핍박과 비인간적 취급을 법으로 정당화한 원천이기 때문이다.

《마누법전》은 베다 편찬이 끝나고 시작된 법 전통인 스므리띠Smriti 문헌 가운데서도 가장 오래되고 권위 있는 것이다. 언제 편찬되었는지는 불분명하지만, 최고 권위의 법전임은 아무도 의심하지 않는다. 그러면 《마누법전》은 누구의 저작인가? 알 수 없다. '마누'라는 이름을 가진 사람의 저작으로 이해하는 것이 자연스럽지만, 그렇지 않다. 누군지 모른다. 그 이름을 알 수 없는 어떤 사람이 '마누'라고 하는 힌두 신화에 나오는 인간의 조상이 자신에게 들려준 법을 편찬했다는 의미다. 자신의 저작 혹은 예로부터 내려오는 여러 저작을 편찬하면서 거기에 자신의 이름을 붙이지 않고 신화 속 존재에게 저작권을 부여하여 그 법의 권위를 높이는 전형적인 힌두교 방식이다.

그렇다면 마누는 누구인가? 신화에서 선인仙人으로 나타나는 태양신 혹은 스스로 존재하는 자(스와얌부Svayambhu, 자생자)의 아들이다. 절대 존재 브라흐만brahman 그 자체라고도 하고, 창조의 신 쁘라자빠띠Prajapati라고도 한다. 인류의 선조라는 의미에서 '아버지'로 불리기도 한다. 마누는 기독교의 노아 방주 신화와 비슷한 힌두 고대 신화에 나오는 인물이다. 신화에 의하면, 물고기로 나타난 최고의 신 비슈누가 마누에게 이르기를 곧 대홍수가 나니 배를 준비하라고 했고 마누가 그 말씀을 따라 배를 준비한다. 그리고 대홍수의 재앙 속에서 홀로 살아남은 마누는 고행을 통해 여성을 생겨나게 했으며, 다시 고행으로 그 여성의 몸을 통해 인류가 번성하게 한다. 여기에서 태양 왕조가 시작된다. 마누가 새 인류의 법과 정의 사회를 세우고자 여러 법을 제정하였는데, 그것이 《마누법전》이다.

그러니 《마누법전》의 권위는 압도적이다. 기독교에서 모세가 하나님의 가르침을 듣고 경전으로 편찬하였다 하여 '모세 5경'이라 부르는, 그리고 이후 구약을 폐하고 새로운 언약을 내린 법, 즉 하나님이 내린 신약과 같은 위치의 법이다. 그 《마누법전》이 카스트로 나뉜 불평등한 힌두 사회를 찬양하고, 그 안에서 슈드라와 불가촉천민을 개, 돼지 취급하는 것을 적극적으로 옹호한 것이다. 그 구체적인 조항을 살펴보자.

- 상층 카스트가 음식을 먹고 있는 것을 불가촉천민이나 멧돼지, 닭, 개, 월경 중인 여자, 남자도 아니고 여자도 아닌 중성은 보지 못하게 해야 한다. (그들이 보면 오염되기 때문이다.)

- 불가촉천민은 마을 밖에 거주해야 한다. 깨진 그릇에 음식을 주어야 하고, 그들이 잘 보이지 않는 밤에 마을이나 도시에 돌아다니지 못하게 해야 한다. (그들을 보면 오염되기 때문이다.)

- 브라만은 제사 지낼 때 절대로 슈드라에게 시물施物을 받지 말아야 한다. 슈드라에게 시물을 받은 제주는 죽어서 불가촉천민으로 태어난다.

- 한 어머니에게서 태어난 자매와 성관계를 한 자, 아들의 여자와 성관계를 한 자는 불가촉천민 여자와 성관계하는 자와 같다. 그들은 스승의 잠자리를 더럽힌 자와 같음을 알라.

- 제물을 먹고 남은 것을 슈드라에게 주는 어리석은 자는 죽어서

머리가 거꾸로 서는 지옥으로 간다.

■ 슈드라가 높은 카스트의 이름과 신분을 무례하게 부르면 그 입에 손가락 길이 열 배 되는 쇠못을 박아야 한다.

■ 슈드라는 능력이 있을지라도 재산을 모아서는 안 된다. 슈드라가 재산을 모으면 브라만들을 옭아매기 때문이다.

■ 거만하게도 브라만에게 그 다르마를 가르치는 자에게는 왕이 그 입과 귀에 뜨거운 기름을 붓게 해야 한다.

《마누법전》이 규정하는 사회는 불가촉천민을 사회에서 철저히 배제하는 것이 가장 중요한 사회적 행위다. 불가촉천민은 입문식에서 형벌을 받는 형식을 통해 이 세계에서 사회적으로 권리 · 의무 · 능력 등을 완전히 빼앗기고 죽은 후에도 어떠한 보상을 얻지 못하는 존재로 낙인찍혔다. 그리고 일시적인 것이지만 죄에 의해 부정하게 된 자가 다시 정淨의 세계에 복귀하려면 해당 죄와 부정不淨에 대한 대가를 반드시 치러야 했다. 그 정죄는 죄의 종류에 따라 다르지만, 일반적으로 볼 때 특별히 그들에게만 가혹하고 혹독하게 부과되었다. 철저하게 불평등법이다. 여기에 《마누법전》에 업과 윤회 사상이 본격적으로 더해지면서 이 불평등은 극으로 치닫는다. 한 마디로, 마누가 설파한 법을 지키지 않으면 지옥으로 떨어지고 영원무궁토록 죄의 대가를 지옥에서 치러야 한다는 것이다.

그러니 《마누법전》을 철저하게 믿고 따르는 힌두 사회에서 불가촉천민의 사회적 처지가 어떠했겠는가? 살아도 죽은 것이고, 죽어도 죽은 것 아니겠는가? 그 상상을 초월한 수준의 불평등이 1920년대까지도 인도 사회에서 널리 행해졌다. 이미 영국이 사회를 근대화시키고, 인간 평등이 널리 제기된 사회였는데. 당시 암베드까르 박사가 주도한 불가촉천민들의 저항은 전통사회에 대한 저항이었고, 그 저항의 핵심은 그 《마누법전》을 부인하는 것이었다. 그것은 목숨을 건 처절한 싸움이었다. 그러나 그 싸움은 성공하지 못했고, 1947년 독립 후 10년 정도가 지난 1956년에 그들은 대거 불교로 개종해 버린다. 그러나 그렇다고 해서 카스트 사회 안에서 개돼지 취급받는 불평등이 끝난 것은 아니었다.

카스트를 마음대로 바꿀 수 있을까?

카스트는 국가나 정부가 법으로 정하는 제도가 아니라서 폐지할 수 없다. 폐지하고 말고의 대상이 아니라는 말이다. 다만, 근대화 이후 그 성격이 크게 변화하여 카스트 고유의 위계성과 세습성은 거의 다 사라지고 지금은 사적 공간에서의 차별만 남았다. 그러나 정치 쪽에서는 선거 때 집단으로 동원되는 등 카스트 정치가 상당히 횡행하는 중이다. 특히 1990년대 초부터 20년가량 카스트 정치가 크게 기승을 부렸다. 근대화 이후 직업의 자유와 거주 이전의 자유가 생기며 카스트 세습은 폐기될 수밖에 없었고, 그 과정에서 법에 따라 개인의 자유가 동등하게 주어졌기 때문에 사회적 위계도 사라질 수밖에 없었다. 그런데도 왜 인도에서는 카스트가 완전히 사라지지 않고 정치적 힘을 발휘하게 되었을까?

그 계기는 영국이 1872년에 시작하여 1881년부터 1941년까지 10년마다 실시한 인구조사Census와 관련이 깊다. 센서스는 식민 당국이 모든 자원을 파악하고 통제해야 할 필요, 즉 식민 지배의 효율성을 높이려는 조치였다. 이때 영국 당국은 '카스트'도 하나의 분류 항목으로 만들었다. 어떤 카스트가 사회에서 핍박받고 지배당하는지, 어떤 카스트가 존경받는지 등을 조사하여 핍박받는 계급(불가촉천민)에게 사회적 혜택을 주고자 함이었다. 그런데 영국은 계급 분류 기준을 실제로 쓰이는 카스트인 '자띠jati'(태생, 직업)로 정하지 않고, 고대에 있었던 계급 집단인 브라만/끄샤뜨리야/바이샤/슈드라의 '바르나varna'와 불가촉천민으로 분류하였다. 근대화 이후 인도 사회에서는 어떤 카스트가 어떤 바르나에 속하는지 분명하지 않았고, 어떤 카스트가 서열이 더 높은지도 불분명했다. 그런데 센서스가 바르나를 기준으로 분류하다 보니, 불분명한 서열이 바르나로 인해 분명한 서열로 인식되는 역효과가 일어났다. 당시 인도 사람들은 자신의 원래 카스트보다 더 높은 바르나로 등록하고자 했고, 대부분 끄샤뜨리야를 희망했다. 이를 위해 힌두 신화의 여러 근거를 짜맞춰서 자기들의 기원 신화로 만들어 놓고 법적으로 청원하고 돈과 정치권력으로 압력을 행사해 끄샤뜨리야로 등록하는 일이 여러 곳에서 벌어졌다. 카스트의 철폐가 아닌 카스트의 상향 이동이 일어난 것이다. 그렇게 되면서 당시 여러 자띠로 나뉘어 있던 비슷한 부류의 카스트들이 서열상 우위를 차지하고자 서로 연합해 덩치를 키워 권력화하는 일이 본격적으로 벌어졌다. 이 과정에서 1880년대 이후 도입된 선거제도에서의 주도권 확보를 위해 각 집단의 이익적 연대가 활발히 전개되었다.

그러면서 근대화에 따라 생긴 중요한 사회적 변화, 즉 카스트의 공적 기능 약화와는 거꾸로 정치적 기능은 강화되기 시작했다. 서열상 낮은 카스트들이 의례적 지위의 기준이 되는 브라만의 생활양식을 모방하면서, 전통사회의 서열 기준이 되는 브라만 문화가 점차 강화된 것이다. 그 과정에서 연합하여 확보한 세속 권력을 토대로 영향력을 행사하기 시작했다. 그들은 단결하여 종교적으로 더 오염되지 않고 더 정淨한 쪽의 문화나 관행, 예를 들면 채식주의, 금주, 과부재가 금지 등을 자신들의 문화로 채택하였다. 그 과정에서 자신들의 천한 이름을 버리고 고상한 산스끄리뜨 이름을 채택하고, 브라만에게 압력을 가하여 족보를 고쳤다. 이처럼 하층 카스트들이 더 높은 의례적 지위를 확보하려 자신들의 관습, 의례, 이데올로기, 생활양식 등을 버리고 브라만의 문화로 개작하는 것을 사회학자 스리니와스M.N.Srinivas는 '산스끄리뜨화Sanskritization'라 명명했다. 근대화 과정에서 낮은 카스트 사람들이 근대화보다 산스끄리뜨화를 택하면서 카스트 문화가 사라지지 않고 오히려 강화된 것이다.

이후 식민 지배로부터 독립하여 수립된 인도공화국은 불가촉천민에 대한 보호 혜택을 헌법으로 보장하였다. 여기에 일정한 나이가 되면 누구에게나 선거권을 주는 보통선거제가 더해지면서 카스트가 정치적 힘을 갖게 되었다. 선거에서 카스트 연합이 큰 힘을 발휘하게 된 것이다. 특히 전통 카스트 체계에서 낮은 지위와 사회적 핍박을 받으며 살아온 하층 카스트들이 정치적 연대에 적극적이었고, 인도 유일 거대 정당인 인도국민회의는 그들의 표를 얻고자 카스트 정치를 마다하지 않았다. 결국, 전통적 의미의 카스트 질서는 사라지고 새로운 의미의 카스트 집단주의가 힘을 얻었다. 이 현상은 특히 사회가 정치적으로 활성화된 1960년대 이후 더욱 활발하게 전개되었다. 1989년 만달위원회(이 책 36쪽 참조)가 여타후진계급Other Backward Classes에게도 보호 목적의 쿼터를 부여하게 된 것도 카스트 정치의 산물이다.

오늘날 카스트 차별은 법적으로 엄격히 금지되고, 사적인 공간에서만 차별이 일어난다. 그렇다면 카스트를 바꿀 수는 없을까? 더 좋은 대학이나 직장, 더 나은 대우를 받고자 더 높은 카스트로 바꾸려는 시도가 얼마든지 있을 수 있다. 그러나 그렇게 되면 낮은 카스트를 보호할 목적으로 만든 법이나 제도가 뿌리채 흔들리고, 사회적 혼란이 불가피해진다. 그래서 인도 정부는 카스트를 법적으로 바꿀 수 없게 하였다. 이와 관련해 의미 있는 법원 판결이 있다. 어떤 불가촉천민이 지정카스트에게 주어지는 우대 혜택으로 대학에 입학한 후 자기 카스트가 뭔지 남들이 알 수 없게 이름을 바꾸었다. 대학 측이 이 사실을 알고 입학 우대 혜택을 박탈하자, 학생이 소송을 걸어 승소한 것이다. 법원은 출생 이외에 카스트를 바꿀 방법은 없다고 보았다. 그래서 이름을 바꾸더라도 해당 학생이 하층 카스트인 것은 불변하고, 우대 혜택을 받는 게 정당하다고 판결했다.

현재 인도에서는 오로지 출생을 통해서만 카스트를 확인할 수 있다. 과거에는 역사적으로 유동성 있는, 즉 권력이 있으면 이동이 가능한 체계였으나, 지금은 오히려 그 가능성이 차단되었다. 그 모든 화근이 19세기 말 영국 식민 정권이 인구조사를 실시하면서 카스트를 문서화한 조치에 있다. 그리고 이후 인도 정부가 불가촉천민과 슈드라의 하층 카스트에게 보호를 위한 쿼터를 주는 선의의 제도를 도입한 것이 꼬여 버렸다. 아무리 좋은 취지의 정책이라 할지라도 받아들이는 이에 따라 그 의미는 크게 달라질 수 있다. 그게 역사다.

카스트는 어떻게 정치적 동력이 되었나?

불가촉천민을 헌법적 용어로는 'Backward Caste'라 부른다. 번역하면 후진後進 카스트, 즉 사회경제적 처지가 낙후된 카스트라는 뜻이다. 그런데 인도의 카스트 체계에는 그에 못지않은 후진 카스트가 있다. 이른바 '여타' 후진 카스트이다. 사회적으로 오랫동안 낙후된 카스트를 분류하기 위해 인도 정부가 공식적으로 사용하는 용어이다. 카스트뿐만 아니라 또 다른 면에서 낙후된 집단을 함께 묶어 '여타후진계급Other Backward Classes'(이하 OBC)이라 부른다. 한국의 언론들이나 유튜버들은 아직도 피라미드 그림을 그려 놓고 카스트를 설명하지만, 그건 바르나 체계이지 카스트 체계가 아니다. 지금 인도에 그런 카스트 체계는 없다. 전통적으로 직업을 기준으로 만들어진 자띠jati를 카스트로 보지만, 이 또한 실질적으로 작동하는 카스트는 아니다. 현재 인도 사회에서 가장 활발하게 논의되는 카스트 관련 문제가 바로 OBC 문제다.

전통적으로, OBC는 대체로 슈드라 바르나에 속한 카스트를 일컫는다. 1970년대부터 본격적으로 인도에서는 보호 쿼터를 주기 위해 목록을 작성해 지정해 놓은 지정카스트인 불가촉천민뿐만 아니라 여타후진카스트에게도 교육적 · 직업적 혜택을 우선 할당해 줘야 한다는 주장이 제기되었다. 전통적으로 그리고 그 결과로 여전히 사회에서 낙후된 처지에 놓인 슈드라 카스트도 불가촉천민과 마찬가지로 우선 우대해야 한다는 주장이다. 1977년 총선에서 인도국민회의 정부를 물리치고 권력을 잡은 국민당Janata Party 정부의 모라르지 데사이Morarji Desai 수상이 이끄는 정부가 처음으로 이러한 주장을 구체화하였다. 국민당 정부는 카스트 차별을 해소하고자 당시 연방의회 의원이던 만달B. P. Mandal을 위원장으로 11가지에 걸친 사회 · 경제 · 교육 지표를 가지고 각 계급의 후진성을 판단할 위원회를 출범시켰다. 여러 지표를 기준으로 파악해 보니, 불가촉천민 외에도 국가의 보호가 필요한 후진계급이라고 할 만한 집단들이 더 있다는 결과가 나왔다. 이 결과에 따라, 인도 정부가 헌법 340조에 의거해 OBC의 복지 증진을 이행해야만 하는 상황이었다. 문제는 이들의 비율이 전체 인구의 50퍼센트가 넘는다는 것이었다. 그래서 논란을 벌이는 중에 정권이 다시 바뀌었다.

OBC 보상정책의 본질은 '보상적 차별'이다. 불가촉천민에게 하듯이 슈드라에게도 차별적 보상을 해야 한다는 것이다. 그런데 불가촉천민의 경우와 달리 '여타' 범주의 기준이 애매하고 그 규모가 너무 커서 정부 보상 자격을 두고 논란이 벌어질 수밖에 없었다. 전통적으로 카스트 체계 안에서 낮은 슈드라에 속하지만, 그렇다고 해서 여타후진계급이 근대사회에서 반드시 가난하다고 볼 수만은 없다는 것이다. 불가촉천민보다 훨씬 더 큰 규모의 일부 슈드라는 이미 상당한 권력과 부를 확보하고 있었다. '여타'의 기준을 카스트로 정할지 경제 상황으로 정할지 논란이 증폭되면서 각 정당은 물론이고 주정부와 중앙정부 사이에 갈등이 끊임없이 이어졌다. 1980년 12월 31일 최종 보고서가 제출된 이후 10년간 인도국민회의 정부는 아무런 조치도 취하지 못했다.

1989년 민중당Janata Dal 중심의 연립정권이 수립되면서 수상이 된 싱V. P. Singh은 만달보고서를 전격적으로 실행에 옮기겠다고 천명했다. 그러자 일부 상층 카스트가 극렬하게 반대하고 나섰다. 자신들이 상층 카스트이긴 해도 OBC보다 더 잘사는 것도 아니니 정부에서 보상을 해 주려면 경제적으로 어려운 사람들에게 해줘야 한다는 주장이었다. 그리하여 상층 카스트와 하층 카스트 간의 갈등이 갈수록 심각하게 전개되었다. 그 소용돌이 속에서 일부 상층 카스트 대학생이 분신자살까지 하기에 이르렀다. 3년 후인 1992년 인도 대법원은 만달 정책을 합법으로 판정했고, 이후 인도 정부는 OBC 쿼터를 실천하는 중이다. 그리고 그 이후 경제적 취약계층에게도 추가로 보호 쿼터를 적용하는 정책을 만들어 실시하는 중이다(이 책 44쪽 참조).

이 과정을 돌이켜 보면, 카스트 문제에서 인도 사회에 일어난 변화를 이해할 수 있다. 1989년 인도국민회의에서 탈당해 야당으로 정치를 하기 시작한 싱과 그가 이끄는 민중당은 권력을 잡고자 만달 정책을 실시했으나, 근대 자본주의 사회가 본격적으로 시작된 1900년대 초부터 카스트는 사실상 신분으로서의 기능은 거의 상실한 상태였다. 사적인 관계나 공간에서는 여전히 차별이 존재해도, 평등과 자유의 가치를 내건 성문법에 따라 공적으로는 모든 이가 동등한 시민권을 누리고 있다. 공식적으로 카스트는 사라진지 오래다. 그런데 만달 정책이 시행되면서 슈드라의 카스트 정치가 본격적으로 전개되었다. OBC로서 더 많은 사회적 혜택을 받고자 같은 카스트끼리 합세하고, 특히 선거에서 카스트 몰표를 노골적으로 행사하는 브로커 정치가 갈수록 횡행하게 되었다. 특히 인도 북부 농촌에서는 인구수가 가장 많은 슈드라 카스트들이 단합하여 농촌사회의 지배권을 형성하였다. 그 권력은 사회적인 차원을 넘어 정치적으로 확대되어 그들이 권력층으로 성장하는 기반이 되었다.

결국, 카스트 차별을 약화시키려고 도입한 '만달 정책'이 카스트 구분을 오히려 강화해 버린 것이다. 카스트 집단 정치가 크게 부각된 1980년대 말부터 20년가량은 카스트 정당의 전성기였다. 지정카스트 기반의 인도 북부에서 크게 성장한 대중사회당BSP: Bahujan Samaj Party이 그 대표적인 예이다. 이러한 퇴행적인 정치문화는 인도 정치의 선진화를 가로막는 걸림돌로 작용한다. 정치적 비전보다는 자신이 속한 카스트 다수의 지지를 받기 위해 표와 자리를 교환하고, 이를 통해 권력에 다가가는 하층 카스트 지도자는 하층 카스트 공동체의 복지나 인권 개선에는 관심이 없고 개인적 출세와 영달만을 꾀하게 된다. 이에 좌절한 하층 카스트 일부는 더 급진적인 무장투쟁을 벌이다가 결국 실패한다. 정치를 통한 세력화를 거부하고 '달리뜨 팬더Dalit Panther'라는 이름으로 무장투쟁에 나섰던 급진 불가촉천민의 투쟁이 그 좋은 예다.

이 과정이 이어지면, 가난하고 낙후된 농촌의 다수 카스트는 봉건문화에서 헤어나지 못하는 악순환을 겪게 된다. 결국 카스트 동원과 같은 후진국형 선거 때문에 사회 전체가 역동성을 잃고 만다.

불가촉천민 차별이 불법이라고?

인도에서 카스트 체계Caste Syatem라 불리는 사회체계는 브라만-끄샤뜨리야-바이샤-슈드라의 4계급으로 이루어진 '바르나varna' 체계로 출발했다가, 고대와 중세를 거치면서 수도 없이 많이 나뉜 '자띠jati' 체계로 분화되었다. 그 사이에 '불가촉천민Untouchables'이라고 불리는 최하층 천민 부류도 생겼다. 불가촉천민은 바르나 체계에는 끼지도 못하는 카스트(자띠)로, 일본의 부라쿠민과 비슷한 봉건시대의 전형적인 천민 계급이었다. 불가촉천민은 근대법이 만들어지기 전, 자본주의 시장경제가 활성화되기 전에 힌두 사회에서 엄청난 핍박과 천시를 오랫동안 당하며 살았기 때문에, 인권 · 민주 · 평등 등을 내세운 근대화로 식민 통치를 정당화하려 한 영국 정부는 그들을 보호하고 처우를 개선하려는 노력을 기울였다. 물론, 진짜 속내는 힌두 사회를 분리통치divide & rule하려는 의도였다는 것은 두말하면 잔소리다. 일제가 우리나라 백정에게 취한 정책과 비슷하다. 백정이나 불가촉천민이 일본이나 영국을 편든다고 해서 어느 누가 그들에게 돌을 던질 수 있겠는가? 게

다가 인도의 불가촉천민은 전체 인구의 15~20퍼센트나 되는 거대 집단으로, 식민 지배에 대한 내부적 지지를 이끌어 내고 외부 세계에 낯을 세우기에도 좋은 정치 전술이었다.

영국이 인도를 지배하기 시작한 지 100년 정도가 지난 1850년대부터 영국 정부는 불가촉천민 목록을 작성하여 이들을 선택적으로 보호하려 하였다. 전형적인 소수집단 우대정책affirmative action이다. 영국 정부는 1935년 인도 정부법을 개정하면서 여러 부문에 핍박 받는 계급을 우대하는 쿼터를 부여하였다. 그러면서 그들을 '지정카스트Sheduled Caste'(SC)라 부르기 시작했고, 이 용어를 독립 후 제헌의회가 제정한 헌법에서 받아들이면서 오늘에 이른다. 이후로 인도 정부는 계속 그들을 보호하고 그들의 사회경제적 처지를 개선하려 노력하였으니, 헌법 341조와 342조를 통해 인도 대통령과 주지사에게 지정카스트 목록을 작성할 권한을 부여한다. 이 같은 불가촉천민의 사회적 지위 개선을 위한 입법 활동을 주도한 이가 앞에서 말한 암베드까르 초대 법무부장관이다. 불가촉천민 출신의 법학자이자 변호사인 그는 간디, 네루와 함께 인도의 민족운동에 헌신했다. 인도 헌법 제16조는 이들 '후진계급', 즉 불가촉천민(지정카스트)에게 유리하게 임명 또는 직위를 예약하는 조항의 신설을 금지하지 않는다고 명시하고 있다. 엄청난 사회개혁이었고, 물론 모든 이가 동의하지는 않았다.

불가촉천민을 보호하는 법의 주요 내용은 그들에게 쿼터 할당을 부여하는 것이다. 사회 각 공공부문에서 지정카스트에게 배분

해 줘야 할 몫을 법으로 정해 놓은 것이다. 이로써 평등을 제도화하고, 위반에 대한 처벌을 명문화하여 불평등을 영속화하는 관행을 제거하고자 했다. 그러나 명문화만으로 오랜 세월 이어져 온 차별을 뿌리 뽑기는 어렵다. 법이 있어도 법 밖에서 벌어지는 사회문화적 차별은 쉽게 근절되지 않는다. 결국 국가가 지정카스트에게 해 줄 수 있는 건 교육 및 취업에서의 쿼터 할당밖에 없다. 그나마 적극적 고용 우대 조치는 공공부문에만 적용된다.

앞에서도 지적했듯이, 불가촉천민에게 직업훈련과 교육의 기회가 주어지지 않는다는 주장은 사실이 아니다. 불가촉천민이기 때문에 기회가 주어지지 않는 것이 아니라, 그들이 가난하거나 못 배워서 그 기회를 받지 못하는 것이다. 그래서 국가가 나서서 이들에게 그런 기회를 주려고 하는 것이다. 그러나 민간의 협조 없이는 불가촉천민의 가난과 그들에 대한 차별을 완전히 없애기 어렵다. 사람들이 일상에서 계속 그들을 천대하고 핍박하는데 나라에서 어쩌겠는가? 이 문제를 해결할 가장 좋은 방법은 그들과 상층 카스트 간의 경제적 격차를 해소하는 것인데, 그 한계가 너무나 뚜렷하다.

지정카스트의 대부분은 빈곤층이지만, 일부는 암베드까르처럼 영국 유학도 가고 장관도 하는 예가 얼마든지 있다. 누구든 돈만 있으면 유학도 가고, 더 큰 일도 할 수 있는 자본주의 민주제 국가니까. 그러니 그들보다 카스트 체계상 우위에 있지만 경제적으로 어려운 슈드라 카스트가 나서서 그런 우대정책을 자기들에게도 실시하라고 아우성치는 것이다. 그뿐인가? 더 위의 상층 카스트(브라만, 끄샤뜨리야, 바이샤)에 속하는 극빈층 사람들까지 나서서 할당 정책에 불만을 터뜨리고 있다.

정말 골치 아픈 문제가 아닐 수 없다. 현대 인도 사회에서 카스트는 더 이상 신분이 아니지만, 불가촉천민에 대한 차별은 보이지 않는 공간에서 여전히 작동하고 있다. 그들 대부분은 여전히 가난하고, 그들을 우대하는 정책에 대한 반대는 별로 없지만 우대정책을 더 확대하라는 목소리가 때만 되면 드세게 소용돌이치니…. 갈 길은 먼데 날은 저무는 형국이다.

인도에서 '보호'받아야 할 사람은 누구인가?

우리나라에서는 여전히 '카스트'를 베다 시대에 만들어진 네 개의 피라미드 신분으로 이해하는 사람이 많다. 이미 사라진 신분으로서의 기능만 이해하니, 카스트와 관련된 빈부 · 인권 · 교육 · 일자리 등 다른 사회문제에는 관심조차 없는 것이다. 이와 관련하여 우리가 주목해야 할 중요한 개념이 하나 있다. 바로 'reservation', 즉 '보호' 개념이다. 사회적 취약 집단을 보호하기 위해 대상자를 정하고 그에게 교육이나 일자리 등 정부가 우선 혜택을 할당한다는 것이다. 그래서 이 보호 조치를 '적극적 차별positive discrimination'이라고 부른다. 사회적 약자를 보호하기 위해서는 그냥 단순하게 기계적으로 평등하게 대하는 것이 사회정의가 아니고, 그들을 적극적으로 차별하여 보호해야 한다는 의미다.

과거 아파르트헤이트 이후 세워진 민주 정부 남아공에서 실시한 흑인 우대정책, 미국의 아메리카 인디언 보호정책 등이 적극적 차별정책의 사례이다. 이외에도 영국을 비롯한 유럽 국가들과 말레이시아를 비롯한 아시아 나라들도 이 적극적 차별정책을 시행하고 있다. 다만, 한국은 성별, 인종, 성적 취향, 신념, 국적에 따라 역사적으로 차별받았던 특정 집단이 교육이나 고용 등에서 소외되는 현상이 없다고 보고 이 정책을 시행하지 않는다. 적극적 차별정책은 나라마다 다른 형태로 구체화되는데, 인도는 공공 분야 일자리와 학교 입학 등에서 일정 비율을 따로 떼어 쿼터를 주고 있다.

영국의 식민 지배 시기부터 시작된 인도의 보호정책은, 인도공화국 성립 이후 헌법에 따라 '불가촉천민'을 지정하여 그들에게 쿼터를 부여한 정책으로 이어졌다. 이어 주로 산간 오지에 살면서 힌두 사회 바깥에서 교육과 일자리 등에서 현격히 주류 집단으로부터 소외당하고 천대당하면서 사는 부족tribe을 '지정부족Sheduled Tribe'(ST)으로 지정하여 국가가 헌법에 따라 보호하는 정책을 시행 중이다. 그러다 보니 지정카스트 못지않게 혹은 실질적으로 지정카스트보다 더 가난하게 사는 상층 카스트도 보호해 줘야 하는 것 아니냐는 볼멘소리가 나왔다. 그래서 인도 정부는 헌법에 따라 '여타후진계급Other Backward Classes'(OBC)을 지정하여 대상자를 확대했으나, 이후 계급이 아니라 경제력을 기준으로 보호 대상을 정해야 한다는 주장이 봇물 터지듯 쏟아져 나왔다. 지정카스트, 지정부족, 여타후진계급 등 태생에 따른 보호 대상자가 인도 인구의 3분의 2 정도를 차지하게 되니, 여기서 제외된 가난한 국민들이 불만을 갖게 된 것이다.

SC(지정카스트), ST(지정부족), OBC(여타후진계급)에 속하지 않는 소위 선진카스트Forward Caste의 불만이 쌓이면서 인도 헌법의 보호정책에 중요한 변화가 시작된 것은 1990년대부터다. 1992년 인도 대법원은 보호 할당률이 50퍼센트를 초과할 수 없다고 판결했는데, 논란이 일었다가 결국 헌법이 개정되어 50퍼센트를 초과할 수 있게 되었다. 그러다 보니 그 범주와 한도를 둘러싸고 소송이 끊이질 않는다. 소송과 함께 여러 가지 보호정책에 대한 반대 시위도 끊임없이 일어난다. 주로 선진카스트에 속하는 대학생들이 중심이다. 2009년 연방정부는 당시 보호 대상에 속하지 않은 선진카스트 학생들 중 경제적 취약자들에게 10퍼센트를 할당하겠다고 제안했다. 그런데 이 10퍼센트를 선발하는 기준이 논란을 불러일으켰다.

2019년 헌법 개정으로 정해진 '경제적취약부문EWS: Economically Weaker Section'에 들어가려면 가구소득이 연간 8만 루피, 즉 한화 1,200만 원 미만이거나 소유한 농지가 5에이커 미만이어야 했다. 이 규정이 통과되자, 과거 1990년 싱V. P. Singh 정부가 실시한 OBC 정책에 반대하여 분신자살로 항거한 델리대학교 학생 라지브 고스와미Rajeev Goswami의 아버지의 환영 인터뷰가 전 인도 신문에 보도되었다. 가난한 상층 카스트 출신인 아들이 목숨을 바치면서까지 주장한 보호정책 기준이 받아들여져 아들도 하늘나라에서 기뻐할 것이라는 내용이었다. 하지만 이후에도 보호정책 대상자 기준을 둘러싼 반발과 소송이 끊이질 않고 있다. '보호'정책 때문에 인도 사회가 50년 넘게 내홍을 앓는 중이다.

인도라는 나라는 단순화해서 생각할 수 없는, 짧은 시간 안에 뭔가의 문제를 해결하기 어려운 나라다. 이를 염두에 둬야 인도를 제대로 이해할 수 있다.

여성 우대법은 왜 만들어졌나?

2023년 9월 20일과 21일, 연방의회 상원과 하원 모두에서 '여성 권력 우대법'(나리 샥띠 반단 아비나얌Nari Shakti Vandan Adhiniyam)이 잇달아 통과되었다. 2023년 9월 28일, 드로우빠디 무르무Droupadi Murmu 대통령이 법안에 서명함으로써 무려 27년간 이어져 온 논란에 종지부를 찍은 것이다. 실로 역사적인 업적이 아닐 수 없다. 이제 인도에서는 연방하원 선거와 주의회 선거에서 여성이 33퍼센트의 쿼터를 할당받는다. 전체 의석의 3분의 1은 무조건 여성이어야 한다. 인도 헌법은 연성헌법이라 상대적으로 개헌이 쉽기도 하지만, 그와 상관없이 하원에서 찬성 454-반대 2, 상원은 반대가 없었다. 1998년에 처음 발의한 이래로 27년 만에 여야 거의 모두가 찬성하여 법을 제정하게 된 것이다.

인도 사회에서 여성은 불가촉천민과 더불어 가장 핍박받고 소외당하는 계급이라는 데에 그 누구도 이의를 달지 않을 것이다. 그런데 불가촉천민은 독립 후 제정한 헌법에 따라 쿼터를 부여받았고, 심지어 카스트 체계에서 그보다 상위에 속하는 슈드라와 다른 낙후 계급인 OBC(여타후진계급) 외에 경제적으로 취약한 계층에도 쿼터가 부여되었다. 그런데 유독 여성만은 번번이 반대에 막혀 보호정책이 좌절되었다. 봉건적인 인도 사회에서 여성이 불가촉천민보다 열악한 취급을 받는다는 걸 보여 주는 사례이다.

물론, 인도 정부도 여성의 권리 증진에 힘쓰지 않은 것은 아니다. 1951년 헌법 제정 후 다우리(결혼지참금) 금지, 조혼 금지, 사띠sati(죽은 남편 화장 시 함께 생화장하는 풍습) 금지 등 많은 여성 관련 법을 제정하여 여성의 인권 향상과 사회적 지위 개선을 위해 노력했으나, 인도 여성의 사회적 지위 향상은 아직도 요원하다. 비근한 예로, 2012년 델리에서 벌어진 여성 윤간 및 살해 사건을 보자(이 책 393쪽 참조). 저녁 9시경 귀가하는 여성과 남자 친구를 버스 안에서 폭행하고 여성을 윤간한 후 길가에 버려 결국 죽게 만든 이 사건에서, 범행을 주도한 주범이 "인도 사회 법에는 여성이라는 건 없다"거나 "여성이 아름다운 전통을 어기는 걸 보고 참지 않고 가르치고 제대로 교육할 필요가 있었다"고 했을 정도로 여성에 대한 비뚤어진 시각이 여전하다. 생리하는 여성은 힌두 사원에 들어갈 수 없다거나, 무슬림 사회에서는 아직도 남성이 일방적으로 이혼을 선언하는 불법을 저질러도 별달리 저항하지 못하는 것이 분명한 현실이다. 음식을 맛없게 한다고 아내를 폭행한 후 살해하는 사건이 벌어지는 사회이니 뭐라 더 말하겠는가?

여성에 대한 가정폭력은 힌두 사회나 무슬림 사회나 공히 기반하는 가부장제에 뿌리를 두고 있는데, 대다수 여성이 가정폭력을 운명으로 받아들일 정도이다. 심지어는 집안의 어른 여성조차도 그런 가부장제를 떠받드는 것을 미풍양속이라 생각하니, 여성의 인권과 사회적 지위 향상이 '자연스럽게' 이루어질 것이라고 기대하기는 어렵다. 그래서 여성의 권리를 강제로라도 강화하는 법이 필요했고, 미비점이 있더라도 신속하게 추진해야 했다.

실질적으로 여성 유보법에 반대하는 정당은 없었다. 양원 모두 만장일치로 통과되었다고 봐도 무방하다. 어떤 무슬림 정체성 정당이 하원에서 반대했는데, 무슬림 고유의 여성관이 있으니 정치적 차원에서 그럴 수 있다고 본다. 다만, 일부 불가촉천민과 사회주의자들이 반대한 게 눈에 띈다. 어느 불가촉천민 정당이 주장한 바는, 여성 쿼터를 주면 같은 여성이라도 배우고 부유한 여성에게 그 쿼터가 돌아갈 것이 불 보듯 뻔하니 정작 이 사회의 가장 큰 문제인 못 배우고 가난한 불가촉천민 여성에게는 아무런 혜택도 주어지지 않는다는 것이다. 사회주의자의 논리도 이와 비슷하다. 가난하고 못 배운 사람에게 가야 할 쿼터가 단지 여성이라는 생물학적 집단에 가면 가난하고 힘없는 사람에게는 아무런 변화가 일어날 수가 없다는 것이다. 충분히 일리가 있는 주장이나, 그 반대 논리로는 여성의 사회적 지위 향상 문제에서 단 한 발자국도 전진하지 못한다는 한계가 있다.

사회란 혁명으로 갈아엎는 게 아니라 조금씩 앞으로 나아가는 것이고, 그 점진적인 개혁이 정치의 역할 아닌가. 다만, 그들의 주장에 반反남성주의나 남성혐오 논리는 찾아보기 어렵다. 적어도 남성과 여성으로 나뉘어 서로를 혐오하지는 않는다는 점에서는 현재 우리 사회 일부보다 더 건전해 보이기까지 하다.

그렇다면 이 법에 의거해 2026년부터 시작되는 여성 쿼터 정책이 인도 여성의 인권 및 지위 향상에 긍정적인 효과를 가져올까? 현재로서는 인도에서 이미 진행되고 있는 지정카스트, 여타후진계급, 경제취약계층 등에 대한 여러 쿼터 정책에서 불거져 나온 문제들이 그대로 재연될 가능성이 커 보인다. 쿼터를 받은 개인들이 자신의 부귀영화만 챙길 뿐, 사회적 구조 변화에는 힘쓰지 않는 것이다. 그 점에서 보면 불가촉천민 당과 사회주의 당의 주장이 설득력이 있다. 그러나 어떤 문제이든 문제를 단번에 해결할 묘수는 없다. 향후 취약한 계급의 여성을 위한 법 개정이 필요할 것이다. OBC(여타후진계급) 문제가 불거지고 난 후 EWS(경제적취약계층) 쿼터 논의가 활발히 이루어졌고, 여러 논란 끝에 결국 법이 만들어진 것과 마찬가지로, 여성 쿼터 가운데 경제적 취약계층 여성에 대한 더 심도 깊고 구체적인 논의가 이루어져야 할 것이다.

II

힌두교가
정치를 만날 때

반이슬람 '힌두뜨와'도 힌두교인가?

사람들이 현대 인도에 관해 던지는 첫 번째 질문이 '카스트가 아직도 작동하는가'라면, 그다음 질문은 힌두교에 관한 것이다. 힌두교는 관용의 종교라면서 왜 학살과 테러를 벌이는가? 심지어 힌두교를 이슬람 같은 배타적인 종교로 오해하는 사람도 적지 않다. 힌두교에 대한 나쁜 인상은 1990년대에 '힌두교'로 잘못 알려진 '힌두뜨와Hindutva'의 책임이 크다.

'힌두뜨와'는 '힌두스러움'을 의미한다. 힌두교를 왜곡하여 만든 정치이데올로기가 판을 치며 학살과 테러의 소용돌이에서 힌두뜨와 세력이 결정적인 역할을 하다 보니 힌두교마저 부정적인 어감을 갖게 되었다. '힌두뜨와'에서 '힌두'는 지리적으로 인도를 의미하거나 통합적이고 이질적인 힌두교적인 것을 가리키기 때문에, 반反이슬람의 기치로서 힌두뜨와를 내세우는 것은 잘못된 용법이다. 이슬람에 반대한다면 그냥 반이슬람 정치 이념이라 하면 될 일이다. 힌두뜨와 세력이 주장하는 '힌두스러움'을 구성하는 첫 번째 요소인 힌두 사회를 파괴한 이슬람을 이 땅에서 몰아내자는 것은 힌두교 그 어디에도 존재하지 않는 개념이다.

힌두뜨와는 영국의 식민 지배기에 만들어졌다. 일종의 반식민 민족주의였다. 힌두교에서 민족주의 성향에 맞는 요소들을 발췌하여 적대적 이분법 이데올로기로 만들어 반식민주의로 쓰다 보니 초기에는 인도인, 특히 지식인들로부터 상당한 지지를 받았다. 그 출발은 식민 지배자가 가져온 근대화에 대한 반발이었다. 힌두뜨와 세력은 영국 식민 지배자들이 식민 지배를 정당화하고자 힌두 사회를 야만적으로 규정하고 폄훼하는 데에 분노하였다. 힌두교 승려인 다야난다 사라스와띠Dayananda Saraswati가 세운 '아리야 사마즈Arya Samaj'라는 결사체가 이 저항의 중심에 섰다. 그들은 영국인들이 인도 사회와 문화를 폄훼하는 근거로 삼은 민주주의, 남녀평등, 인권과 같은 개념이 인도 사회에 없다고 하는 주장을 베다를 들어 반박하였다. 영국인들이 통렬히 비난했던 카스트 차별과 배타, 의례주의, 우상숭배, 사띠Sati(과부 순장)와 같은 악습도 베다에는 존재하지 않는다고 반박하였다.

힌두민족주의자들은 '힌두'를 '인도'와 동일시함으로써 힌두민족주의만이 인도의 민족운동을 이끌어 갈 유일한 이데올로기라는 공격적 주장을 폈다. 심지어 사와르까르V. D. Savarkar는 '힌두'가 아리야인이 정치적으로 팽창하는 과정에서 형성된 히말라야에서부터 바다에 이르는 영토 안에서 자신들이 중심이 되어 모든 비아리야인을 포용하면서 만들어 낸 하나의 국가, 하나의 민족이라고 주장했다. 더 나아가, 힌두나 힌두스탄(힌두의 땅, 즉 힌두의 나라)은 지리적 개념을 넘어 공동의 조상과 국토에 대한 사랑, 심지어 그에 대한 숭배까지 반드시 가지고 있어야 하기 때문에 무슬림이나 미국인 등은 인도 국적은 취득할 수 있어도 힌두는 될 수 없다고 역설한다.

이 같은 극단적 민족주의 위에 창설된 반제 극우 정치단체인 '민족의용단Rashtriya Swayamsevak Sangh'의 대표 골왈까르M. S. Golwalkar는 힌두 개념을 사와르까르보다 더 종교적으로 채색했다. 그는 힌두를 태곳적부터 인도아대륙에서 살아온 이 땅의 영원한 주인으로 규정하고, 그 과정에서 형성된 힌두 민족은 혈통 집단을 넘어선 정신 집단이므로 개종함으로써 후자를 상실한 무슬림은 힌두 민족에게서 이미 떨어져 나간 존재라고 주장했다. 힌두스탄에 사는 비힌두교도들은 반드시 힌두 문화와 언어를 익히고 힌두 문명의 영광을 찬양해야 하며, 만약 그렇지 않으면 어떠한 권리도 가질 수 없고, 심지어 공민권까지 제한당해야 한다고 주장했다. 힌두교를 반이슬람으로 확장 왜곡한 것이다. 골왈까르의 배타적 종교민족주의가 바로 '힌두뜨와'의 근간이 되고, 식민 시기에 민족주의를 등에 업고 전국적으로 널리 퍼진다.

식민 지배 반대라는 정치적 정당성을 등에 업고 역사를 왜곡한 것이다. 그러나 다른 아시아 국가들의 사례에서 볼 수 있듯이, 역사를 왜곡하여 확보한 정치적 정당성에는 언제나 대가가 따른다. 힌두뜨와 세력은 서구인이 비난하던 우상숭배나 불평등하고 배타적인 카스트 문화가 모두 베다 이후에 만들어진 것이니, 사회를 개혁하려면 베다 시대로 돌아가면 된다고 주장했다. 그러면서 베다를 집중적으로 교육하는 학교를 세워 베다의 영성과 가르침을 전하고, 인도의 정신이 서구 교육에 오염되지 않게 해야 한다고 주장했다. 궁극적으로, 그들은 힌두교가 근간이 되는 신정국가를 꿈꾸었다. 처음에 반식민에서 시작된 신정국가는 시간이 지나면서 반이슬람을 거쳐 반反외세의 파시스트적 성격으로 변해 간다. 이런 정신이 권력을 향한 이데올로기로 작동하는 것이 오늘날의 일이다.

힌두교는 기독교와 같은 믿음의 종교가 아니라 실천의 종교이기 때문에, 종교가 일상에서 차지하는 비중이 훨씬 더 크다. 기독교인은 일상의 대부분을 신앙과 직접 관계없는 세속의 세계에서 살아가기 때문에 일상 행동을 통해 그 사람의 종교적 정체성을 알아채기가 쉽지 않다. 하지만 힌두교는 목욕, 음식, 화장실, 의복, 주택, 통과의례 등 모든 일이 힌두교의 오염 의식과 깊은 관련이 있어서 누가 보더라도 그의 종교적 정체성을 금방 알 수 있다. 그런 일상을 충실히 살아가는 대부분의 힌두는 간디를 암살하고, 무슬림을 학살한 특정 정치집단의 이데올로기와 전혀 관계가 없다. 정치이데올로기에 빠진 사람조차도 그건 그거고, 종교는 종교다. 힌두뜨와 신봉자조차도 일상에서는 힌두뜨와와 아무 상관없이 일상의 힌두교를 실천하면서 산다.

힌두민족주의는 어떻게 세력화되었나?

2014년도부터 2024년 총선 승리까지 세 번이나 연이어 정권을 잡고 있는 나렌드라 모디 수상은 정당으로는 인도국민당Bharatiya Janata Party이라는 우익 민족주의 정당에 속해 있으면서, 이 당의 산하 행동 조직인 민족의용단Rashtriya Swayamsevak Sangh, 세계힌두협회Vishwa Hindu Parishad, 바즈랑 달Bajrang Dal 등 극우 파시스트 세력을 기반으로 한다. 인도 전역에 엄청난 규모로 포진된 이 극우 조직은 필요하면 언제든지 폭력을 사용할 준비가 되어 있다. 그들은 특히 1990년대부터 본격적으로 폭력을 통해 극우 민족주의 세력을 자극하였는데, 그 대표적인 사건이 1992년 아요디야Ayodhya의 바브리 마스지드(무갈제국을 세운 바바르의 모스크) 파괴와 2002년 구자라뜨주 무슬림 학살이다. 극우 조직은 힌두교와 아무 관계가 없지만 힌두교의 외피를 두른 폭력 이념(힌두뜨와)을 사람들에게 설파하면서 세력을 키운다. 그들은 어떻게 세력을 확장하는가? 힌두뜨와는 크게 하방, 환상, 폭력의 세 가지 전술을 사용한다.

힌두뜨와의 세력 확장에 결정적인 역할을 한 사건은, 1947년 전후 인도-파키스탄 분단 때 했던 동포 자선사업이다. 힌두뜨와 세력은 지금의 파키스탄에서 피난 내려온 힌두 난민들에게 엄청난 정성으로 자선과 구호를 베풀었다. 그리고 이슬람이라면 이를 가는 오갈 데 없는 난민들에게 같은 힌두 민족이자 동포라는 의식을 강하게 심어 주었다. 이 일을 앞장서서 이끌어 나간 이들을 '까르세왁kar sevak'(의용단원)이라고 부른다. 이들은 영국 식민 지배 때 반영 전선에서 힌두민족주의로 교육·훈련된 조직원이었다. 까르세왁은 난민들에게 한편으로는 동포애를, 다른 한편으로는 무슬림 증오를 심는 데에 큰 역할을 했다.

민족의용단을 중심으로 구성된 여러 조직을 '의용단일가Sangh Parivar'라고 부르는데, 각 부문에서 각자의 일을 맡아 하면서 큰 사업에서는 하나의 방향으로 활동하였다. 그들은 조직적으로 난민 구호사업을 펼쳤는데, 학교와 보건소 등을 세우고 난민들에게 의료와 식량을 지원하고 법률 조언을 하거나 기술을 가르치고 취업을 알선했다. 이 활동이 점차 발전하여 이후 각 촌락 단위의 하방下放 활동이 되었다. 그들은 특히 힌두교와 카스트 세계 밖에 있는 '아디와시adivasi'라는 산간 오지 부족민을 포섭하는 데에 주력하였다(이 책 355쪽 참조). 산속 깊숙한 곳에 살면서 카스트 체계에조차 포함되지 않는 열악한 환경의 아디와시에게 교육, 식량, 의료, 법률, 기술 교육 등을 제공하는 사업을 펼쳐 세력을 확충하였다.

이렇듯 힌두 우익 세력은 하방 전술을 통해 분단 전에는 지하에 머물던 이념을 지상으로 끌어올렸다. 그들이 주도한 사업은 주나 연방 수준의 정부에서 주도적으로 하는 사업과 비정부기구로서 자발적으로 벌이는 사업이 섞여 있었고, 넓게 보면 정치적 함의가 큰 사업으로 확장된 것들이었다. 그런데 이러한 정치 행위로서의 구체화가 중앙 단위가 아니라 철저히 지역 단위에서 이루어졌다. 중앙에서 조직하여 촌락 단위로 내려간 이전의 정치와 달리, 맨 아래 단위의 지역에서 인민들이 스스로 조직하여 거꾸로 올라가는 구조였다. 따라서 모든 이슈가 지역에 필요한 현실적인 정치사회문화적 문제들로서 서로 연계되어 공통의 정치 어젠다가 되었다.

1960년대에 민족의용단 단원들이 사회의 다양한 분야에 참여하여 조직을 꾸리고 확대 개편하면서 의용단일가는 급성장했다. 그들은 기존의 보수적 분야는 말할 것도 없고, 자신들과 노선이 전혀 다른 곳에도 진출했다. 심지어 자신들이 암살한 간디를 추종하는 이들이 주도한 농촌개혁운동에까지 가담했다. 그뿐인가. 좌파 진영의 전유물이라고 여겨진 노동운동과 농민운동, 학생운동에까지 침투하여 인도노동자단Bharatiya Mazdoor Sangh, 인도농민단Bharatiya Kisan Sangh, 전인도대학회의Akhil Bharatya Vidyarthi Parishad를 조직해 냈다. 정치, 경제, 사회, 교육, 종교, 문화, 여성, 노동, 학생, 환경, 인권 등 관여하지 않은 분야가 없을 지경으로, 전국 조직을 갖춘 단체만 약 40개에 달했다. 의용단일가의 포섭 및 세력화 전략은 사회 곳곳에 하방하여 포섭하고, 교육하고, 세력화하는 공산주의자들의 조직사업을 연상시킨다. 한국의 80~90년대 운동권

대학생들이 공장으로 들어가고 지방으로 내려가 군부독재를 무너뜨리려 조직사업을 편 것과 비슷하다.

그들은 무엇보다 민족애에 호소했다. 모든 것을 잃고 남하한 동포들에게 민족주의적 휴머니즘으로 감동을 준 게 탄탄한 기초를 이루었다. 수도 델리를 비롯한 대도시에서 난민 생활을 시작한 난민들은 30년 정도 지나면서 경제력과 정치권력을 잡은 세력으로 성장했다. 무엇보다, 힌두민족주의 세력은 사람의 감정을 흔들고 마음을 휘어잡는 전술을 끈질기게 구사했다. 그리고 마침내 세력화가 무르익자, 무슬림에 대한 적대감을 표출하며 폭력을 행사하기 시작하였다. 이때가 1980년대 중반 이후 델리에서부터 인도국민당이 두각을 나타내기 시작한 때다.

구자라뜨 학살이 왜 '최종 해결'이었을까?

1992년 아요디야의 바브리 모스크 파괴 이후 인도국민당의 권력은 우후죽순처럼 커졌고, 무슬림의 테러 또한 빈번이 일어났다. 그 가운데 가장 큰 테러는 아요디야 사태 직후인 1993년 3월 12일, 인도 최대의 경제 중심지인 뭄바이에서 터진 폭탄테러다. 이날 뭄바이에서는 증권거래소, 쇼핑센터, 공항, 시장, 호텔 등 열세 군데에서 동시에 폭탄이 터져 257명이 목숨을 잃고 1,400여 명이 부상당했다. 하지만 무슬림의 테러 보복은 더 잔인한 학살을 낳았다. 그 가운데 가장 무서운 학살이 2002년 2월 27일, 인도 서부 구자라뜨주의 작은 도시 고드라Godhra역에서 발생한 화재 사건 이후 한 달 동안 구자라뜨주 전체에서 벌어진 참혹한 학살 사태다.

2002년 2월 27일, 역을 막 떠난 기차 안에서 난데없는 화재가 발생하여 58명이나 되는 사람들이 순식간에 불타 죽는 참극이 일어났다. 기차가 고드라역을 떠난 지 몇 분 되지 않아 무슬림 밀집 거주지에 비상 정지한 직후 무슬림 군중이 몰려들어 돌을 던졌고, 동시에 기차에서 불이 났고, 기차 안에 있던 58명이 불타 죽었다.

출입문은 양쪽 다 잠겨 있었다. 당시 연방정부와 주정부를 모두 장악하고 있던 인도국민당이 조사위원회를 꾸려 발표한 바에 따르면, 무슬림 폭도가 휘발유를 바닥에 뿌리고 내부에서 불을 질렀다. 분명히 무슬림 폭도가 저지른 방화 사건이었고, 그 가운데 죄질이 무거운 31명이 유죄판결을 받았다. 그런데 이후 연방정부 정권이 바뀌고 새로 구성된 조사위원회의 조사 결과는 전혀 달랐다. 방화가 아니라 우연한 화재였고, 무슬림 폭도들의 난동도 우발적이었다. 그 후 지금까지도 기차가 왜 그 자리에서 정차했는지, 누가 무슬림을 선동했는지, 어떻게 불이 났는지 제대로 밝혀지지 않았다. 기차 화재 이후 구자라뜨 전역에서 발생한 무슬림 학살극의 진상도 규명되지 않았다.

자, 그러면 열차 방화 사건 이후 순식간에 벌어진 구자라뜨 학살 사건을 살펴보자. 누구도 부인할 수 없는 몇 가지 사실을 중심으로 사건을 재구성해 보자. 열차 방화 사건 직후 아무런 법적·행정적 권한도 없는 힌두뜨와 기반의 수구 단체가 구자라뜨주 전지역의 철시撤市를 선언했다. 이에 대해 주정부는 아무런 조치도 취하지 않았다. 그리고 그들은 학살 난동을 저질렀다. 주정부는 아무런 제지도 하지 않았다. 방화 사건 하루가 지난 뒤 무슬림에 대한 복수극이 구자라뜨 전역으로 퍼졌다. 특히 구자라뜨 주도인 아흐메다바드Ahmedabad에서는 한 달 동안 학살 난동이 벌어졌다. 힌두 수구 세력의 상징 색깔인 황토색 옷을 입고 힌두 전통 칼과 도끼로 무장한 폭도들이 조직적으로 시내 전역에 배치되었다. 그들이 무슬림 주민 명단을 들고 집을 찾아가 수색하여 학살하는 모습이 여러 차례 목격되었다. 그리하여 무슬림 사망자 수가 적게는 1천여 명에서, 많게는 5천 명이 넘었다. 학살자들은 피해자들에게 알라를 욕하라거나 힌두 신을 찬양하라고 요구했고, 이를 거부하면 칼로 목을 베거나 휘발유를 뿌리고 불을 붙였다. 여성들은 강간당하거나 젖가슴 또는 생식기가 도려졌고, 사지가 절단된 어린이 또한 허다하였다. 현장에서 남자 어른들이 열다섯쯤 되는 남자 아이들에게 여성을 강간하는 방법을 가르쳐 주는 모습이 목격되기도 했다.

영화감독 라께시 샤르마Rakesh Sharma는 2003년 이 학살을 소재로 다큐멘터리영화를 제작했다. 그런데 그 제목이 '최종 해결Final Solution'이었다. 나치가 유대인 홀로코스트the Holocaust를 저지르면서 사용한 용어를 그대로 쓴 것이다. 힌두 수구의 이슬람 학살이 나치가 유대인을 상대로 저지른 인종청소와 다르지 않음을 말한 것이다. 수구 세력은 이제 무슬림은 이 나라 국민이 될 수 없고, 따라서 인도 땅에 무슬림이 살 공간을 주어서는 안 된다는 주장을 서슴지 않는다. 샤르마 감독이 지적했듯, 그들은 나치가 10년 동안 차별-탄압-분리-학살 등을 단계별로 실시하여 유대인 '문제'를 최종 해결하려고 했을 때와 같은 레토릭을 사용했다. 다른 게 있다면, 나치는 그 사악한 행위를 강제수용소와 가스실에서 은밀히 자행했다면, 인도의 수구 난동 세력은 대낮 길거리에서 보란 듯이 저질렀다는 점이다. 이 학살은 심지어 티브이로 중계방송하듯 전파를 탔다.

2002년 구자라뜨 학살은 '힌두뜨와'라는 정치이데올로기가 정권을 탈취하고자 힌두 민족의식으로 군중을 속이고 동원한 결과물이라는 점에서 1930~40년대 히틀러의 나치가 했던 것과 너무나 흡사하다. 그 요체는 적을 만들어 혐오하고, 그 적에게 폭력을 행사한 것이다. 인도 수구 세력은 구자라뜨 학살을 자행하기 10년 전에 이미 바브리 모스크 철거로 그 파괴적 본색을 드러낸 바 있다. 그들은 1992년 아요디야에 있는 바브리 모스크에 접근하지 말라는 대법원 명령을 막무가내로 무시하고, 전국에서 정치 깡패 gunda들을 동원하여 사전에 기획한 각본대로 모스크 철거와 함께 살인, 방화, 강간 등을 자행하였다. 이 단계에서 필수적으로 등장한 조직이 나치의 경우와 똑같이 웃따르 쁘라데시 주정부 공무원, 특히 경찰이다. 구자라뜨주 학살 사건도 본질적으로 이와 같다. 다만, 구자라뜨 사건에서는 주와 주정부 및 그 하부 지방 권력의 보이지 않는 손이 더 조직적으로 개입했다는 점이 다르다.

법원을 포함한 여러 정부 기구가 폭력에 적극적으로 개입했다는 것도 나치와 닮았다. 이는 한편으로는 인도 국가의 합리적 관료제가 철저히 실패했음을 의미하고, 다른 한편으로는 정치기구가 과하게 비대해졌음을 가리킨다. 그 안에서 인도는 여전히 세속화가 제대로 진전되지 않고, 카스트와 종교, 종족성, 불가촉천민 등 전근대적인 문제가 주요 이슈로 작동하는 봉건성이 지배하는 나라로 남아 있다. 이러한 맥락에서 힌두뜨와를 기반으로 하는 세력이 권력화에 성공했다는 것은 인도가 합리적 근대 세계로부터 점점 멀어져 가고 있음을 의미한다고 할 수 있다.

처음에는 무슬림만 타깃으로 삼다가 점차 그 목표물을 기독교도와 외국인으로 확장하고 있다는 점도 나치와 닮았다. 나치도 처음에는 유대인만 공격하다가 그 대상을 공산주의자, 자유주의자, 기독교인 등으로 넓혀 갔다. 인도와 독일 모두 역사왜곡과 신화를 통한 환상 심기 차원에서 일으킨 집단 혐오가 문제였다. 의용단일가는 집회, 캠페인 등 길거리 방송에 집중했다. 이는 혐오 대상에 대한 적대감을 심화시키고 적극 가담자를 확보하려는 고도의 선전술이었다. 이를 통해 폭력의 실천을 이끌어 냈다는 점도 나치와 인도 수구의 공통점이다.

힌두 파시스트는 어떻게 역사를 왜곡했나?

1947년 영국령 인도가 인도와 파키스탄으로 분단되고, 그 난세의 공간에서 힌두뜨와 세력은 간디를 암살한 '민족적' 죄를 저지른 대가로 정당해산을 당했다. 그 뒤 한동안 잠잠했던 그들은 1950년대부터 본격적으로 하방下放하여 여러 극우 시민단체를 조직하기 시작했다. 이 세력을 토대로 힌두뜨와는 새로운 민족주의 정당을 만들기로 합의하여 '인도국민단Bharatiya Jana Sangh'을 창당하고, 1977년에는 '국민당Janata Party'으로 이름을 바꾼 후 여러 세력과 연립하여 인디라 간디의 실정을 파고들어 드디어 정권교체를 이루었다. 그러나 2년이 채 되지 않아 정권을 빼긴 다음에 인도국민당으로 재창당하였다. 1998년에 이들이 재집권하여 인도국민회의와 실질적인 양당제 체제를 이루면서 오늘에 이른다. 인도국민당의 권력 성격은 2014년 현 정부인 나렌드라 모디 수상이 등장하기 전, 1977년과 1998년 두 번의 집권기에 그들이 어떤 일을 했는지를 보면 알 수 있다.

두 번의 집권기 동안 그들이 가장 먼저, 가장 진지하게 심혈을 기울인 것은 역사 교과서 문제였다. 그들은 인도국민회의 정권의 역사 교과서를 공산주의에 왜곡된 역사로 규정하고, 검인정교과서 가운데 가장 권위를 인정받는 국립교육연수원NCERT 간행 역사 교과서를 철저하게 힌두민족주의로 채색·수정하였다. 학자들은 이 힌두민족주의 역사화를 그들의 상징색인 사프론색을 따와 '사프론화Saffronisation'라고 부른다. 힌두뜨와 세력은 자신들의 극우 역사학을 기반으로 인도국민회의 집권기 동안 유지된 역사학을 빨갱이 공산주의 역사학이라 매도했다. 빨갱이 역사학이 힌두 신화를 역사적 사실fact로 인정하지 않은 것은 위대한 힌두 민족을 무시한 처사라고 공격했다. 그러면서 결국 무슬림의 역사를 찬양했다는 것이다. 그러니 무슬림의 역사를 지워 없애고 위대한 힌두의 역사를 복원해야 한다고 선동했다. 1992년 아요디야의 바브리 모스크를 파괴하고 그 위에 라마Rama 사원을 복구한 것이 힌두뜨와가 벌인 역사왜곡의 구체화 작업이다.

이 주장은 맥락이 전혀 다른 마하뜨마 간디가 마음으로 품었던 이상향의 정치 '라마라지야Ramarajya'(힌두교 신화 속 왕 라마가 다스리던 이상 정치)의 판타지를 인도 땅에서 실현하겠다는 주장으로 연결되었다. 이 판타지는 힌두민족주의에 빠진 이들의 핏속에 마약처럼 스며들었다. 힌두뜨와가 정치이데올로기로 작동하면서 신앙이 역사의 근거가 되면서 이제 역사는 '하나의 영토, 하나의 민족, 하나의 문화'라는 힌두뜨와 이념의 하위 체계로 변질되었다.

힌두뜨와는 그 마약을 인도 사람들의 마음에 어떻게 주입했을까? 과거 영국 식민 지배 때부터 주조된 힌두뜨와 역사관, 즉 힌두 신화를 역사로 치환하고 무슬림을 배제하는 역사관을 민족의용단의 전국 지부(샤카shakha)들이 자신들이 만든 교과서에 따라 가르치기 시작했다. 주로 가난한 농촌이나 산간 오지 출신의 소년 소녀들을 모아 기숙사에서 먹여 주고 재워 주면서 자신들이 규정한 힌두교 의례에 따라 요가, 명상, 예술 등 국수주의적 힌두 문화를 가르치고 그것을 매일의 삶에서 실천하게 했다. 기독교나 이슬람이 고아원이나 기숙 신학교를 통해 선교사를 양성한 것과 비슷했다고 보면 된다. 그렇게 힌두뜨와가 양육한 어린 소년 소녀들이 의용단원으로 성장하면서, 1990년대에 민족의용단 지부는 6만 개에 이를 정도로 번성하였다. 2004년 이후로는 세가 줄어 현재는 1만여 개의 지부가 있으나, 민족의용단 지부가 운영하는 학교들은 시골이나 소수 부족 거주지에 집중 분포되어 있어 다른 정보와 지식을 접하기 어려운 소년 소녀들의 세계관을 왜곡시키는 데에 큰 역할을 하고 있다. 이 학교들에서 교육받은 청소년들은 민족의용단과 의용일가 산하 조직의 행동대원으로 충원된다.

힌두뜨와가 주장하는 역사는 우선, 그동안 과학적 역사관에 따라 부정되어 온 힌두 신화에 나오는 라마와 같은 신의 행적을 역사적 사실로 인정해야 한다는 것과, 중세 시기에 무슬림이 힌두 문명을 파괴하고 핍박하였다는 것이다. 그리고 두 주장은 하나로 통합된다. 힌두 신의 이야기가 역사에 편입되면서 인도는 모든 면에서 세계 최고의 문명국으로 우뚝 서게 되고, 그런 세계 최고의 인도 고대문명이 무슬림 등 이민족의 침략으로 파괴되었다는 결론으로 이어진다. 그 안에서 종교적 산물인 라마와 같은 신이 사실적 인물로 만들어지고, 신들의 행적이 담긴 신화 내용이 실제 역사로 둔갑하면서, 신화에는 나오지도 않는 카스트 체계가 낳은 갈등의 역사 같은 것은 무시되기 일쑤다.

구자라뜨 학살의 실질적 주범인 모디가 이끄는 인도국민당이 2014년 총선에서 압승하고 2019년에는 더 큰 승리를 거두면서, 현재 인도는 적어도 정치문화적으로는 힌두국가를 향해 가고 있다. 이 과정에서 국가의 법은 파시시트 폭력 조직에 의해 철저하게 유린당하는 중이다. 힌두뜨와의 전술은 적에게는 증오를, 동지에게는 동정과 자비를 심는 이분법으로 적을 끊임없이 악마화하는 것이다. 1990년대부터 적어도 20년간은 이 전술이 쉽게 먹혀들었다. 힌두뜨와는 평소에는 역사를 왜곡하고 그 왜곡된 역사를 폭력으로 실천하는 대원을 양성·조직하다가, 총선이 다가오면 무슬림 혐오와 불가촉천민이나 기독교인에 대한 적대감을 확산시킨다. 선거 전에는 힌두 신정국가라는 환상을 사람들에게 심고 확산시키다가, 선거철에는 그 환상을 방해하는 요소로 무슬림과 인도국민회의를 꿰어 맞추면 수월하게 선거를 치를 수 있다. 2024년 총선에서도 이 전술을 사용하였다. 적대적 감성정치의 전술이다.

2002년 학살 당시 구자라뜨의 주 수상이었던 나렌드라 모디는 재선거를 통해 주 수상으로 다시 당선되고, 이후 연방정부 수상에까지 올랐다. 하지만 구자라뜨 학살 이후 치러진 2004년 총선과

2009년 총선에서는 인도국민회의가 승리하였다. 2014년 총선에서 권력이 다시 인도국민당에 넘어갔지만, 인도국민회의 집권기에 이 학살 사건의 진실을 규명하는 작업을 추진할 수 있었다. 이 시기에 국내외 언론과 시민단체, 인도의 국가인권위원회 등이 양심적이고 헌신적으로 비극의 진실을 드러내려 노력하지 않았다면, 구자라뜨 학살은 책임자 처벌도 없이 묻혔을 것이다. 그때 정권이 교체되지 않고 인도국민당이 계속 집권했다면, 학살 난동은 그 후 인도의 일상사가 되었을 가능성이 크다. 그리고 무슬림에게 겨누어진 칼끝은 결국 같은 힌두, 즉 공산당원과 불가촉천민, 기독교인, 시민운동가 등에게 향해졌을 것이다. 지금은 그러한 난동이 일단락된 상태다.

힌두 파시스트 폭력 난동은 끝났는가?

힌두뜨와에 기반한 힌두 파시스트 세력이 나치와 다른 점은, 힌두뜨와 이데올로기를 정치적 필요에 따라 꺼내기도 하고 감추기도 하는 등 철저하게 상황과 맥락에 따라 유연하게 사용한다는 사실이다. 힌두 수구 세력은 1992년 아요디야의 바브리 모스크를 파괴하면서 증오와 폭력의 전술을 적극적으로 사용하여 1996년과 1998년에 정권을 잡았다. 2002년 구자라뜨 학살을 벌인 후에는 구자라뜨 주정부에서 압승을 거뒀으나, 2004년 총선에서는 인도국민회의에 연방정부 정권을 내주었다. 여기서 중요한 점은, 그들이 2004년 총선에서는 폭력과 학살을 일으키지는 않았다는 사실이다. 그 대신에 집권 여당으로서 'India Shining'이라는 경제발전을 구호로 내세웠다.

당시 그들은 오로지 경제발전에만 초점을 맞추었다. 그런데 그 선거에서 인도국민회의에 패배해 정권을 내주었다. 인도국민회의가 222석을 차지하고, 인도국민당은 186석을 차지하여 실로 충격적인 패배를 맛보았다. 무슬림 증오와 힌두민족주의가 변함없이 팽배한 상태에서 경제자유화를 통한 경제 도약에 자신이 있었기 때문에 경제발전을 모토로 내걸었으나, 예상 밖 패배를 당한 것이다. 그리고 2009년 선거에서도 또다시 패배하였다. 수구 세력은 힌두뜨와 개념을 재정립하였다. 경제발전으로는 국민의 마음을 흔들지 못하고, 국민들은 증오와 폭력을 싫어하지 힌두뜨와를 싫어하는 것은 아니다! 이런 생각으로 2014년 총선에서 인도국민당은 다시 힌두뜨와를 꺼내 들었다. 그러나 1990년대를 뒤흔든 폭력 기반의 힌두뜨와가 아니었다. 사프론화된 정치를 기저에 깔았지만, 상대를 공격하는 방향이 달라졌다. 그들은 자신들의 이상향인 힌두국가는 부패하지 않은 곳이라면서, 전통적으로 부패 정당의 낙인이 찍힌 인도국민회의를 강하게 공격했다. 그 위에서 부패 없는 힌두국가, 경제발전을 주요 선거공약으로 내세워 성공을 거두었다. 집권 후 꾸준히 제기해 온 암소 보호, 즉 암소 도살자에 대한 처단 등의 전술도 먹히지 않았고, 선거 직전 민족의용단 총재 모한 바그와뜨Mohan Bhagwat가 지정카스트/달리뜨에 대한 보호정책을 재고해야 한다고 한 주장은 오히려 역풍을 맞았다. 바야흐로 폭력의 정치가 국민에게 역효과를 불러일으키는 현상이 눈에 띄게 나타났다.

이후 모디 정부는 좀 더 세련된 모습으로 힌두뜨와 정치를 바꿔 나가기 시작했다. 힌두뜨와를 무슬림에 대한 증오에서 힌두 민족 자존으로 그 방향을 튼 것이다. 그때 나온 것이 히말라야 빙하와 갠지스강에 인격권을 부여해야 한다는 주장이다. 인도 국토가 바라뜨 마따(어머니 인도)의 현신이라는 신화를 구체화하는 역사 환상화다. 그 위에서 전국적으로 퍼져 있는 대표 성지들과 각 지역의 성지 관련 신화를 실제 있었던 역사로 만들어 바야흐로 완전한 힌두의 나라, 신정국가 '힌두 라슈뜨라Hindu Rashtra'를 세우려는 작업이었다. 그렇게 되면 전국은 하나의 힌두뜨와 이데올로기 아래 거미줄처럼 이어질 것이고, 그 망을 따라 성지순례라는 이름으로 신실한 힌두들이 성지를 찾으면 힌두에 대한 사랑도 커지고 자신들에 대한 지지도도 높아질 것 아닌가. 성지순례는 국민 통합과 경제 활성화 효과까지 가져올 것이니 정부로서는 나쁠 것이 없다. 그뿐인가? 정치적으로 위기가 오면, 전국 조직을 통해 어머니 인도 국토 순례 대행진을 벌이면 동원의 정치까지 꾀할 수 있다. 이러한 구상 아래 모디가 추구하는 정치세력화는 갈수록 거대해질 수밖에 없다.

2014년과 2019년 그리고 2024년 총선에서 모디와 인도국민당은 종교 감정에 불을 지르는 수법을 사용하지 않았다. 학살 뒤에 국민의 선거 심판을 당했기 때문이다. 난동이란 배후 권력이 바뀌지 않는다는 확신이 설 때 일어나고, 그것을 저지르는 수구 세력은 항상 새로운 먹잇감을 찾아 나선다. 하지만 권력이 바뀔 가능성이 보이면 수구 난동 세력은 더 이상 판을 키우지도, 새로운 먹잇감을 찾지도 못한다. 그래서 그들은 이제 무슬림을 적으로 삼는 힌두 근본주의보다 힌두의 영광과 그 안에서의 민족통합을 내세우는 쪽으로 가는 중이다. 1992년 아요디야 모스크 파괴와 2002년 구자라뜨 학살 이후 양심적인 학자와 시민운동가를 중심으로 의용단일가 등 힌두뜨와 세력이 벌이는 폭력에 대한 저항운동이 30년 넘게 강력하게 전개된 결과다. 역사학자들은 전공과 관계없이 역사왜곡과 사프론화에 저항하였고, 작가와 영화감독 등 예술인과 지식인들은 수상 거부와 같은 소극적 저항에서부터 고소 고발 같은 적극적 저항까지 오랫동안 집요하게 전개했다.

이러니 모디가 이끄는 인도국민당도 폭력과 증오의 힌두뜨와를 더 이상 정치 전술로 사용하기가 어려워졌다. 이제는 힌두 민족의 자존을 내걸고 선거의 다른 축인 경제발전vikas을 시행하는 중이다. 코로나 이후 모디 정부는 국방, 외교, 디지털, 제조업, 보건, 의약 등 모든 면에서 세계에서 우뚝 서는 인도를 만들겠다고 하고 있다. 바로 힌두민족주의의 효시인 스와데시swadesh(자국自國) 개념을 현대화한 것이다. 힌두뜨와가 증오와 폭력의 나치즘에서 힌두국가주의로 변한 것이다. 이제 무슬림이나 기독교에 대한 작은 규모의 폭력 충돌은 있을 수 있어도, 정치권력 차원에서 벌이는 대규모의 학살 난동은 그 수명을 다했다고 본다.

대법원은 왜 힌두의 손을 들어 줬는가?

1992년 광신도 힌두 정치 깡패들이 폭력을 동원해 무갈제국의 개조 바바르가 세운 아요디야 바브리 모스크를 파괴하였다. 무갈제국이 모스크를 세우기 전에 이미 그 자리에 힌두 사원이 있었다는 것이다. 파괴 행위의 옳고 그름과는 별개로, 모스크 철거 이후에 누가 이 땅을 소유할 것인가 하는 문제가 본격적으로 제기되었다. 비록 폭력적인 방식이지만 바브리 모스크가 세워지기 전에 정말로 그 자리에 힌두 사원이 있었다는 주장이 사실로 드러났고, 그렇게 되자 이 사원의 소유권을 둘러싸고 법적 싸움이 벌어졌다. 힌두 측은 바브리 모스크가 들어서기 전에 이미 힌두 사원이 있었으니 해당 부지를 힌두교 종단이 소유해야 한다고 주장했고, 무슬림 측은 과거 역사 문제를 현대의 법 개념으로 판단할 수 없으니 부지 소유권은 무슬림 사원에 있다고 주장했다.

사실, 아요디야 부지 소유권 문제는 1947년 인도공화국이 성립한 후부터 힌두 단체와 이슬람 단체가 번갈아 가면서 민사소송을 제기한 사안으로서 언제든 법적으로 해결했어야 할 문제다. 가장 최근에는 2010년 9월 30일 알라하바드Allahabad 고등법원 판결이 있다. 고등법원은 소송의 세 당사자인 힌두 사원과 힌두 종단, 그리고 이슬람 원고 측에 균등한 부지 분할을 판결하였다. 이에 힌두 측이 불복하여 대법원에 상고하였고, 2019년 11월 9일 대법원이 고등법원의 판결을 기각하는 최종 판결을 내렸다. 대법원은 사원 부지는 힌두 측에 모두 양도하고, 이슬람 측은 대체 부지를 받아 모스크를 건축하라고 판결했다. 그리고 이제 분쟁을 종결하고 평화로 공존해야 한다는 말을 덧붙였다. 이에 이슬람 측은 법원의 판결은 존중하지만 대법원이 정치권력에 굴복했다고 불만을 토로했다. 금방이라도 싸움이 일어날 것 같았지만, 4년이 넘도록 큰 갈등은 일어나지 않았다. 모스크 자리에는 람 랄라Ram Lalla(아기 라마) 사원이 완공되어 축성식까지 마쳤다. 대체 부지에 모스크가 완공되었다는 소식은 아직 들리지 않는다.

아요디야 분쟁은 영국 식민 시기 이전부터 시작됐으나, 법적 다툼은 영국 지배기에 본격적으로 구체화되었다. 원래 힌두 사원이었던 곳에 무갈제국의 장군이 사원을 파괴하고 모스크를 세웠는데, 종교 성격상 과거 힌두 사원이 있던 자리도 성지로 여기는 힌두는 모스크 바깥에서 계속 종교 행위를 이어 왔다. 힌두교는 사원이나 신전 안에서만 종교 행위를 하지 않는다. 이러한 상태에서 두 공동체 간의 갈등이 심해지자, 1859년 영국 정부는 사원에 펜스를 설치해 사원 내부에서는 무슬림이, 사원 외부에서는 힌두가 종교 행위를 할 수 있도록 하였다. 이 판결은 독립 이후에도 그런대로 평화롭게 유지되었다. 그런데 1949년에 힌두 광신자 몇 사람이 라마 신상神像을 모스크 내부에 몰래 갖다 놓고 신이 기적적으로 자기 몸을 드러냈다고 선동하였다. 그때부터 모스크를 허물고 그 위에 라마 사원을 세워야 한다는 주장이 본격 제기되었다. 그러던 것이 1980년대부터 연방 정권을 노리던 인도국민당의 방계 세력인 민족의용단과 세계힌두협회 등 힌두 극우 분자들이 모스크 파괴를 실행하면서 뜨거운 정치 이슈로 부상한 것이다.

세계힌두협회가 앞장서서 모스크를 파괴할 당시, 인도국민당은 아요디야가 위치한 인도 최대 주州인 웃따르 쁘라데시 주의회의 집권 여당이었다. 주정부를 장악한 인도국민당은 우선 여론을 몰아 연방정부 여당인 인도국민회의를 압박했다. 선거철을 앞둔 상황에서 국민회의도 힌두 민심의 눈치를 보지 않을 수 없었다. 그래서 힌두 근본주의자들의 무자비한 폭력을 제지하지 않고 방관하였고, 주정부 여당인 인도국민당은 더 신이 나서 파괴를 선동하고 몰아붙였다. 급기야 1992년 12월 6일, 전국에서 모여든 힌두 극우 행동대원들이 바브리 모스크를 완전히 해체하고 그 과정에서 무슬림 2천여 명을 살해했다. 힌두 근본주의의 승리에 국민감정은 들끓었고, 인도국민당은 그 여세를 몰아 1998년 연방정부 정권까지 차지했다. 이후 2002년 구자라뜨 학살에 이어, 2014년 마침내 연방정부 수상이 된 인도국민당의 모디는 2019년 봄 총선에서 역사상 유래를 찾기 어려운 압승을 거두어 다시 수상 자리에 올랐다. 모디는 선거공약으로 아요디야 모스크 터에 힌두 라마 사원을 복원하겠다고 공언하였고, 2024년 1월에 라마 사원이 복원되었다.

인도는 헌법으로 세속 국가를 천명했지만, 아요디야 분쟁에 대한 대법원 판결을 보면 사법부가 과연 권력과 국민 여론으로부터 독립된 기관인지 의구심이 들지 않을 수 없다. 비록 대법원은 1992년 당시의 파괴와 살상 행위를 정당화하지는 않았지만, 세속 국가에서 종교 공동체 간에 벌어진 민사 문제를 종교적 잣대로 판결했다는 비판을 피하기 어렵다. 450년 전 정복 과정에서 세워진 역사적 건축물을 문제 삼으면 현재 인도 땅에 있는 무슬림 건축물은 다 파괴해야 마땅하다. 그런데 이 판결에 대해 야당인 인도국민회의조차 별다른 반발이 없다. 힌두민족주의를 앞세운 여론에 굴복한 것으로밖에 해석할 길이 없다. 인도공산당(마르크스-레닌주의자)이 낸 성명서만 주목할 만하다. 재판부가 모스크 파괴 행위를 위법으로 인정하고도 부지 전체를 힌두 사원 부지로 결정한 것은 법의 일관성을 상실한 판결이라는 것이다.

지금으로선 이 판결을 끝으로 학살과 테러의 악순환이 끊어지기만을 바랄 뿐이다. 하지만 대법원의 판결이 정치적 상황까지 고려했다는 것은 분명 바람직한 현상은 아니다. 권력은 물론이고 정치로부터 독립하지 못한 법원의 판결은 국민 통합을 이루어 내기 어렵다.

문재인 대통령은 왜 악샤르담 사원을 방문했나?

다수 힌두가 소수 무슬림을 학살하면, 소수 무슬림의 선택은 불 보듯 뻔하다. 2002년 2월 구자라뜨의 고드라에서 열차 방화 사건이 터지고 곧이어 3개월간 구자라뜨 전역에서 무슬림 학살이 일어난 후인 9월 24일, 여러 명의 파키스탄 테러리스트들이 구자라뜨주 간디나가르Gandhinagar에 있는 힌두 사원을 공격해 33명을 살해했다. 테러리스트들은 모두 사살됐다. 문제의 사원은 소위 신新힌두교 사원인 악샤르담Akshardham 사원으로, 그때까지만 해도 인도를 잘 모르는 외지인에게는 생소한 곳이었다. 그러다가 2005년 델리의 야무나Yamuna 강가에 어마어마한 규모의 사원이 모습을 드러내면서 유명해졌다. 악샤르담 사원이 한국 사람들에게 널리 알려진 것은 2018년 7월 문재인 대통령이 국빈 자격으로 이 사원을 방문하면서다. 사람들은 사원의 규모와 위용에 깜짝 놀랐다. 악샤르담 사원은 어떤 사원인가?

악샤르담 사원의 원래 이름은 '스와미나라얀 악샤르담Swaminara-yan Akshardham'이다. 스와미나라얀 종파의 후계 형태인 밥스BAPS:

Bochasanwasi Shri Akshar Purushottam Swaminarayan에서 건축한 사원이다. 밥스파派는 구자라뜨 지역 출신을 중심으로 결성된 전 세계 힌두 이주 공동체에 널리 퍼진 신흥 힌두교다. 신흥 힌두교는 전통 힌두교와는 크게 다르다. 대체로 이질적이고 복합적인 요소가 뒤섞인 힌두교에서 일부 요소만 가져다가 그것을 중심으로 기독교의 정기 예배 형식 등을 채택해서 만든 게 많다. 악샤르담 사원을 운영하는 스와미나라얀 종파의 웹사이트에 따르면, 간디나가르의 악샤르담 사원은 매년 약 200만 명이 방문하는 사원으로, 힌두교의 전통문화를 보여 주고 구경하고 교육하는 일종의 복합 문화 캠퍼스 역할을 한다. 해외 디아스포라들 사이에서 본격적으로 성장한 이 종파는 가족 단위로 정기적으로 악샤르담 사원을 방문해 예배를 드린다. 해외 거주인들에게는 이 사원이 모국 인도의 문화를 배우는 캠퍼스 역할을 한다. 그래서 2002년 구자라뜨 간디나가르 테러 당시에도 여성과 어린이들의 희생이 컸던 것이다.

악샤르담 사원은 간디나가르 사원도 그렇고 델리 사원도 그렇고, 규모가 가장 큰 미국 뉴저지 사원도 그렇고 사원의 규모가 실로 어마어마하다. 이렇게 큰 사원 규모는 이를 건축한 종파가 구자라뜨 지역과 관계된다는 사실과 연결된다. 구자라뜨 지역은 고대 로마와의 실크로드 무역을 비롯해, 근대 동인도회사 지배 시기를 지나 최근에 이르기까지 해외 이주민을 많이 내보낸 지역으로 유명하다. 이주민들은 근대 이후 아프리카를 필두로 유럽의 여러 나라, 오스트레일리아와 뉴질랜드, 캐나다, 미국 등지에 매우 큰 규모의 구자라뜨 지역공동체를 형성하고 있다. 그들은 대부분 몇 세대에 걸쳐 부를 축적했고, 고국을 그리워하며, 자신들끼리 네트워크를 형성하고 있다. 해외 디아스포라 사이에서 밥스의 신힌두교가 자리 잡게 된 것도 그들의 재력과 네트워크 덕분이다. 그들의 힌두교는 본국인 인도와 디아스포라 사회를 긴밀하게 연결하는 초국가주의 힌두교라는 새로운 트렌드를 만들어 냈다.

스와미나라얀 종파는 동인도회사의 적극적인 지지 속에 빠른 속도로 성장하였다. 그 후계인 밥스 종파의 성장도 역사적으로 동인도회사가 가져온 근대화와 도시화 정책의 산물이라 할 수 있다. 19세기 들어 도시 중산층이 넓게 형성될 때, 그들은 대체로 정치 문제에 직접 개입하지 않고 재력을 바탕으로 카스트 문화를 전통 브라만 문화로 바꿔, 즉 산스끄리뜨화를 통해(이 책 32쪽 참조) 실질적으로 품위 있는 카스트로 인정받으려는 경향을 취했다. 그래서 육식을 거부하고, 정통 의례를 지키고, 금욕적인 삶을 살며 신에게 철저히 귀의하는 보수적인 신앙을 유지하였다. 이러한 종교 전통은 동인도회사 정부가 추진하는 근대화 및 시장중심 자본주의와 충돌하지 않았기에, 동인도회사 정부는 사원을 건립할 토지까지 무상으로 기부했다.

밥스 종파는 초기부터 고유한 신앙 외에도 신도 조직에 집중하여 조직을 운영하고 확장하는 사원 행정에 크게 힘을 기울였고, 그 결과 괄목할 성과를 거두었다. 이를 통해 밥스 신도 사회는 비약적으로 확대되었고, 재정 규모도 빠른 속도로 늘어났다. 특히 제2차 세계대전 이후 구자라뜨 상인들이 해외로 이주하면서, 밥스파 종파는 더 강력하고 부유한 디아스포라 공동체로 성장했다. 그들은 모국과 정착국을 연결하는 관계망을 형성하고 유지하는 데에 큰 공을 들였다. 이민자 집단 사회에서 세밀하게 조직된 네트워크는 다양한 통로를 통해 고국에 대한 더 적극적인 투자를 이끌어 냈다.

델리 사원은 1968년 밥스의 영적 지도자이던 요기지 마하라즈Yogiji Maharaj가 처음 계획했다. 이 계획은 거의 진전이 없다가, 1982년 마하라즈의 후계자인 쁘라무크 스와미 마하라즈Pramukh Swami Maharaj가 델리시의 협조를 얻으면서 구체화되었다. 2000년 4월 델리시 당국이 제공한 60에이커(240,000m^2), 웃따르 쁘라데시 주정부가 제공한 30에이커(120,000m^2)의 토지에 사원을 짓기 시작하여 2005년에 준공되었다. 이후 델리 악샤르담 사원은 해외에서 조직된 신도 네트워크의 재정적 지원 아래, 힌두 문화의 위대함을 인도 전역과 외국인들에게 보여 주는 '위대한 인도'의 전령 역할을 맡고 있다. 그래서 외국의 주요 인사가 인도를 방문하면 반드시 방문하는 코스가 악샤르담 사원이고, 파키스탄의 테러리스트들이 노리는 첫 번째 타깃도 바로 이곳이다. 2002년 아요디야 바브리 모스크 파괴에 대한 보복 테러가 구자라뜨 악샤르담 사원에서 일어난 것과 2018년 문재인 대통령이 델리 악샤르담 사원을 방문한 것은 결국 같은 맥락에서 해석할 수 있다.

현재의 뿌리,
고대와 중세의 역사

사실이 아닌 이야기로서의 역사란 무엇인가?

인도는 이야기의 나라다. 과거에 일어난 사실을 최대한 객관적으로 기록하는 것이 역사라는 개념은 고대 인도에 존재하지 않았다. 그들은 사실fact에 그다지 가치를 두지 않고, 해석에 더 큰 가치를 두었다. 우주를 주관하는 어떤 보편법에 따라 신이 세계를 주재하는 것, 그리고 인간은 그 신의 의도를 이루는 것으로 해석하였다. 그래서 사실은 중요하지 않았다. 드러나지 않는 맥락 파악, 즉 해석이 더 중요했다. 그래서 역사는 사실이 아닌 이야기로 편찬되었다. 과거를 사실 그대로 재현하려 하는 대신에 신의 뜻을 파악하려고 한 것이다. 우리의《삼국유사》를 생각해 보면 더 쉽게 이해할 수 있다. '왕력' 부분을 제외한 나머지 부분과 비슷하다고 생각하면 된다. 그 안에는 역사적 사실도 있지만, 누군가가 지어낸 이야기도 있다. 두 가지가 하도 교묘하게 섞여 있어서 실제 있었던 사실과 지어낸 이야기를 분간해서 골라내기란 매우 어렵다.

유럽에서는 헬레나 시대에 개인 경험을 기반으로 이야기가 구성되었다. 그러니 사실성이 이야기의 중심이었다. 이야기는 이야기꾼 자신이 직접 경험하거나 들은 근거 있는 이야기를 토대로 만들어지고 퍼뜨려졌다. 유럽인의 역사 인식은 기본적으로 경험과 사실에 기반한다는 말이다. 그렇지만 인도는 달랐다. 인도에서는 무엇보다도 이야기를 듣고자 하는 사람의 요구에 따라 이야기가 지어졌다. 사실이 어떠했는지는 부수적인 것이 되고, 듣고 싶은 사람들이 원하는 바가 중심적인 것이 된다. 고대 인도의 위대한 이야기인 서사시《마하바라따》가 바로 이렇게 시작된다. 현재 전해지는《마하바라따》 형태는 기원전 200년에서 기원후 200년 사이에 만들어진 것이지만, 그 원형은 그보다 훨씬 더 오래되었을 것으로 본다. 처음에 어떤 전쟁이 있었고 그 전쟁을 이야기로 만들면서, 사람들이 듣고자 하는 내용을 어떤 이야기꾼이 보태고 또 보탠 뒤 그것이 수백 년의 시간이 지나는 동안 입에서 입으로 구전되어 거대한 이야기로 만들어진 것이다. 지금의 이야기는 서로 다른 시간과 장소가 만들어 낸 여러 다른 목소리들을 이어 놓은 것이다. 그래서 균질적이지 않고 이질적이고 중층적이다.

이야기꾼이 어떻게 이야기를 만들어 내는지는《마하바라따》 제1권에 자세히 나온다. 어떤 숲에 있는 마을에서 큰 제사를 지내는데, 씨족장인 브라만이 제주 겸 사제가 되어 제사를 주재한다. 제주는 방문객들에게 푸짐한 음식을 대접하고, 풍성한 선물까지 나눠 준다. 사제는 제사를 지내는 도중 사이사이 손님들에게 감사 인사를 나누면서 쉰다. 그 쉬는 시간에 이야기꾼이 등장해 이야기를 들려준다. 이때 참석한 여러 브라만 가운데 한 사람이 그 이야기꾼에게 이런저런 이야기를 해 달라고 하면, 이야기꾼이 그에 맞춰 이야기를 시작한다. 이야기의 주도권을 화자가 아니라 청자가 갖는 것이다. 청중은 이야기 도중에 이야기꾼에게 질문을 하기도 하고, 더 자세한 내용을 요청하기도 하는데, 그에 관한 신의 뜻을 묻기도 한다. 그러면 이야기꾼은 자신이 직접 듣거나 보지 않은 내용을 직관적으로 해석하여 청중에게 들려주고 교훈적인 가르침까지 준다. 그러다 보니 이야기에는 여러 가지 해석이 들어가고, 전혀 다른 내용이 삽입되기도 한다.

이런 이야기는 사실을 재현하는 게 아니고 내용을 재연하는 것이다. 그래서 같은 교훈을 가진 다른 이야기가 계속해서 만들어지고, 같은 이야기가 짧은 버전이나 긴 버전으로 만들어지기도 한다. 중요한 것은 진실이 아니라 해석이며, 화자가 아니라 청자가 해석의 주도권을 쥔다는 점이다. 누군가가 어떤 경험을 했는지는 그다지 중요하지 않다. 그 경험은 그 사람에게 국한되는 것일 뿐 일반화할 수 없다. 고대 인도인들은 그렇게 생각했다. 그래서 그들은 경험보다 감정, 즉 놀라움과 기쁨, 슬픔과 두려움과 같은 여러 감정을 소중하게 여긴다. 그래서 이성적이고 합리적인 과학이나 논리보다는 기분이나 무드 같은 분위기나 감성을 더 중요하게 여긴다.

인도 이야기는 힌두의 윤회 시간관 안에서 다양하고 화려하게 전개된다. 전생 이야기도 나오고, 동물 우화도 나온다. 요즘 핫한 아이템이 소리 소문 없이 삽시간에 퍼지듯, 이런 이야기도 전 세계로 퍼졌다. 신이 내려와 착한 사람에게 복을 주고 악한 사람을 벌주는 이야기, 동물과 동물 사이에서 벌어지는 일에서 건져 올린 교훈 이야기, 스승의 은혜를 잊지 않고 갚아 다음 생에 더 좋은 삶으로 환생하는 이야기, 비록 짐승의 몸이지만 인간을 도와 큰일을 하여 다음 생에 인간으로 환생하는 이야기 등은 인도 북부에서 만들어져 데칸고원을 넘어 남부로 가고, 바닷길로 이집트로 가거나 카슈미르를 넘어 아프가니스탄을 지나 페르시아를 지나 이집트로 전해지면서 이솝 우화의 원형이 된다. 그리고 그리스와 유럽 곳곳으로 전파되어 유럽 여러 이야기의 원형을 형성한다.

인도의 이야기가 여러 나라로 건너가 그들 세계에서 널리 퍼졌다는 말은 무슨 의미인가? 그것은 고대 인도의 세계관과 그 안에서 만들어진 교훈이 세계인의 문화와 도덕적 가치의 큰 토대가 되었다는 의미다. 특히 불교를 받아들인 나라들은 고대 인도인의 이야기에 담긴 인도인의 가치를 토대로 그 나라의 세계관을 형성하였다. 그 세계관은 근대 유럽이 만든 세계관과 전혀 다르다. 근대 이후 인도의 이야기로서의 역사 인식이 유럽의 과학적 인식으로 대체됨으로써 또 다른 역사로서의 존재 가치를 잃어버렸다. 그로 인해 우리는 근대와 또 다른 어떤 세계를 잃어버렸다. 과학과 이성이 합리의 기반이 되는 세계 너머에 있는 감정과 직관의 세계를 잃어버린 것이다.

왜 서부 해안가에 석굴사원이 많을까?

고대 인도의 대규모 건축물 하면 서부 인도, 주로 마하라슈뜨라주에 있는 아잔따, 엘로라 석굴사원을 드는 경우가 많다. 이곳에 가본 사람은 누구나 그 규모에 놀란다. 데칸 서부 해안산맥에 광범위한 석굴사원이 조성된 것은 마우리야가 몰락한 이후 기원후 초기의 일이다. 이 시기 이곳에서만 80여 곳의 석굴사원이 조성되고, 석굴 수만 보면 1,200개가 넘는다. 후대에 가면 힌두교 사원도 많이 생기지만, 초기에는 대부분 불교 사원이었다. 이 시기 불교 석굴사원은 고원에 위치하고, 배후에 도시를 두었다. 배후 도시는 대부분 항구도시고, 거기에서 고개로 연결되는 교역로가 이어진다. 석굴사원 가운데 규모가 가장 큰 석굴군은 나나가트Nanaghat 고개에 있는 준나르Junnar로, 모두 184개의 석굴사원이 도시를 중심으로 직경 8킬로미터 이내 구릉지대에 퍼져 있다. 왜 2천 년 전 데칸 서부 해안산맥에 이렇게 엄청난 규모의 석굴사원이 조성되었을까?

고대에는 데칸고원이 중간에 떡 버티고 있어 인도 북부와 남부를 잇는 교통이 그리 쉽지 않았다. 접촉은 대부분 서부를 통해 이루어졌다. 북부의 서부 끝에서부터 구자라뜨와 마하라슈뜨라의 해안을 따라 길게 펼쳐지는 서가뜨산맥 아래 해안 평원이 남북을 잇는 통로였다. 서가뜨산맥은 거의 연속해서 남북으로 흐르고 1,000~1,500미터의 고도를 유지하는데, 그 반대편에 있는 동가뜨산맥은 연속되지 않고 고도도 500미터 전후로 낮은 편이다. 이 때문에 데칸고원은 서쪽은 높고 동쪽은 낮은 지형을 나타낸다. 그런데도 북에서 남으로 연결되는 길이 주로 서부 데칸 쪽에 생긴 것은, 서부 해안에 항구가 많고 그 항구들에서 교역이 많이 이루어졌기 때문이다. 즉, 지리적 편리함 때문이 아니라 경제적 필요 때문이었다.

북과 남의 접촉이 불교를 통해서 더욱 활성화되었다는 점도 이러한 경제적 필요성으로 뒷받침된다. 우선, 불교라는 종교의 성격을 생각해 볼 필요가 있다. 불교는 기존의 카스트 체계를 받드는 힌두교와 달리, 그 사회 체계를 부인하고 새로운 사회를 구축하기 위해 널리 포교에 힘쓴 종교다. 그래서 북에서 남으로 내려가서 포교하는 일을 열심히 했다. 힌두교에도 불교와 마찬가지로 기세棄世(세상을 포기함. 속세를 등지고 떠나는 행위)의 전통이 있었으나, 처음에는 수행과 포교를 축으로 하는 공동체 교단을 사회 바깥에 따로 만들지는 않았다. 불교만이 기세 승려의 승가를 조직하여 조직적 차원에서 특정 지역을 떠나 사람들을 교화하는 일을 의무로 삼게 했다. 승려들이 설법과 포교를 목적으로 먼 길을 떠나는 행위는 불교 승가僧伽가 상인들과 더욱 밀접하게 접촉하는 계기가 되었다.

초기 불교도들은 데칸고원에 사원을 조성했다. 불교 사원은 수행하는 거처이기도 했지만 포교를 맡아 하는 조직이기도 했기 때문이다. 데칸 지역에 석굴사원이 많이 조성된 것은, 이 지역이 고원이라는 지형적 특징과 관련이 있다. 당시 불교는 포교를 위해 각지로 돌아다니다가 우기에는 잠시 휴식을 취하는 전통이 강하여 사회와 어느 정도 격리되는 곳을 사원 자리로 선호하였다. 하지만 석굴에 사원을 조성하는 것은 북부의 평지 건축 사원과 달리 조성 비용이 많이 들 수밖에 없다. 따라서 사원 조성에 필요한 경비를 충당해 줄 경제력 있는 집단이 배후에 존재하지 않으면 안 된다. 당시 강력한 경제력을 갖춘 집단은 기원전 2세기경부터 성행하기 시작한 대對로마 교역과 도시화로부터 나왔다.

서부 데칸 지역은 강우량이 적고 토지가 비옥하지 못하여 농경 발달의 속도가 북부보다 더뎠으나, 이 시기 들어 나르마다Narmada 강을 비롯한 몇몇 강의 하구 유역과 해안평야를 중심으로 북부에서 전파된 철제 농기구에 의존한 작물의 생산이 늘어나면서 도시화의 기틀이 잡혔다. 그러던 차에 로마와의 무역이 왕성하게 일어나면서 이 지역에는 기원전 2세기부터 기원후 3세기경까지 여러 도시가 번창하였다. 대부분의 도시는 로마와의 교역을 수행하는 항구 기능을 담당하였고, 이 교역로에 석굴사원도 건축되었다. 여기에 당시 이 지역에 전파되어 융성해진 대승불교는 도시화를 크게 진전시켰다. 출가하지 않고 불도를 닦는 재가在家 사회가 커졌기 때문이다. 초기 불교와 달리, 재가 신자는 공덕을 쌓아 해탈이 아닌 극락왕생을 한다는 교리에 힘입어 활발히 불사佛事에 참여하였다. 재물 기부도 활발했음은 물론이다.

이는 당시 승가에서 허용한 보시 물품의 변화를 보면 잘 알 수 있다. 이 시대에 들어와 보시 물품은 그 종류와 범위가 넓어졌을 뿐만 아니라, 화려한 사치품까지 포함하는 쪽으로 변화하였다. 초기 불교에서 재가 신자가 의례 때 승가에 보시할 수 있는 물품은 가사(승려의 옷)와 음식, 약, 쉴 곳의 네 가지뿐이었으나, 기원전 2세기경에는 열네 가지로 불어났다. 그 열네 가지에는 거주지가 포함되었다. 같은 맥락에서 중국에서 들어온 실크나 탑을 치장하는 장식품도 주요 기부품이 되었다. 실크 외에도 금, 은, 구슬, 유리 등이 불교 사원을 치장하는 용도로 널리 사용되었다. 이 모든 게 데칸 서부 서가뜨산맥 아래 있던 도시에서 일어난 일이다.

불교 사원에 대한 기부의 확대는 도시화로 생겨난 새로운 계층, 즉 상인과 수공업자들이 조직한 길드와도 깊은 관련이 있다. 초기 불교 시기에는 부자나 왕실의 기부가 활발했으나, 이 시기 들어 여러 사람이 길드를 조성하여 공동으로 기부했다. 그 가운데 가장 주요한 것이 석굴사원이다. 당시 길드에 소속된 재가 신자들은 가사, 대나무 바구니, 도자기, 기름 등 사원의 일상생활과 의례에 필요한 물품들을 기부하려고 돈을 예치하고 이를 모아 기부하였다. 길드는 예금에 이자를 붙이고, 투자금을 유치하고, 수익금을 배분하는 등 금융 기능도 하였다. 물론 길드를 통하지 않고 개인 자격으로 기부하는 일반 상인이나 수공업자도 많았다. 보석공, 금세공, 야공冶工, 향香 제조공, 석공 등이 그러했다. 결국 저 엄청난 규모의 석굴사원은 기원 초기 실크로드 무역의 활성화와 대승불교의 융성, 그리고 도시화가 서로 어우러져 만들어 낸 결과물이다. 사람들은 사원에 재물을 바치고, 그 대가로 죽어서 극락에 다시 태어나기(극락왕생)를 기원했다.

마우리야는 왜 남인도를 병합하지 않았을까?

고대 인도에서 가장 강력한 힘을 발휘했던 인도 최초의 통일 제국인 마우리야Maurya 제국의 영토는 인도아대륙의 거의 전역에 펼쳐져 있었다. 동으로는 지금의 방글라데시까지, 서로는 라자스탄과 구자라뜨까지, 북으로는 히말라야 지역과 아프가니스탄까지 뻗었다. 그런데 남으로는 전체 면적으로 보면 얼마 안 되어 보이는 지금의 따밀나두와 께랄라, 까르나따까 일부가 제국의 영토에 포함되지 않았다(그림 1). 비록 이 사실을 기록한 고대 역사서는 없지만, 아쇼까가 세운 칙령 비문에도 이 지역은 국경 밖이라고 되어 있다. 아쇼까는 왜 이 지역을 제국의 영토로 병합하지 않았을까? 실제로 마우리야 제국은 이 지역과 큰 전쟁을 치렀으나 패한 바 있다. 아쇼까의 아버지 빈두사라Bindusara가 따밀 지역을 침략했다가 크게 패하고, 그 위를 국경으로 삼았다. 그 후 아쇼까는 이 지역을 정벌하지 않았다. 왜 그랬을까?

우선, 이 지역에 있던 따밀 왕국 등의 군사력이 만만치 않았던 것으로 보인다. 당시 따밀은 이미 다른 해외 지역과 교역하고, 우

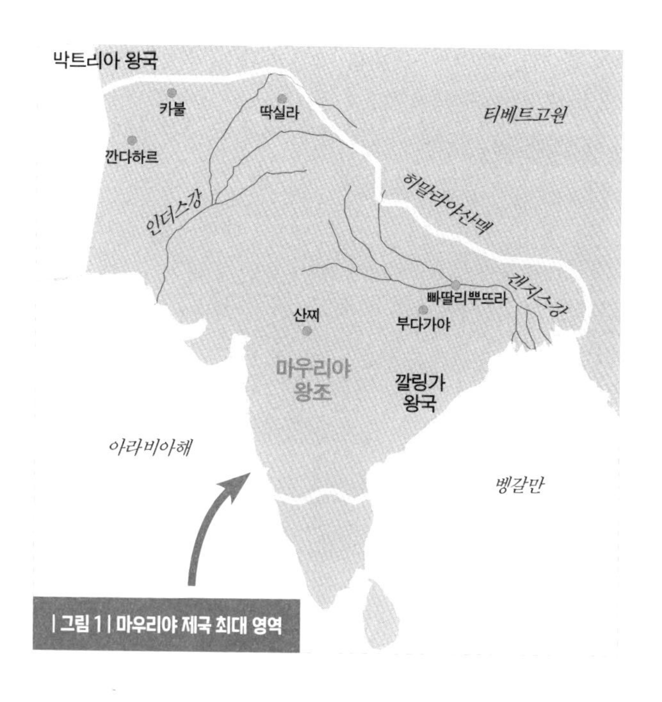

| 그림 1 | 마우리아 제국 최대 영역

수한 철기도 많이 보유한 상당히 부유한 지역이었다. 실제로 어떤 기록을 보더라도, 따밀 지역은 마우리야 정부에 조공조차 바치지 않았다. 충분히 강력한 독립 세력이었던 것이다. 따밀 지역의 기록을 보면, 이 지역 왕국의 왕과 장군들이 이끌던 군대는 창이나 칼로 무장한 코끼리와 전차 부대였고, 철제 칼과 방패, 창, 삼지창, 철퇴, 활, 화살 등으로 무장한 보병 부대의 군사력도 막강했다. 마우리야 군대도 강력한 코끼리 부대가 있었지만, 코끼리 부대는 장거리 전투에서 효율적인 전투를 수행하기 어렵기 때문에 멀리 원정을 가서 남부 인도 왕국들의 코끼리 부대를 격파하기는 어려웠

을 것으로 보인다. 실제로 마우리야 제국의 수도인 빠딸리뿌뜨라Pataliputra에서 따밀까지는 2,500킬로미터가 넘는 먼 거리다. 이는 같은 시기 중국의 진나라와 비교해 봐도 진의 수도 선양에서 서부 외곽 쿤밍 지역까지의 거리보다도 대략 1천 킬로미터가 더 멀고, 선양에서 고조선과 접한 요동 지역까지의 거리보다도 몇 백 킬로미터가 더 멀다. 그 먼 거리를 상당한 피해를 무릅쓰면서까지 원정할 필요는 없었을 것이다. 게다가 인도는 중국과 달리 북인도와 남인도가 데칸고원을 사이에 두고 지형적으로 확연히 분리된다. 특히 남부 왕국들 주변으로는 울창한 숲과 산, 큰 강 등이 자연 장벽을 형성하고 있어서 이 지역을 갠지스강 유역에서부터 쳐들어가는 것은 큰 모험이었을 것이다.

이러한 지리적 난점 외에, 마우리야가 군사 정벌보다는 문화와 법을 통한 아대륙 통합을 꾀했다는 점도 눈여겨 봐야 한다. 아쇼까는 따밀 지역과 전쟁을 치르지 않았다. 아쇼까는 왕위에 오른 뒤 큰 전쟁을 딱 한 번 치렀는데, 지금의 오디샤 지역인 깔링가Kalinga 왕국과의 전쟁이다. 10만 명이 죽고, 15만 명을 포로로 사로잡을 정도로 치열한 전쟁이었다. 아쇼까는 깔링가 이후 더 이상의 정복전쟁을 치르지 않겠다고 칙령으로 공언했다. 혹자는 불교의 불살생 계율 때문에 전쟁을 포기한 것이라고 해석하지만, 아쇼까는 이미 병합된 제국의 영토를 하나의 법, 즉 다르마dharma(법, 도덕, 의무)로 통합하고 수성守城하는 데에 모든 노력을 경주한 것이다. 다른 영토를 병합해서 얻는 이익이 기존의 영토를 통합해서 얻는 이익보다 크지 않았기 때문이다. 당시 마우리야 영토는 이미 아프가니스탄까지 뻗어 있었다. 영토 확장보다는 제국 내부의 기득권층인 브라만 세력을 통제하는 것이 더 급선무였다. 그래서 아쇼까는 브라만 세력 자금 원천인 제사를 지내지 못하게 하는 것을 다르마로 삼는 정책을 폈다. 아쇼까가 60만이 넘는 대군을 유지하고, 고대 세계 최고 수준의 첩보 조직을 전국에 배치한 것도 브라만 세력의 반란을 두려워했기 때문이다.

마우리야 제국은 제국의 기초를 다진 재상 까우띨리야Kautilya의 실리 중심 외교관계에 더 큰 중점을 두었다. 군사력에 의존하지 않고 외교 전략으로 세력을 확장하는 전략을 썼다. 실제로 외교사절을 통해 따밀 왕국들과 평화 관계를 유지하였으니, 이는 철저히 까우띨리야가 말한 국제관계를 통한 실리적 국가 운영이었다. 아쇼까는 극남부 지역을 무력으로 정복하는 대신에 법을 통해 하나의 영향권 안에 통합하는 실리 우선 정책을 사용했다. 이 실리 위주 정책은 고대 인도로부터 현대 인도로 이어지는 인도의 중요한 국가정책이다. 원칙에 얽매이지 않고, 상대의 힘과 자국의 국력을 고려하여, 상황에 따라 유연하게 관계를 조정하여 실리를 취하는 것이 옳다는 것이다.

이 실리적 세계관에 따르면, 영토를 넓히는 것만이 능사가 아니다. 역사적으로 중국은 천자를 중심으로 삼는 중화 세계질서와 그 안에서의 천하 통일을 중요한 국가 방향으로 삼았지만, 인도는 그런 개념의 국가 질서가 존재하지 않았다. 인도는 통일보다는 세력들끼리 쌓는 다양한 관계를 훨씬 더 중요하게 여겼다. 이 실리 중심 정책에 따라 인도아대륙은 하나의 정치체나 단일한 통일 제국이 아닌 문화와 법을 통한 통일 사회를 오랫동안 유지했고, 이것이 다양성 내의 통일성이라는 하나의 인도를 구성하는 문화체의 토대가 되었다.

그런데 마우리야가 극남부 인도를 병합하지 않았다는 이유로 인도에는 통일 제국이 존재하지 않았다고 말하는 사람들이 있다. 어이없는 주장이다. 중국사와 비교해 보면 쉽게 이해할 수 있다. 같은 시기 최초의 통일 제국인 진秦나라도 양쯔강 이남과 서부 지역까지 영토를 확장하지 않았다. 그러나 진나라를 두고 통일 제국이 아니었다고 말하는 사람은 없다. 마우리야 제국도 극남부를 영토에 포함시키지는 못했지만 엄연한 인도 최초의 통일 제국이었다. 그래서 인도에는 역사적으로 통일 제국이 존재하지 않았고, 영국이 최초로 통일했다는 주장은 성립될 수 없는 것이다.

딴뜨라 여신이 여성의 지위를 상승시켰을까?

세계의 모든 종교 가운데 힌두교만큼 여신을 숭배하는 신앙이 활발하게 전개되는 종교도 없을 것이다. 특수한 경우지만, 특정 여성을 여신의 현현으로 인식하여 그 여성을 나체로 숭배하는 경우까지 있다. 그렇지만 실제 힌두 사회에서 여성의 사회적 지위는 매우 낮다. 두 사실에는 어떤 관계가 있는 것일까?

중세가 시작된 기원후 5세기부터 힌두교에는 음陰의 원리로서의 샤띠shakti(陰力)가 우주의 최고 원리로 자리 잡았다. 밀교 힌두교 신학에서의 일이다. 우주 최고 원리인 샤띠가 신격체로 현현되면서, 그 존재인 여신은 절대 존재가 되었다. 반면 그 안에서 밀교 이전에 최고 지존으로 군림하던 쉬바Shiva나 비슈누Vishnu가 각각의 배우자인 깔리Kali와 두르가Durga, 락슈미Lakshmi에게 지존의 지위를 내준 신학이 밀교의 경전인 여러 딴뜨라Tantra에서 생겨났다. 모든 악의 근원과 현상은 남성성으로 비유되었고, 그 남성성은 지존의 여신에게 처절히 응징되었다. 밀교 힌두교에서 여신은 그야말로 우주의 제왕이었다. 이런 힌두교 신학은 요즘 눈으로 보면 완전한 페미니즘 신학으로 보인다.

이러한 밀교가 홍성하게 된 중세 시대에 여성의 사회적 위치는 그전 시대와 전혀 다르지 않았다. 저런 신학이 있었음에도, 신학은 신학이고 실제 사회는 신학과 아무 상관이 없었다. 그 어떤 교단에도 여성 사제는 존재하지 않았고, 사회에서 여성은 여전히 불가촉천민과 마찬가지로 가장 낮고 불결한 존재로 천대받았다. 여성은 입문 의례도 받을 수 없었다. 여아 살해는 특수한 경우로 치더라도, 신부 지참금dowry과 앙혼hypergamy(仰婚)(같은 카스트 내에서 자기보다 더 높은 위치의 씨족에 속하는 남자와의 결혼) 등 결혼제도에서도 여성은 철저히 남성에 종속되고 남성의 보호를 받아야 할 하등한 존재로 취급받았다. 여성의 가장 큰 종교적 덕목은 남편을 모시고 아들을 낳는 것이었다. 전형적인 남존여비다. 어렸을 적에는 아버지, 결혼해서는 남편, 늙어서는 아버지를 따라야 한다는 《마누법전》의 핵심 가르침은 동아시아의 삼종지도三從之道와 똑같다.

중세에 인도 인민의 세계관은 물질 중심의 기복신앙과 다산 숭배, 점복과 의례로 요약된다. 반면에 브라만 계급은 이 세계관을 저급한 것으로 무시했다. 브라만 경전인 베다가 우주와 인간의 이치를 정신적인 면에서 찾았다면, 보통 백성들이 따르는 밀교 경전인 딴뜨라는 물질 중심의 세계에서 찾았다. 그래서 딴뜨라 전통은 브라만 전통에 비해 이질적이고 물질적이고 기술적이고 지역적이고 부족적이고 대중적인 성격이었고, 주류 브라만은 이를 아주 속된 것으로 취급했다. 딴뜨라와 밀교 힌두교의 세계관이 여성성을 중심으로 형성된 것은 바로 이 생산 숭배 물질주의 때문이다. 딴뜨라에 나오는 지고至高 여신은 중세 이후 5세기경부터 여러 지역에 흩어져 있던 이질적인 여신들이 갖고 있던 음의 원리를 한데 묶어 만든 존재이다. 여신은 초월자이고 편재자이며 창조의 물질적 근원이고, 모든 존재의 궁극적 실체가 되었다. 원래는 무형의 궁극적 실재였던 여신은 우주적 시간 안에서 질서를 어지럽히는 악을 없애는 존재로 현현하였다. 딴뜨라 안에서 여신은 우주의 창조와 보존 그리고 파괴의 역할을 하는 지고의 신이고, 그 우주 에너지인 샥띠는 실제의 모든 여성을 자신의 육화된 존재로 인정한다. 관념적 존재에서 유형의 존재가 되어 종교의 주인공으로 자리잡은 것이다. 여성은 딴뜨라 세계에서 비로소 여러 가내 의례나 사원 의례에 참여할 수 있고, 궁극적으로 해탈의 경지에 이를 수 있으며, 신화적으로는 죽어서 신의 경지에까지 이를 수 있게 된다. 하지만 이는 어디까지나 종교적 차원일 뿐 실제 사회와는 아무런 관계가 없다.

왜 이런 현상이 생긴 것일까? 딴뜨라가 주변부의 이질적인 문화적 특질들을 기존의 브라만 전통 안으로 통합하는 데에 요긴한 수단이 되었기 때문이다. 브라만 문화가 전국적으로 확장되면서 여성, 슈드라, 불가촉천민과 같은 피지배층 인민들이 지배층에 착취당하고 지배당하는 현실에서 지배층이 피지배층의 신앙이라도 허용하여 숨통을 트여 줬다는 말이다. 피지배층은 지고 여신을 통해 카타르시스와 같은 심리적 안정을 얻었고, 이것은 결국 가부장

체제 유지에 도움이 되었다. 결국 여신의 지고성至高性이 주는 카타르시스는 주변부의 이질적인 문화가 중심부의 정형화된 틀 안으로 들어가 문화적으로 통합되는 데에 중요한 역할을 하였다. 이 문화적 통합을 통해 계급 간 갈등은 사라지고, 물질적인 충돌은 신앙 세계 안으로 용해되었다. 문화 통합이 기존 사회의 안정적 유지에 중요한 기여를 한 것이다. 육참골단肉斬骨斷, 즉 자신의 살을 내주고 상대의 뼈를 자르는 전술이랄까. 그렇게 딴뜨라는 중세 이후 현대에 이르기까지 남성 중심의 인도 사회를 안정적으로 구축하는 역할을 하였다.

관념이 사회 내에서 실제를 변화시키려면 그에 필요한 수준의 물질적 힘을 갖추어야 한다. 이를 갖추지 못한 채 이분법 논리에만 빠져들면, 기득권 세력은 그 관념이 마음껏 떠들고 발산되도록 허용하고 때로는 힘까지 보태 준다. 실제 힘은 갖추지 못한 망상에 빠진 사람들이 득세할수록 그에 대한 반동도 더 거세지기 때문이다. 급진 페미니즘 세력이 득세하면서 남성들의 반동이 더 커진 한국 사회가 참고할 만한 지점이다. 이상주의 이데올로기를 내세워 현실을 포기시키고, 담론 안에서만 카타르시스를 유도하는 행태는 기존 사회계급 체계를 더욱 공고히 할 뿐이다.

무슬림 침략자는 왜 사원에 불을 질렀을까?

간혹 인도사를 잘 모르는 사람들이 “왜 힌두교 최대 사원이 캄보디아에 있고 인도에는 없느냐”고 묻는다. 힌두교든 불교든 최대 규모의 건축물은 사원이었다. 인도에도 캄보디아 앙코르와트 규모의 사원이 많았는데, 10세기 이후 아프가니스탄을 거쳐 인도아대륙으로 들어온 무슬림 침략자들이 세력을 확장하는 과정에서 많이 파괴하였고, 인도의 건축물은 모두 벽돌건축물에 토양도 부식이 잘되는 충적토라 남은 게 별로 없다. 이를 보여 주는 가장 좋은 예가, 인도 북부 갠지스강 중류 유역의 비하르Bihar주 날란다 구역district에 있는 옛 날란다 사원이다. 이 불교 유적지는 12헥타르(12만 제곱미터) 넓이에 펼쳐져 있다. 전문가들은 원래 규모의 10퍼센트 정도가 발굴되었고, 90퍼센트 정도는 아직도 땅에 묻혀 있을 것으로 추정한다. 현재 발굴된 유적의 건물 배치(그림 2)를 보고 전체 형태를 추정 계산한 것이니, 그 어마어마한 규모를 짐작할 수 있다.

날란다 사원은 아프가니스탄에서 인도를 침략해 노략질한 무

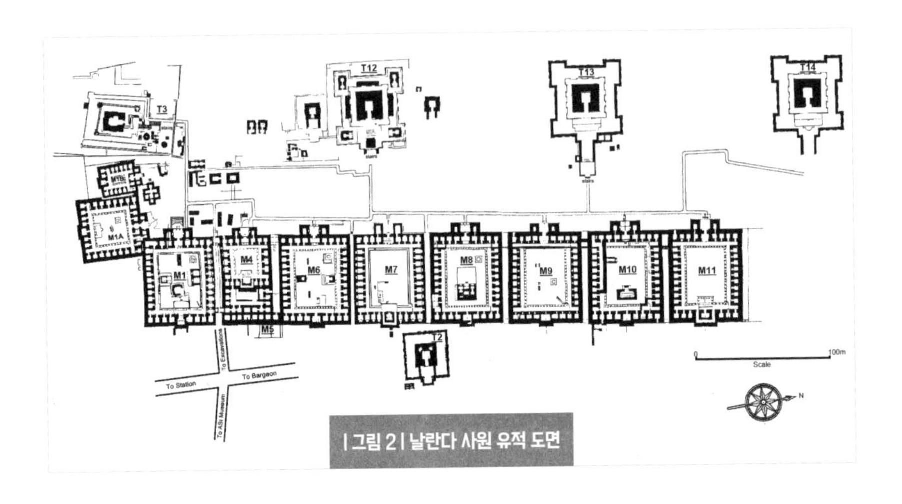

| 그림 2 | 날란다 사원 유적 도면

함마드 고르Muhammad Ghor의 장수 박띠야르 칼지의 공격으로 파괴되었다. 아프가니스탄에서 인도 북부로 들어온 박띠야르 칼지는 동쪽으로 비하르까지 진격하여 날란다와 비끄라마쉴라Vikramashila, 오단따뿌리Odantapuri의 사원을 모두 파괴하고, 계속 동진하여 벵갈 지역에 벵갈 술탄국을 건국했다. 페르시아의 기록에 따르면, 날란다 사원은 9개월 동안 불탔고 사원에 소장된 900만 권의 책도 잿더미가 되었다. 박띠야르 칼지는 왜 날란다 사원을 불태우고 승려들을 도륙했을까?

대체로 중앙아시아 투르크-아프간 출신의 무슬림 세력은 어느 지역을 정복하면 노략질하고 모든 것을 다 파괴해 버리는 문명 파괴 전통이 있다. 그 좋은 예가 세계사에서 가장 잔인한 문명 파괴자로 널리 알려진 티무르다. 따라서 박띠야르 칼지가 날란다 사원을 불 지른 것은 그 전통에 입각한 행위라 할 수 있다. 문제는 사원의 성격이다. 불교 사원은 단순히 불자들이 수행하는 도량이 아니라 승려들이 학문을 닦는 대학이기도 했다. 7세기 기록에 의하면, 날란다 사원은 왕이 토지를 하사하여 사원 주변 마을 700여 개로부터 세금을 징수하는 거대 지주가 되었다. 사원이 마을들에서 거두어들인 세금으로 그곳으로 유학 온 세계 곳곳의 승려들이 수행과 학문에 전념할 수 있었다. 인류 최초의 기숙대학인 것이다. 이 정도 규모의 사원 운영에 들어가는 엄청난 재원은 대승불교의 적선積善 사상에서 비롯된 시스템으로 조달되었다. 신자는 사원에 기부를 하고, 사원은 신자에게 복을 내리는 것이다. 세금 징수권을 포함하는 왕실의 토지 하사는 이 기부의 핵심이었다.

날란다와 같은 대규모 사원은 토지세 징수 외에도 다양한 방법으로 재산을 형성했다. 과수원이나 목초지 등도 하사받아 거기서 직접 농산물을 생산하고 판매하는 일종의 회사와 같은 사업 활동도 벌였다. 당시 재가 사회는 화폐나 귀금속 혹은 실크 같은 물품을 사원에 기부했는데, 길드와 연계된 계契를 따로 조직하여 곡식, 유제품, 직물, 불상, 향, 향료, 음식 등을 바치기도 했다. 사원은 물품을 직접 생산하고 운반하고 저장하는 시설을 운영했다. 그 외에 재물을 불려 이익을 늘리는 식리殖利 활동은 사원 재정수입의 중요한 원천이었다. 예컨대, 건물을 짓는다거나 불상이나 스뚜빠를 축조하거나 경전을 책으로 만드는 용도로 보寶를 조직하고 거기에 재가 신자를 참여시키는 방식이었다. 날란다 사원에 900만 권의 책이 있었다고 하니, 그 편찬 사업에 들어간 재원이 어느 정도였을지 짐작할 수 있다.

이외에도 장례를 비롯한 셀 수 없을 정도로 많은 불사佛事들이 모두 사원의 비즈니스로 작동하였다. 재가 신자는 돈과 물건을 많이 낼수록 복을 많이 받는다는 신앙이 강하여, 양자 사이의 '기브 앤 테이크' 체계는 순조롭게 돌아갔다. 날란다 사원은 세계 곳곳에서 온 유학생과 그들을 가르치는 승려 교수를 포함하여 2만여 명을 건사해야 했다. 그들의 먹고 자고 공부하는 모든 일상을 유지하기 위해 재가 사회로부터 엄청난 규모의 물품을 구매하였고, 그들에게 사원에서 만든 물품을 판매하였다. 사원 증축이나 수리, 신축 등 많은 불사를 치를 때마다 사원은 물건을 사기도 하고 팔기도 하는 그야말로 거대한 비즈니스 센터 역할을 한 것이다.

불교 사원에 하사된 촌락에는 정부 군대도 출입할 수 없었고, 사원은 정부 관리나 지역 경찰의 간섭도 받지 않는 권한을 위임받았다. 왕실 입장에서는 불교가 사회질서 유지를 담당해 주니 지배권 확립에 도움이 되고, 불교 사원으로서는 하사받은 토지로 항구적인 수입을 확보하여 안정적인 사원 운영을 꾀할 수 있었다. 사원은 왕실에서 재정 후원을 받고, 그에 대한 보답으로 신도들을 왕실에 충성하는 쪽으로 인도하였으니 상호 관계가 돈독할 수밖에 없었다. 이러한 전통은 불교가 융성한 모든 국가에서 대동소이하게 유지되었다.

13세기 날란다 사원은 세계에서 가장 큰 사원 콤플렉스로, 사원이면서 대학이자 거대한 시장이자 은행이었다. 무슬림 침략자는 전쟁을 치를 재원을 마련해야 했고 그 가운데 하나가 약탈이었다. 그들은 종교적 박해 따위엔 관심이 없었다. 그들의 노략질과 파괴는 종교의 문제가 아니라 정치의 문제였다.

갠지스 문명이 기원전 만 년까지 올라간다고?

지금까지 확보된 인도 고대사 사료에 따르면, 소위 인더스문명은 기원전 2750~2500년경부터 기원전 1750~1500년경까지 인더스강 유역에서 번성한 도시 문명이다. 세계 4대 문명 가운데 하나로 꼽히는 인더스문명은 무슨 이유에선지 기원전 1750~1500년경에 크게 쇠퇴하여 그 주인공들이 인도아대륙 곳곳으로 이주해 갔다. 지금의 힌디 · 산스끄리뜨의 모어이면서 유럽어와 같은 어족에 속하는 아리야어를 쓰는 사람들인데, 인더스문명이 몰락한 후 사라졌던 그들은 말을 타고 여러 차례 물결 치는 식으로 중앙아시아에서 아프가니스탄을 지나 지금의 인더스강 유역으로 들어와 계속 동진하여 기원전 500년경 갠지스강 유역에서 천 년 만에 도시 문명을 꽃피웠다. 여기까지는 인도 사학계에서도 이견이 없다.

그런데 30여 년 전부터 갠지스강 문명이 외부에서 들어온 사람들이 천 년간의 이동 생활 끝에 갠지스강 유역에 만든 게 아니고, 거꾸로 갠지스강 유역에서 발생하여 인더스문명으로 전파되었다는 주장이 나오고 있다. 근거는? 없다. 별자리 운운하는데, 대체로 후대의 신화를 토대로 그냥 그랬을 거라는 주장만 한다. 왜 이런 황당무계한 가설이 남발되는 것일까?

아리야인은 갠지스강 유역에 도착하여 도시 문명을 꽃피우면서 고유의 역사 인식을 형성하였다. 유럽이나 중국 같은 사실 기반의 역사가 아닌, 사실을 이야기와 섞고 그것을 신과 연계시킨 신화로서의 역사다. 이를 '이띠하사itihasa'('그렇게 있었던 것')라고 부르는데, 힌두교 최고 경전인 《라마야나》와 《마하바라따》가 바로 이러한 역사 인식으로 만들어진 것이다. 두 대서사시는 이전 시기부터 전해 오는 이야기가 기원후 5세기경까지 편집되고 구전된 것을 다음 시대에 편찬한 것이다. 그리고 이 시기 이후 1천 년 동안 이띠히사보다 더 방대하고 정밀하게 편찬된 신의 이야기 '뿌라나Purana'('오래된 것')가 편찬된다. 이 뿌라나에 의해 힌두 신화의 우주적 시간 개념이 완성된다. 이 신화에 따르면, 우주는 네 개의 유가yuga(紀)로 나뉘어 순환한다. 완전 시대인 끄리따Krita기, 끄리따기로부터 조금 타락한 뜨레따Treta기, 그로부터 더 타락한 드와빠라Dvapara기, 그리고 완전히 타락한 말세末世인 깔리Kali기가 그것이다.

이러한 신화의 우주적 시간을 실제의 구체적인 역사로 환원하려는 시도가 바로 앞서 말한 황당무계 가설의 근거이다. 이 가설을 펴는 이들은 역사학을 전문적으로 연구하지 않은 수학 전문가, 전자공학자, 요가 전문가에 명상 전문가도 있다. 그 가운데 전자공학자이자 수학자인 라자람과 베다 신학자인 프롤리는 천문학을 기반으로 신화 속 태초의 인물인 현생 인류의 조상이라는 마누Manu가 기원전 7천 년경으로 거슬러 올라가는데, 갠지스 문명이 바로 그것이라고 주장한다. 모든 사료가 기원전 500년경에 이루어졌다는 갠지스 문명이다. 컴퓨터공학자인 수바시 깍Subhash Kak, 힌두교 영성주의 저술가 딸라게리Shrikant G. Talageri, 요가학자 포어스타인Georg Feurstein은 여기서 한술 더 떠, 인더스문명과 갠지스 문명이 중간에 외부에서 들어온 아리야인에 의해 단절된 것이 아니고 토착민인 아리야인이 인더스문명으로 알려진 문명을 꽃피웠는데, 그 출발지가 지금 갠지스강 유역의 문명으로 알려진 것이라고 주장한다. 고대 인도사에는 정확한 사실을 기록한 사서가 없으니 아무 말이나 할 수 있는 것이다. 고대사에 사료가 없거나 부족한 틈을 타고 생겨나는 사이비 역사학의 전형이다.

이 같은 사이비 역사학이 민족주의가 팽배한 학문 외적 요소와 어우러지면, 《라마야나》와 《마하바라따》 신화에 나오는 사건의 실제 유적이 발굴됐다는 황당한 주장이 나오게 된다. 신화 속 이야기를 역사적 사실로 입증하려는 것이다. 민족주의 정치가 기승을 부리던 1980년대 후반부터 지금까지 이러한 주장이 끊이질 않는 이유이다. 그들은 고고학자 슐리만이 미케네문명을 발굴했듯, 힌두 신화를 역사로 발굴하려고 한다. 그러나 신화 속 이야기를 고고학적으로 입증하려는 노력은 역사학의 주장만 확인해 줄 뿐이다. 라오S. R. Rao는 구자라뜨주의 드와르까에서 신화 속 끄리슈나 신이 거주한 천국 드와르까가 바닷속에 실제로 존재한다며 발굴 조사를 수행했으나, 역사적 사실로 입증할 만한 것은 아무것도 건지지 못했다.

따밀나두에 있는 힌두교 성지 라메쉬와람의 람 세뚜Ram Setu가 《라마야나》에서 라마가 아내 시따를 구하려고 마왕의 본거지인 랑까로 건너가기 위해 지은 다리라고 주장한 것도 힌두뜨와에 입각한 역사왜곡 가운데 하나다. 그들이 람세뚜라고 주장한 바닷속 바위는 다리의 잔해가 아닌 자연 퇴적물임이 밝혀졌다. 《라마야나》에 나오는 랑까의 위치도 문제다. 《라마야나》는 기원전 4세기 경에 편찬되었고, 경전에 담긴 이야기는 그보다 더 오래될 수밖에 없다. 당시 북인도 아리야인 세력이 빈디야산맥 이남까지 팽창하지 못했다는 것이 분명한 역사적 사실이기 때문에, 랑까의 위치는 빈디야산맥 이남이 될 수 없다. 그런데 힌두뜨와 신봉자들은 랑까의 위치가 지금의 스리랑까라거나, 심지어 인도네시아나 오스트레일리아라는 주장을 서슴지 않는다.

가라앉은 땅이나 사라진 대륙, 지금은 없는 강을 기원으로 삼는 주장은 애국적 혹은 민족주의적인 차원을 넘어 역사적으로 검증되기 어렵다. 그런데 현재 인도에서는 이를 기반으로 역사를 다시 써야 한다는 판타지가 대중문화와 정치 영역을 넘어 학문 세계에까지 침투하고 있다. 특히 개인 블로그나 유튜브 등으로 힌두민족주의 추종자들에게 전파되면서 역사학에 심각한 악영향을 끼치고 있다.

고대 인도에서 왕이 신격화되지 않은 이유는?

이집트를 여행해 보면, 이집트 왕 파라오가 얼마나 엄청난 권력을 휘둘렀는지를 눈으로 확인할 수 있다. 태양신의 현신으로 신격화된 파라오는 기원전 5천 년경부터 엄청난 규모의 피라미드와 스핑크스, 신전, 오벨리스크 등을 건축하였다. 메소포타미아에서도 이와 다르지 않은 왕권이 형성되어 지구라트와 같은 거대한 규모의 건축물이 도처에 세워졌다. 그런데 그들과 비슷한 시기 혹은 조금 이후에 나타난 발달된 청동기 문명인 인도의 인더스문명이나 이후 1천 년이 지나서 번성한 갠지스 문명에는 그러한 건축물이 존재하지 않았다. 고대 인도의 왕은 신격화되지 않았던 것일까? 그렇다면 왜 그랬던 걸까?

물론 이집트는 대부분 석조건축물이고 사막과 같은 건조지대라 유물이 쉽게 부식되지 않는 조건이었고, 인더스문명과 갠지스 문명의 유적은 대부분 벽돌로 만들어졌고 특히 갠지스 유적은 부식이 쉬운 충적토에 위치하여 오래 남아 있기 어려웠다. 그렇더라도 어떤 문헌이나 기록을 봐도 고대 인도 왕이 이집트나 메소포타미아에서처럼 신격화되었다는 내용이 없다. 실제로 고대 인도 왕의 권력은 그리 막강하지 않았으며, 아쇼까 때의 마우리야 제국 정도를 제외하고는 인도아대륙 전역을 통일한 통일 제국도 존재하지 않았다. 이집트나 메소포타미아 지역에 비하면 지리적으로 통일하기 어려운 조건이었던 것은 사실이지만, 당시 인도 왕의 권력이 막강하지 않았다는 데에는 의심할 여지가 없다.

많은 학자들의 주장에 따르면, 고대 인도에서는 신성神性이 왕이 아니라 왕의 관직에 속했다. 그래서 불의한 왕이 백성들에게 살해되는 경우가 상당히 자주 보인다. 힌두 최고의 서사시《마하바라따》에는 인민이 폭군에게 저항하여 반란을 일으키는 것이 허용된다는 유명한 구절이 있다. 왕이 백성을 보호하지 않고 백성들의 재산을 거덜 내고, 백성의 뜻을 따라 주지 않고, 카스트 체계를 혼란하게 한다면, 백성은 이 능력 없는 왕을 살해하기 위해 무장해야 한다. 스스로 백성의 보호자라고 말한 왕이 백성을 보호하지 않고 보호하지도 못한다면, 그 왕은 연합한 백성들에게 미친개처럼 맞아 죽어야 한다. 백성이 왕에게 바칠 복종의 한계를 시사하고, 동시에 사악하고 불필요한 왕에게 항거하라고 용기를 북돋는 내용이다. 이 서사시 내용이 갖는 더 중요한 의미는, 왕은 신이 아니고 언제든지 갈아치울 수 있는 존재라는 것이다.

이 사상을 근거로 고대 인도에서는 반란의 도덕적 정당화가 진전되었다. 이를 통해 현실성 여부를 떠나 백성들이 폭군을 폐위하거나 죽일 수 있는 권리를 인정했다는 정도의 해석은 가능하겠지만, 이를 토대로 고대 인도에서 주권이 인민에게 속했다고 확대 해석해서는 곤란하다.

무엇보다, 부당한 왕을 폐위시킬 어떤 법적 장치도 없었다는 점을 주목해야 한다. 주권이 백성들에게 속했다면 부적절한 통치자를 끌어내릴 합법적이고 평화적인 방법이 있었을 것이다. 대개 왕은 인민을 죽일 수 있는 도덕적인 권리뿐만 아니라 합법적인 권리도 가졌다는 게 더 역사적 사실에 부합한다.

이와 관련하여 중국의 천명天命 이론을 생각해 보자. 중국에서는 왕이 천명을 잃으면 평민으로 바뀐다. 더 이상 왕이 아니기 때문에 그를 죽이는 것이 허용되는 것이다. 고대 인도에서 왕의 폐위나 혁명은 그와 유사한 정도였다고 이해하면 된다. 사료에 의하면, 난폭하고 무자비하고 인민을 속이는 왕은 신속하게 폐위되고 모든 재산을 몰수해 빈털터리로 만들 것이니 쫓겨난 왕은 아무 쓸모도 없다. 비록 능력이 있는 자라도 폐위된 왕은 닳아빠진 옷이나 짓밟힌 화환 같으니 아무 가치가 없다. 왕 자체가 신이나 신의 현신이 아니고, 왕의 자리 혹은 그 직업이 신성하다는 의미다. 바르나, 즉 카스트가 신성하다는 의미로 해석하면 쉽게 이해 가능하다.

고대 인도에서 왕이 신격화되지 않은 실질적으로 중요한 이유는, 왕의 권력이 통제받지 않고 무한대로 커져서 전제專制가 되면 위험하다는 생각 때문이다. 많은 문헌에 전제 왕은 스스로 파멸을 초래한다고 되어 있다. 무도한 방법으로 자기 왕국을 괴롭혀서 국력을 중식하려는 왕은 곧 시체를 파먹는 벌레라고 했다. 그래서 그러한 왕을 죽이는 건 정당한 일이 된다. 왕이 백성을 착취하여 부富를 늘리려 한다면, 그는 자신의 부를 잃을 것이며 가족과 함께 파멸을 맞을 것이라고 경고한다. 억눌린 백성의 분노에 타오른 불이 왕의 목숨은 물론이고 재산과 가문까지 완전히 집어삼킬 것이라고 한다. 고대 인도의 왕이 취해야 할 길은 중용의 길이었다. 넘치지도 부족하지도 않은 길. 실제 역사에서 마우리야 제국의 기초를 다진 재상 까우띨리야는 이렇게 조언한다. "백성에게 가혹한 처벌을 부과한 자는 누구든지 백성들로부터 불만을 살 것이다. 그렇다고 부드러운 처벌을 부과하는 자는 백성들로부터 무시를 받을 것이다. 탐욕, 분노 혹은 무지 때문에 죄에 대한 처벌이 넘치거나 부족해서는 안 된다."

고대 인도에서 왕의 권력을 제한한 것은, 왕 역시 우주의 보편법인 다르마, 즉 사회 안에서 자신이 처한 위치에 따라 마땅히 해야 할 의무나 도리, 도덕에 종속한 존재였기 때문이다. 왕은 다르마를 주재하는 브라만을 잘 모시고, 그것을 기초로 하여 만든 카스트 체계를 잘 유지해야 하는 의무를 진 존재였다. 그 의무를 제대로 유지하지 못하면 가차 없이 폐위될 수 있었다. 힌두교의 다르마 법에 따라, 왕 아니 신조차도 영원한 존재가 아니다. 신조차도 업과 윤회의 다르마 보편법에 따라 일시적으로 명멸하는 존재이니, 왕이야 두말할 필요가 없다. 영원한 것은 우주 보편법인 다르마밖에 없다. 그러니 그 법을 만들고 운용하는 브라만의 권력이 강하였다. 그런데 그 브라만은 로마제국의 가톨릭 교황같이 하나의 조직 체계를 갖추지 못했다. 실제로 브라만은 왕보다 더 큰 권력을 갖지 못했다. 결국, 다르마 보편법을 중심에 두고 왕과 브라만은 서로 보완하여 권력을 행사하는 사이였다.

IV

식민과 민족이 만날 때

인도에서 언제 민족 개념이 생겼을까?

인도 사람들을 만나서 당신의 첫 번째 정체성은 무엇인가 물었을 때 '인도인' 혹은 '인도 민족', '인도 국민'이라는 답이 맨 먼저 나올 가능성은 매우 적다. 당연히 '한국인'이라는 답이 먼저 나오는 우리와 다르다. 그만큼 인도 사람들에게 하나의 민족 혹은 국민이라는 인식은 옅고 끈끈함이 적다. 인도 사람들의 첫 번째 정체성은 카스트 혹은 지역이다. '힌두'라는 인식은 '민족'이나 '국민'보다 더 작다. 힌두교는 너무나 포괄적이어서 남과 구별되는 기준으로 작동하지 않기 때문이다. 그러면 인도에서 민족이라는 의식은 어떻게 해서 생겼을까?

18세기 중반 동인도회사가 인도를 침략하여 벵갈을 물리쳤을 때, 인도의 어떤 세력도 벵갈을 도우려 하지 않았다. 심지어 동인도회사 군대가 벵갈군에게 쫓겨 따밀 지역으로 도망가자, 그 지역의 군주는 동인도회사를 도와주기까지 했다. 향후 100년 정도 지날 때까지 이런 일이 아무렇지도 않게 일어났다. 동인도회사는 인도의 각 지역 세력을 하나씩 상대해서, 게다가 인도인을 용병으로 충당하면서 영토 정복전쟁을 벌였다. 인도인들은 서로 같은 민족이라고 생각하지 않았기 때문이다. 그러다 1857년에 '세포이 항쟁'이라고 널리 알려진 봉기가 터지고 난 뒤부터 그들은 공통의 적 영국을 두고 자신들이 하나의 민족임을 자각하기 시작했다.

영국에 의해 근대화가 이루어지면서 도로나 통신이 발달하고 영어가 널리 쓰이면서 각 지역이 서로 소통할 수 있게 되고, 이탈리아나 다른 유럽에서 벌어진 민족 통일운동이 알려지면서 인도 사람들은 자극받기 시작했다. 영국인들이 인도 문화를 폄하하고 모욕하면서, 인도인들은 자신들의 과거를 되돌아보고 자신들이 찬란한 힌두 문명의 후손이라는 인식을 키우기 시작했다. 특히 1880년대 이후로 지식인들이 과거를 소환하여 민족의식을 높이는 데에 앞장섰다. 당시 지식인들은 인도인에게 가장 필요한 것이 좌절당한 현재를 떨치고 일어날 수 있게 하는 과거의 찬란함이라고 보았다. 따라서 그들에게는 과거에 존재한 역사를 사실적으로 해석하거나 불편부당하게 드러내는 것보다, 당시 상황에 맞게 '발견'하거나 '창조'하는 것이 바람직하였다. 쉽게 말해서, 역사를 다소 왜곡할지라도 지금 식민 지배와 맞서 싸울 동력을 얻어야 한다는 게 당시 민족주의에 기운 지식인들의 입장이었다. 당시 민족주의자들의 주장은 학문적 차원의 역사 연구라기보다는 민족운동이라는 정치적 목적의 '역사 만들기'에 가까웠다.

민족주의자들에게 찬란한 고대문명은 모두 힌두교라는 종교를 중심으로 인식되었다. 그들은 영국 식민주의에 대한 항거를 찬양하는 맥락에서, 주로 외침外侵에 맞신 전사를 영웅으로 승화시키는 '역사 만들기'를 시도했다. 그러다 보니 외세의 침략은 모두 이슬람교 세력이 자행한 것이 되어 버렸고, 이에 항거하는 영웅은 모두 힌두교도가 되었다. 자연스럽게 '우리' 안에 힌두를 중심으로 하는 종교성이 강조되었고, 무슬림은 자연스럽게 '우리'가 아닌 '남'으로 배척되었다. 이러한 '인도의 발견'이 빛을 발할수록 민족 자긍심은 커졌지만, 식민주의를 불러온 상황의 원인 제공자로서 이슬람에 대한 증오도 커질 수밖에 없었다. 민족주의자들은 이슬람(문화)을 자신들의 찬란한 과거를 파괴한 장본인이자 인류 최고의 문명을 타락시킨 원흉으로 낙인찍었다.

민족주의자들의 역사 만들기는 여기서 그치지 않았다. 그들은 역사 기록이 없거나 마땅치 않은 고대 신화를 역사 사실로 받아안았다. 사실적 역사와 신화를 분별하지 못하는 대중을 상대로 신화를 본격적으로 활용한 것이다. 그들은 신화 속에 나오는 악마를 무찌르는 신을 기리는 찬가나 이야기를 만들고, 코끼신 신 가네샤Ganesha를 비롯한 대중적인 힌두교 신들을 중심으로 대중 축제를 조직했다. 그리하여 중세 힌두교를 대표하는 악을 응징하는 여신 깔리가 대중 신앙의 중심에 서게 되고, 힌두교 경전 중 《바가바드 기따》에 나오는 신화의 주인공 크리슈나가 민족운동의 상징으로 자리 잡았다. 민족주의 지식인들이 이룬 과거의 '발견'을 토대로 민족의식이 점차 보편화된 것이다.

인도는 고대부터 다인종, 다민족, 다언어, 다종교, 다문화 사회를 유지해 온 나라다. 하나의 정체성을 기반으로 하는 민족 개념이 성립할 수 없는 나라라는 말이다. 그런데 영국의 식민 지배라는 정치 상황에서 인도아대륙에 사는 다민족이 하나의 정치적 목표를 내걸고 식민주의에 저항하는 정치적 운동을 전개했고, 거기서 '민족' 개념이 큰 역할을 했다. 그 과정에서 힌두와 무슬림은 서로 다른 민족이고 따로 살아야 한다는 주장이 힘을 얻었다. 물론 이러한 역사가 전개된 결정적인 계기는 영국의 식민 지배다. 영국 식민 지배 세력은 자신들이 근대주의를 소유한 문명의 주체이고, 자신들과 다른 '동양'의 인도는 전제주의가 만연한 야만으로 인식하는 계몽주의를 지배 이데올로기로 작동시켰다. 이 지배 이데올로기에 저항하면서 하나의 인도 민족이라는 의식이 커지고, 그 안에서 다른 두 개의 민족이 만들어지고, 결국 분단과 전쟁 그리고 종교적인 학살과 테러라는 비극이 벌어진 것이다.

이 비극이 무서운 것은, 지금도 언제든지 불만 붙이면 터질 수 있는 화약고 같은 것이기 때문이다. 영국의 식민 지배가 궁극적인 원인이지만, 인도인들의 책임도 막대하다. 하나의 정체성이라는 것이 항상 좋은 건 아니다. 인도같이 이질성이 큰 나라에서 가장 조심해야 할 것이 어떤 단일한 정체성의 우월함을 믿는 것이다.

근대화와 보수화 중 어느 쪽이 강했을까?

18세기 중반 이후 영국이 동인도회사를 앞세워 인도를 조금씩 점령해 나가자, 수없이 많은 세력으로 쪼개진 인도는 단일 세력으로 싸워 보지도 못한 채 영국에게 영토를 빼앗기고 주권을 상실했다. 동인도회사가 처음 인도로 들어와 식민 지배하기 시작한 지역은 지금의 방글라데시와 서벵갈, 오디샤 등의 벵갈 지역이었다. 동인도회사는 이 지역의 왕들을 물리치고 거기서 수탈한 재화로 근대화 작업에 착수했다. 근대화에 기초한 식민 지배는 처음에는 벵갈 지역에서 상당한 호응을 받았다. 특히 인도인 선각자들이 영국의 근대화 정책을 발판으로 인도 전통사회에 대한 개혁을 시도하였다. 그 저변에는 인도 사회가 시대에 뒤떨어졌다는 판단과 힌두교가 타락했다는 전제가 깔려 있었다.

대표적인 선각자는 람 모한 로이Ram Mohan Roy였다. 로이는 근대화를 이루어야 하고, 그러려면 힌두 사회의 개혁이 무엇보다 필요하다고 주창하였다. 그리고 그 개혁의 도구로 서구 문명을 활용해야 한다고 주장했다. 로이는 '브라흐모 사마즈Brahmo Samaj'라는 결사체를 조직하여 사회 근대화 개혁을 주창하였다. 브라흐모 사마즈는 힌두교를 기독교와 같은 일신교적 종교로 바꾸어야 한다고 했다. 브라흐모 사마즈는 카스트, 신조, 종교 등에 따른 구별에 반대하면서 힌두교의 본질인 '브라흐만brahman'을 깨닫는 것이 진정한 종교라고 주장하였다. 어떤 종류의 신이나 화신도 믿지 않고, 우상숭배와 카스트 구별에 반대하고, 불가촉천민 차별을 금지하며, 의례 중심의 종교 행위를 거부하고, 과부 순장인 사띠나 유아 결혼 등을 폐지하자고 했다. 모두 영국인에게 악습이라고 비난받는 힌두 관습들이었다.

그 가운데 가장 심각한 것은 역시 불가촉천민 차별이었다. 그들은 사원에 들어갈 수도 없고, 브라만 사제가 의례를 집전해 주는 것도 허용되지 않아서 그들끼리 사제를 정하여 의례를 치렀다. 그들은 모두 다 마을 밖에 거주해야 했고, 상층 카스트와 사회적으로 접촉해서는 안 되는 존재였다. 로이는 이러한 비인간적 상황에 놓인 불가촉천민 관습을 폐지해야 한다고 외쳤지만, 사회적 지지를 받지 못했다. 오히려 전통 법의 질서를 해친다는 죄를 뒤집어쓰고 파문되어 카스트에서 추방당했다. 로이가 주장한 남녀평등도 마찬가지였다. 그것은 힌두교 전통에 어긋나는 것이었다. 그래서 그가 남녀평등과 여성 인권을 주장할수록 대중들의 미움만 샀다.

영국이 가져온 근대화는 13세기경부터 인도에 본격적으로 들어온 이슬람 문화보다 훨씬 더 큰 충격을 주었다. 무슬림은 큰 규모로 오랫동안 인도를 지배했지만, 일부 분야를 제외하고는 힌두 문화에 불간섭 정책을 폈다. 그래서 일부 개종은 있어도 둘 사이에 종교로 인한 정치적 충돌은 그리 심각하지 않았다. 영국은 이슬람과는 달랐다. 영국이 벵갈에서 처음 지배권을 확립할 때에는 토착 사회 상층계급의 지지가 절대적으로 필요했다. 영국인들은 인도 여성과 결혼하기도 하고, 브라만 문화를 존중하는 태도를 보였다. 인도에서 아직 정치적으로 확고한 지배자로서의 위치를 확보하지 못한 영국으로서는 구태여 토착 사회와 충돌할 필요가 없었다. 인도 사회에서도 근대화를 기회 삼아 부를 축적하고 신분 상승을 이룬 사람들이 새로운 중산층을 형성하였다. 그들은 영국의 문화를 적극 수용하면서 새로운 신분 질서를 다져 나갔다.

그런데 동인도회사가 벵갈에 터전을 잡은 뒤 데칸 쪽으로 세력을 확장하여 남부 인도를 시작으로 전국에 세력을 다지기 시작한 1830년대 이후부터 영국이 태도를 바꿨다. 힌두 문화를 신랄하게 공격하기 시작한 것이다. 영국은 과거 이슬람 세력과는 전적으로 다른 근대화의 힘을 바탕으로 힌두 사회를 바꾸고 힌두 문화를 개혁하려 했다. 전적으로 자본주의 시장경제의 확장 차원에서 필요한 조치였다. 동인도회사의 공격 지점은 힌두교였다. 그들은 힌두교의 우상숭배, 카스트, 의례주의 등을 반反인간적이라고 신랄하게 비판하였다. 람 모한 로이와 근대화론자들이 인도 사회개혁을 위해 가장 먼저 해야 할 일로 힌두교 개혁을 내놓은 것과 같은 맥락이었다. 로이는 서구 문명을 역사적인 진보라고 열성적으로 선전하였다. 영국의 문화나 교육 등은 물론이고, 영국의 인도 지배까지 긍정적으로 평가하면서 인도는 영국을 뒤따라야 한다고 하였다. 심지어 동인도회사에 대한 종속이 부르주아 근대로 이어질 것이라고 기대하였다. 근대화의 필요성은 이해했으나, 영국 식민주의의 본질을 이해하지 못한 결과다.

그러나 로이의 근대화론이 대중들에게 반발을 산 것은 꼭 그런 이유 때문만은 아니었다. 대중은 로이의 힌두교 비판과 개혁 주장이 자신들에게 모멸감을 준다고 받아들였다. 많은 인도인들이 로이의 근대화 주장을 너무 급진적이고 사회질서를 파괴하는 선동으로 여겨 따르지 않았다. 인도인들에게는 식민 지배가 아니라 전통 가치의 붕괴가 문제였다. 이러한 종교적 모멸감과 급진 개혁에 대한 반발이 쌓여 소위 '세포이 항쟁'이라 부르는 1857년 봉기의 한 원인이 되었다. 그만큼 인도인은 그때나 지금이나 보수적이다. 사회가 아직도 힌두교라는 보수적 사회질서 안에 갇혀 있기 때문이다.

반反식민은 어쩌다 반反이슬람이 되었나?

영국의 동인도회사가 식민 지배 수단으로 추진한 '인도 사회 개조론'은 처음 100년 동안은 물론이고 이후에도 상당한 역풍을 맞았다. 식민지 근대화를 주장하는 서구와 토착 선각자들 그리고 기독교 선교사들의 힌두교 공격에 대한 힌두 전통주의자들의 반발이었다. 기독교 선교사들은 힌두교의 카스트, 우상숭배, 불가촉천민 차별, 여성 차별, 유아 결혼 등을 악습이라고 공격하고 이런 관습을 모두 없애야 한다고 주장했다. 베다의 영성만이 힌두교의 본질이라고 믿었기 때문이다. 그들은 기독교에서 주장하는《바이블》의 무오류성과 마찬가지로, 힌두교 최고 성전인 베다 또한 무오류의 계시이므로 그것에 기반하여 힌두교를 유일신교 성격으로 탈바꿈해야 한다고 주장했다. 힌두교를 기독교같이 일정한 교리가 있는 종교로 바꾸려 한 것이다. 그들은 힌두교를 어떤 근본이 있는 종교로 규정하였는데, 서양의 동양학자들이 오리엔탈리즘 차원에서 힌두교를 구성하는 특질로 규정한 명상, 요가, 영지주의, 초월 등 소위 '만들어진 힌두교'를 주장한 것이다.

힌두교 개혁 주장은 1857년 봉기 이후 성장한 민족주의와 만나면서 힌두 종교 민족주의로 발전한다. 이런 분위기 속에서 1880년대부터 힌두교 승려 다야난다 사라스와띠가 '아리야 사마즈' 결사체를 조직하여 사회개혁운동을 본격적으로 전개한다. 그들은 근대화에 반대하면서 오히려 베다 시대로 돌아가야 한다고 주장했다. 근대 서구 사회가 치켜올린 민주주의, 남녀평등, 인권 등의 개념이 이미 베다에 있고, 당시 문제가 제기된 심한 카스트 차별과 배타, 의례주의, 우상숭배, 사띠 같은 악습은 베다에 존재하지 않는다는 주장이다. 그들은 베다가 사회개혁의 전범이 될 수 있다고 했다. 힌두교를 개혁하되, 베다에 기반한 정통 개혁을 주장한 것이다. 아리야 사마즈는 베다를 집중적으로 교육하는 학교를 세우고, 서구 교육에 오염되지 않은 베다의 덕목을 가르치는 정규적인 힌두 공동체를 만들려고 했다. 그래서 베다의 가치를 가르치는 전통 사립학교 '구루꿀gurukul'을 곳곳에 세웠다. 그곳에서 청소년들을 모아 베다의 가치와 문화, 진리, 삶의 지혜 등을 가르치고, 매일같이 베다 시대에 있었던 여러 종교의례를 행하고 정신 수양을 공동으로 실천하게 했다. 등록금은 물론이고, 교복과 책, 숙식 등모든 것을 제공하는 철저한 무상교육이었다. 힌두교의 문제점과 개혁에는 동의하되, 결국 존재하지도 않은 가상의 과거로 돌아가자는 것이었다.

람 모한 로이의 '브라흐모 사마즈'가 인민대중보다는 지식인들을 대상으로 종교의 실천보다는 악습의 개혁에 초점을 두었다면,

'아리야 사마즈'는 엘리트가 아닌 인민대중에게 초점을 맞춰 전통 교리 학습과 종교적 실천에 주력했다. 그러니 브라흐모 사마즈보다 아리야 사마즈가 사회에 더 큰 영향을 끼치게 될 것은 명약관화했다. 아리야 사마즈가 주장한 '베다 시대로 돌아가자'는 구호는 베다 경전을 낳은 아리야인의 배타적 선민의식을 키웠고, 인도의 문화를 아리야 대 비非아리야로 나누는 오류를 만들어 냈다. 아리야에 속하는 그들은 자신들을 식민 지배하는 또 다른 아리야인인 영국인과 같은 족속이라는 자부심을 갖는 묘한 모순에 빠져들게 되었으니, 그로 인해 영국의 인도 지배가 인도인들에 의해 정당화되는 희한한 결과마저 만들어 냈다.

그 결과, 힌두 전통주의자들은 세계 최고의 선진 문명인 아리야인의 힌두교를 통해 인도의 사회개혁은 물론이고 통일도 이루어져야 한다고 주장했다. 그들은 인도의 부활을 주장했고, 그것은 힌두교의 재생이자 힌두교로의 복고를 통한 부활이어야 했다. 이 과정에서 모든 문제의 원인을 이슬람으로 돌렸다. 무슬림의 도래로 인해 인도의 고대 이상사회가 파괴되고 악이 퍼졌으며, 모든 사회악과 가난도 모두 무슬림 탓이라고 했다. 이슬람이 들어와 힌두를 핍박하니, 그에 저항하여 사회와 문화를 보존하고자 어쩔 수 없이 힌두 사회의 악습과 폐단이 만들어졌다는 논리다. 결국, 이슬람은 악의 존재이자 힌두 문화의 파괴자이고, 인도의 사회개혁은 이슬람 세력의 척결로부터 시작된다는 주장으로 이어졌다.

당연히 철저하게 비非역사적이고 근거 없는 주장이다. 아리야 사마즈의 개혁 방향은 사회개혁의 실천이 아니라 기독교와 이슬람이라는 외래 종교와의 싸움에 맞춰졌다. 이는 1980년대 이후 인도 사회를 종교 공동체 간의 폭력 갈등으로 몰아넣는 한 원인으로 작동하였다.

다야난다 사라스와띠를 비롯한 아리야 사마즈의 지도자들은 청정shuddhi 운동을 벌여 무슬림과 기독교인으로 개종한 사람들을 힌두로 재개종하는 운동을 벌이기도 했다. 이는 브라흐모 사마즈가 힌두교는 선교나 개종 문제로부터 멀리 떨어져야 한다고 주장한 것과 정반대의 성격으로, 종교 공동체주의적 갈등을 증폭시키는 방향으로 간 것이다. 그들은 역사적으로 존재하지 않는 힌두교의 단일 정체성을 중심에 놓고 힌두교를 선교 중심의 배타적인 종교로 만들었다. 이후 재개종 문제는 인도 사회의 종교 공동체 간 갈등을 야기시키는 요인으로 잠복해 있다가, 1990년대 이후 정치화된 힌두 근본주의 진영이 정권을 잡으면서 국가를 분열시키는 가장 심각한 사회문제 중 하나가 되었다.

인도가 1900년 올림픽에 출전했다고?

동인도회사가 벵갈을 기점으로 인도 곳곳의 세력과 전쟁을 벌여 영토를 병합한 지 100년 정도 지난 1857년, 인도에서는 영국군 용병(세포이)들의 군대 반란이 일어났다. 이후 이 불길은 점점 북부 인도 전역으로 퍼져 반영反英 봉기로 타올랐다. 2년간에 걸쳐 이 봉기를 진압한 영국 정부는 그때까지 인도를 통치하던 동인도회사 대신에 국가가 직접 통치하는 것으로 체제를 개편하고, 이참에 인도의 마지막 봉건 제국이던 무갈제국도 없애 버렸다. 그리고 1757년 이래로 동인도회사가 끊임없이 추진해 온 영토 확장 전쟁도 더는 하지 않겠다고 선언하였다. 당연히 영국의 통치 행정에 많은 변화가 일어났다. 영국은 몇 차례 통치법을 만들어 이를 기반으로 인도를 식민 통치하였다. 이를 역사학계에서는 영국 통치, 즉 'British Raj'라고 부른다.

Raj는 힌디어로 '통치'라는 뜻이다. 영국 통치 체제 안에서 인도는 실질적으로는 식민지였으나 형식적으로는 그렇지 않았다. 인도는 명목상 영국 국가를 구성했지만, 오스트레일리아나 뉴질랜드 같은 다른 영연방 국가들처럼 독립된 국가로 간주되었다. 그래서 인도 사람들은 오스트레일리아나 뉴질랜드와 같은 자치령Dominion 수준의 자치권을 요구했고, 이를 위해 제1차 세계대전에까지 참전한 것이다. 그러니 조선이 일본의 식민지가 되면서 '합방'되어 나라로서 모든 주권을 상실한 것과는 적어도 형식적으로는 다르다. 인도는 전적으로 영국 정부의 통제를 받았지만, 그 자체로 국가이기도 했다. 주권은 없지만 국가인 상태. 그래서 영국 정부는 정치적인 문제가 없는 경우, 영국 영토 밖에 있는 국가가 국제 무대에서 마치 주권국가인 양 독립적으로 행동하도록 허용하거나 일부러 그렇게 하도록 종용하기도 했다.

1900년 인도가 파리올림픽에 단독 국가로 참가하게 된 것은 이러한 맥락에서다. 1857년 봉기를 진압하고 무갈제국을 종식시킨 후 영국이 취한 유화책 중 하나였다. 당시 인도 선수 최초로 올림픽에 참가한 노먼 프리처드Norman Pritchard는 육상 종목에서 은메달 두 개를 획득하여 아시아 국가 최초의 올림픽 메달리스트가 되었다. 지금은 영국인 선수로 기록이 바뀌었지만, 당시 프리처드는 인도 선수로 정식 등록하였다. 1936년 손기정이 일본 국적으로 올림픽에 참가한 것과 비교된다.

이처럼 주권은 인정하지 않되 어느 정도 자치권을 부여하는 통치 방식이 대두한 것은 1919년 통치법이다. 1919 통치법은 제1차 세계대전과 관계가 깊다. 제1차 세계대전이 발발하자 영국은 인도인의 참전을 요구하였고, 민족 지도자 간디는 그 청을 받아들였다. 간디는 인도가 참전하여 전쟁의 승리에 기여하면 영국이 오스트레일리아나 뉴질랜드와 같은 자치령 수준의 자치는 인도에 허용해 주리라고 믿었다. 인도는 150만의 병력과 엄청난 물자를 영국에 제공하였다. 그러나 전쟁이 끝나자 영국은 인도를 나 몰라라 했다. 인도인들은 마침 국제적으로 바람이 불던 민족자결주의 아래 반영 저항을 크게 일으켰고, 영국은 이를 폭력적으로 탄압하였다. 뻰잡의 한 공원에서 비폭력 시위를 향해 영국 군대가 발포하여 공식적으로 379명, 비공식적으로는 1,500명가량이 죽었다.

이 사건 이후 영국 정부는 유화책을 꺼내 들었다. 바로 1919년의 인도통치법이다. 이 법의 주요 골자는, 주정부의 중앙정부로부터의 대체적인 독립과 인도인의 입법참사원 참여 대폭 확대이다. 전체적으로 볼 때, 주정부에서는 영국과 인도가 이중 정부를 구성하여 공동 통치하는 것을 골격으로 하여 인도인의 자치를 어느 정도 허용하는 형식이었다. 중앙 권력을 지방에 상당히 이양하고, 주 단위에서 인도인의 자치 체제를 어느 정도 갖추었다고 하지만, 실질적인 통치권은 총독과 영국 정부에 있었다. 이 체계에서 실제로는 주권 없는 식민지였던 인도는 1919년 파리평화회의에 참가하고, 베르사유조약에 서명도 했다. 이를 기반으로 국제연맹에까지 가입했다. 식민지 인도가 국제연맹의 정식 회원국이 된 것이다.

인도는 1920년 하계올림픽에 처음으로 선수단을 파견한 이래 이후 모든 하계올림픽에 참가했다. 1900년에 프리처드 혼자 참가한 이후 1920년 올림픽을 앞두고 '인도'라는 국가명으로 올림픽에 참가하자는 움직임이 일어났다. 당시 인도 체육계 대표가 봄베이 주지사에게 청원하고, 주지사가 본국의 승인을 받아 올림픽 참가 대표단을 꾸릴 수 있었다. 이 청을 넣은 사람과 이후 인도의 올림픽 참가를 물심양면 추진한 사람은 모두 친영파였지만, 당시 민족 진영에서 친영파가 큰 지지를 받았다는 것도 사실이다. 이후 인도는 꾸준히 올림픽에 참가했다. 올림픽 참가는 인도인에게는 자부심으로, 영국에는 원만한 통치 방편으로 자리 잡았다. 인도는 영국의 식민지였음이 분명하나, 형식적으로는 일부 그렇지 않은 측면이 있었다. 어느 정도 자치권을 부여하였기 때문이다. 이러한 이중 체제의 식민지 통치를 어떻게 해석할 것인지는 더 연구해야 하지만, 기본적으로 일본의 식민 통치와는 성격이 크게 다르다는 점을 전제해야 한다.

뉴델리는 어떻게 건설되었는가?

영국의 인도 식민 지배 시기를 크게 둘로 나눌 때 그 기준은 대체로 1857년의 '세포이 항쟁' 봉기다. 1857 봉기 이전까지 영국의 식민 지배는 동인도회사가 통치하는 형식을 띠었는데, 영국 정부는 총독을 통해 회사를 통제했지만 정부 마음대로 할 수는 없었다. 영국 정부는 꼴까따의 벵갈 관구 · 첸나이 관구 · 뭄바이 관구의 세 관구Presidency를 두고 여기에서 병합한 식민지 지역을 통괄 지휘하였다. 인도 세력은 시간이 지나면서 점차 약화 축소되었지만, 무갈제국은 형식적으로 존재하기는 했다.

1857년 봉기가 터지면서 무갈제국의 황제가 봉기군의 구심으로 옹립되고, 봉기군이 델리를 점령했다가 2년 만에 다시 영국군에게 빼앗기는 전투 과정에서 델리는 엄청난 피의 살육을 겪었다. 피의 보복 속에서 델리는 정치적 수도로서의 기능을 수행할 수 없는 지경에 이르렀다. 이듬해인 1858년 영국은 인도 제국의 수도를 꼴까따로 삼아, 1911년까지 영국 국왕 휘하의 정부가 직접 통치하였다. 그런데 1911년 12월, 당시 영국 국왕인 조지 5세가 수도를 꼴까따에서 델리로 다시 옮긴다고 선언하였다. 이 선언과 함께 영국의 세 번째 정부Darbar가 샤자하나바드(무갈 제5대 황제 샤자한이 세운 도시. 지금의 레드포트 중심의 올드 델리)에 들어서고, 다음 해인 1912년에 정부 청사가 샤자하나바드 성곽 밖 야무나 강변에 세워진다. 사실 인도의 동쪽 끝에 위치한 꼴까따는 미얀마까지 포함한 남아시아 전역을 총괄하는 수도로는 적합하지 않았다. 델리로 옮겨야 할 필요성이 제기되었지만, 델리는 과거 전투로 황폐화되어 그 주변에 새로운 거처를 마련한 것이다. 그렇지만 샤자하나바드 또한 협소하여 임시 거처로 삼고 궁극적으로 완전히 새로운 도시를 건설하기로 했다.

야무나 강변 임시 거처에서 지금의 라슈뜨라빠띠 바완이 세워진 라시나 언덕으로 수도를 옮기는 작업은 극비로 추진되었다. 당시 인도 총독 하딘지 경Lord Hardinge은 본국 장관에게 보내는 편지에서, 델리는 힌두 최고 경전 서사시《마하바라따》신화의 본향이라서 인도인에게 무한한 자부심을 주는 곳이므로 그곳을 지배하는 것은 식민 지배 권력의 정당성을 확보하는 일이라고 의미를 부였다. 이는 무슬림도 마찬가지다. 델리는 인도 최대의 무슬림국이었던 무갈제국의 수도였으므로 영국령 인도 제국의 웅대한 뜻을 펼치기기에 가장 좋은 곳이라는 것이다. 영국은 총독의 뜻을 받아들여 1912년부터 1927년까지 15년간 뉴델리를 건설하였다. 영국 정부는 당시 영국에서 가장 유명한 건축가였던 에드윈 루티엔스Edwin Lutyens에게 제국의 수도를 설계하는 총괄 책임을 맡겼다. 1911년 12월 15일 영국 국왕 조지 5세와 여왕 메리가 참석한 가운데 대관식 공원Coronation Park에서 기공식이 열렸고, 올드 델리와 야무나강 등 여러 역사 유적이 발 아래로 펼쳐지는 레시나 언덕으로 주춧돌이 옮겨졌다.

언덕의 중심에 성채 형상의 총독부(라슈뜨라빠띠 바완)를 짓고, 그곳으로 샤자하나바드에 있던 정부를 옮겼다. 킹스웨이를 중심으로 그 양쪽에 여러 관공서를 위치시키고 그 중간에 넓은 잔디 광장, 연못, 수로 등을 대칭으로 배치했다. 1921년에는 제1차 세계대전 참전 기념문인 '인디아 게이트India Gate'를 짓고, 그곳을 중심으로 올드 델리 샤자하나바드, 새로 조성한 쇼핑 콤플렉스인 코넛 플레이스Connaught Place, 마투라 로드Mathura Road 등을 부챗살 모양으로 연결하였다. 무갈제국의 샤자하나바드가 심미적으로 건축된 도시라면, 뉴델리는 완전한 대칭 형태의 철저히 기능적인 신도시였다. 1926년 12월 31일 인도 정부는 새로 조성된 이 도시의 이름을 '뉴델리New Delhi'라고 지었다. 1931년 2월, 뉴델리는 제국의 수도로서 공식 출발하였다.

뉴델리는 도시 자체가 중요한 정치적 상징물이었다. 이는 뉴델리를 설계하고 총독부 건물을 건축한 총책임자였던 루티엔스와 정부 청사를 비롯한 많은 건축물을 설계한 허버트 베이커Herbert Baker, 그리고 새로운 수도를 건설하는 행정 책임자였던 하딘지 총독이 품었던 건축적 이상을 통해 잘 드러난다. 루티엔스는 총독부를 비롯한 주요 건물의 자재로 붉은색 사암砂岩을 사용하고, 건축물의 사방 코너를 작은 탑 양식으로 장식한다거나 주랑柱廊 현관을 설치하는 등 무갈제국의 건축양식을 따름으로써 뉴델리가 무갈제국의 정치적 권위와 정당성을 계승한 도시임을 인도인들에게 자연스럽게 각인시키려 했다. 하딘지 총독이 뉴델리가 인도-사라센 양식의 도시 기풍을 품어야 한다고 생각한 이유도, 새로운 수도가 대영제국의 새로운 신민이 된 인도인들의 문화와 조화를 이루어야 한다고 본 것이다. 사실, 루티엔스는 하딘지 총독의 의견을 탐탁지 않게 여겼다. 그는 인도의 건축양식 전통을 경멸했고, 정치적 상징으로서만 이용 가치가 있다고 보았다.

그와 함께 수도 건설에 참여한 베이커도 마찬가지였다. 베이커는 남아프리카공화국 케이프타운의 도시 건축을 통해 영제국의 통치 이상을 표현했던 건축가였다. 베이커는 1913년 루티엔스의 요청을 받고 뉴델리 건축에 합류하였는데, 인도식 건축양식으로 지은 총독부가 영국령 인도 제국 수도의 중심 역할을 하는 것은 부적절하므로 이를 보완하는 차원에서 그리스의 아크로폴리스 양식을 도입해야 한다고 주장하였다. 영국령 인도 제국을 인도 역사상 첫 번째 통일 제국으로 인식한 그는, 인도인들도 감사히 받아들이는 영국의 통치가 영원히 지속되어야 한다는 의미를 부여하고자 한 것이다.

결국 뉴델리는 세 사람의 의견이 절충된, 인도식과 그리스 고전주의가 영국 제국주의 안에서 용해된 정치적 상징물로 세워졌다.

바가뜨 싱을 아시나요?

그동안 우리에게 알려진 인도의 민족운동은 너무 간디 중심으로 기울어져 있었다. 그러다 보니 인도가 비폭력의 나라라는 식의 잘못된 인식이 생겨났다. 비록 주류는 아니더라도 인도 민족주의 운동에도 요인 암살 같은 폭력적인 방식도 분명히 존재한다. 그 대표적인 인물이 바가뜨 싱Bhagat Singh이다. 싱의 활동은 어느 정도의 자치를 허용해 줄 것으로 기대하고 제1차 세계대전에 참전하기로 한 간디에 대한 영국의 배신과 관계가 깊다. 1919년 영국의 처사에 저항하는 비폭력 시위가 뻰잡의 한 도시 아므리뜨사르Amritsar에서 벌어졌다. 시민들은 공원 안에서 평화롭게 비폭력 시위를 벌이고 있었다. 그런데 영국 장군이 인솔한 군대가 느닷없이 공원으로 들어와 발포하여 시민들 수백 명을 학살하였다. 이후 상당수의 인도인들은 간디 중심의 비폭력 운동을 비판하면서 폭력적인 저항운동에 돌입하였다.

문제는 이에 대해 간디가 보인 태도였다. 간디는 이 저항이 잘못되었다고 비난하며, 폭력으로 얻을 것은 아무것도 없다고 돌연

민족운동을 중단해 버린다. 인도 민족주의 운동 진영은 간디를 따르자는 쪽과 따를 수 없다는 쪽으로 나뉘어 갈등하게 된다. 간디의 비폭력 노선이 힌두중심적이라서 따를 수 없다고 주장한 쪽은 주로 무슬림 세력이었다. 하지만 정체성 문제를 떠나서, 순전히 운동 방식 차원에서 폭력 없이는 제국주의를 물리칠 수 없다는 세력도 있었다.

바가뜨 싱은 1928년 인도 자치를 협의할 목적으로 영국 정부가 파견한 '사이먼 위원회'를 거부하며 반대 시위를 주도한 민족운동 지도자 라이Lajpat Rai가 경찰의 몽둥이를 맞고 사망한 사건에 격분하여 운동에 뛰어들었다. 싱은 혁명 단체 동지들과 함께 복수를 결의하고 경찰서장을 처단하려 했으나 실패하고 그 대신 부서장을 사살했다. 바가뜨 싱 일행은 그곳을 탈출하다가 그들을 쫓던 경찰관을 또다시 살해했다. 경찰은 대규모 수색 작전을 펼치며 도시를 오가는 모든 출입구를 봉쇄했다. 그러나 그들은 라호르를 무사히 떠났다. 이후 싱은 델리에 있던 중앙입법의회Central Legislative Assembly 내부에 폭탄을 터뜨리기도 했다. 그러나 단체의 뜻을 알리려는 목적의 테러였기 때문에 아무도 죽거나 다치지 않았다. 거사 후 싱은 도망가지 않고 그 자리에 서서 혁명 만세 전단을 뿌리고 체포되었다.

바가뜨 싱은 투옥된 후에도 자신의 감형을 위해 외국에 청원하거나 압력을 가하는 것을 못마땅하게 여겼고, 감옥에서 단식으로 영국 지배에 저항했다. 이때 영국은 피고인 없이 재판 절차를 진행하는 부재자 재판을 입법하려 했는데, 진나M. A. Jinnah가 이에 맞서 싸웠다. 나중에 네루는 싱을 면회하고 그의 투쟁을 지지한다고 밝혔으나, 간디는 그의 방식을 비난하면서 이 문제에 개입하지 않았다. 1930년 사형을 선고받은 바가뜨 싱은 다음 해 교수형에 처해졌다. 사형 집행 당일날 마지막 소원이 무엇이냐는 질문에, 그는 죽기 전에 레닌의 생애를 끝내고 싶다고 답했다. 그는 독일 마르크스주의자 클라라 제트킨Clara Zetkin이 저술한《레닌의 회상》을 읽고 있었다. 철저한 레닌주의자이자 인도의 초기 공산주의자 청년의 마지막 부탁이었다.

바가뜨 싱은 카를 마르크스, 블라디미르 레닌, 레온 트로츠키, 미하일 바쿠닌 등 당대 공산주의자들의 폭력혁명에 큰 영향을 받았다. 그는 젊은 정치 노동자들에게 보내는 유언을 남겼다. 마르크스주의 기초 위에 인도 사회를 다시 세우라! 그는 간디가 옹호하는 사띠야그라하 이념과 이를 기반으로 하는 비폭력 저항은 착취자를 다른 착취자로 바꿀 뿐이라고 맹렬히 비판하였다. 그는 열렬한 아나키스트이기도 했으니, 아나키즘이란 통치자의 부재와 국가의 폐지일 뿐 질서의 부재가 아니라고 명확히 했다. 그는 인도 전통에서 찾을 수 있는 보편적 형제애 개념, 즉 '바수다이바 꾸뚬바깜Vasudhaiva Kutumbakam'과 아나키즘은 다르지 않다고 말함으로써 외래 정치 개념을 인도화하여 대중에게 널리 알리려고 노력한 사상가이기도 했다. 그는 아나키즘의 궁극적인 목표는 다름 아닌 완전한 독립, 즉 신이나 종교에 집착하지 않고 돈이나 다른

| 그림 3 | 바가뜨 싱이 자기 목을 베어 쟁반에 담아 '어머니 인도 Bharat Mata' 여신에게 바치는 포스터.

세속적 욕망에 사로잡히지 않는 것이라고 하였다. 교회, 국가, 사유재산으로부터의 자유가 완전한 독립이다.

바가뜨 싱은 독립 이후 인도에서 가장 널리 숭앙받는 순교자 가운데 한 사람이다. 간디의 비폭력 저항운동이 주류 민족운동이고, 간디를 따라서 민족운동을 이끌고 건국 후 초대 수상을 역임한 네루의 나라에서, 전형적인 폭력주의자가 전 민족적으로 숭앙받는 것은 아이러니한 일이다. 초대 수상 네루는 바가뜨 싱이 민족을 각성시키고, 이 각성이 만연한 어둠을 쫓아낼 것이라고까지 했다.

바가뜨 싱이 교수형을 당한 후 그의 사진과 포스터가 인도 전역에서 엄청나게 판매되었다. 그가 자기 목을 베어 쟁반에 담아 '어머니 인도Bharat Mata' 여신에게 바치는 포스터는 지금도 인도 방방곡곡에서 흔히 볼 수 있다(그림 3). 처형 후 한동안 그의 인기는 간디와 맞먹을 정도로 대단했다.

바가뜨 싱은 아이러니하게도 간디를 추종하는 비폭력주의자, 힌두교에 기반을 둔 힌두민족주의자, 국가 건설에 매진하려는 국가주의자, 심지어 낙살주의 공산주의자 등 모든 정파의 존경을 받으면서 순교자 비슷하게 자리 잡았다. 그만큼 그의 투쟁과 희생이 매력적이기 때문이다. 스물셋 그의 짧은 일생은 인도공화국 건국 이후 영화와 텔레비전에서 끝없이 극의 소재로 활용되고 있다. 모디 정부도 2023년 3월 31일, 바가뜨 싱이 처형당한 날을 국가 기념일로 지정하였다.

간디 암살범이 재평가된다고?

인도 민족운동에는 간디밖에 없을까? 간디와 다른 길을 걸었지만 인도 사람들의 존경을 받는 이들이 있다. 벵갈 출신의 수바스 짠드라 보스Subhas Chabdra Bose와 그가 이끄는 인도국민군Indian National Army이 그 주인공이다. 보스는 간디의 친영 온건주의 노선에 반대하여 무력 독립운동을 주장하고 행동에 옮긴 독립운동가다. 그는 결국 1939년 인도국민회의에서 축출당하고, 영국 정부에 의해 가택연금까지 당한 후 1940년에 간신히 탈출하여 이듬해인 1941년 독일로 갔다. 보스는 독일에서 영국과 맞서던 나치 독일의 힘을 빌려 인도 독립을 쟁취하려 하였다. 그러나 독일 히틀러는 그의 요청을 받아들이지 않았다.

1941년 12월 일본은 홍콩과 싱가포르를 함락하고 전장에서 인도군 6만 5천 명을 생포했다. 일본은 이들을 조직하여 인도국민군을 창설하고 그들을 앞세워 인도를 무력 점령한다는 계획을 세웠다. 인도인 병사들은 자신들을 이용하려는 일본에 저항했다. 자기 나라를 공격하는 것에 대한 저항도 있었고, 영국 지배에 대한 반감이 크지 않은 이유도 있었다. 이때 일본 정부는 인도인들에게 큰 존경을 받던 수바스 짠드라 보스를 인도국민군 사령관으로 임명하려고 독일로 가 그를 잠수함에 태워 일본으로 모셔 왔다. 인도인들에게 존경받고 영국과의 무력 항전에 앞장선 보스를 사령관으로 삼아 인도국민군을 키우기 위해서였다. 그해 10월 보스를 수반으로 하는 자유인도임시정부Provisional Government of Free India가 발족하였다. 일본은 이 임시정부를 일본의 괴뢰정부로 삼아 영국을 패배시킬 계획이었고, 보스는 이러한 일본을 역이용하여 인도를 영국 지배로부터 독립시킬 생각이었다.

1944년 3월 미얀마를 넘어 침공해 온 일본 세력은 인도 북동쪽 끝 임팔에서 영국에 크게 패했다. 보스는 패잔병 일본군과 함께 1945년 5월 방콕으로 돌아왔고, 베트남에서 일본의 패전을 접했다. 보스는 이번에는 소련의 스탈린을 만나 도움을 청하려 모스크바로 향하다가 비행기가 추락해 사망했다.

2022년, 수바스 짠드라 보스의 탄신 125주년 기념행사를 두고 인도국민당 소속 연방정부 수상인 나렌드라 모디와 보스의 고향 주州인 서벵갈 주정부 수상인 뜨리나물 콩그레스Trinamool Congress(민초회의) 소속 마마따 바네르지Mamata Banerjee가 한바탕 설전을 벌였다. 보스의 별칭은 '네따지Netaji'(대장님)다. 네따지는 인도인 전체, 특히 고향 벵갈에서는 간디나 네루보다 더 큰 존경과 사랑을 받는다. 대체로 인도에서는 그가 조국의 독립을 위해 불굴의 투쟁을 전개했다는 사실만 평가할 뿐, 독일과 일본이라는 파시스트와 손잡았다는 사실은 별로 개의치 않는다. 보스의 탄신 125주년을 맞아, 보스와는 전혀 뿌리가 다른 정당인 인도국민당 정부가 그를 칭송하고 나선 것이 발단이었다. 모디 수상은 2021년 2월 첫 주에 치를 예정인 서벵갈 주정부 선거를 앞두고 보스의 탄신일인 1월 23일을 '용기의 날'이라는 기념일로 지정하였다. 그러자 서벵갈주 집권 여당인 민초회의에서 이날을 '나라 영웅의 날'로 삼았다. 둘 다 보스의 인지도를 활용하여 표를 얻으려는 전술일 뿐, 보스에 대한 역사적 평가에는 관심이 없었다.

간디와는 다른 행적을 보였지만 인도인들의 사랑을 받는 두 번째 인물로는 나투람 고드세Nathuram Godse를 들 수 있다. 2021년 1월 1일, 인도 북부의 마디야쁘라데시주에서 고드세의 이름을 딴 '고드세 지식원Godse Gyanshala'라는 도서관 겸 연구소를 개소했다. 고드세가 누구인가? 힌두 극우 세력인 '힌두 마하사바Hindu Mahasasabha'(힌두대회의) 소속의 간디 암살범이다. 고드세 지식원은 개소 이틀 뒤 야당의 강력한 항의로 문을 닫았다.

1948년 1월 30일 새벽 5시 반경, 고드세는 아침 기도회에 참석한 후 파키스탄으로 떠나려는 마하뜨마 간디를 살해했다. 소지한 권총으로 면전에서 가슴을 쏴 절명시켰다. 당시 간디는 이미 독립국이 된 파키스탄으로 건너가 수상 진나를 다시 한 번 설득하러 가는 길이었다. 분단 정국에서 파키스탄에 살던 힌두들은 집,

재산, 부모, 고향 등 모든 것을 다 잃고 피난 와야 했고, 그 와중에 어린 자식은 열병에 죽고 딸은 납치되고 마누라는 강간당하는 일이 셀 수 없이 발생했다. 간신히 살아남아 인도로 들어온 난민들은 고드세가 속한 힌두 마하사바의 도움을 받아 정착하였으나 무슬림에 대한 증오는 점점 커졌다. 이런 상황에서 무슬림을 용서하고 포용하자고 하는 간디는 처단해야 마땅한 사람이었다. 현재 연방정부 집권 여당인 인도국민당이 바로 이 힌두대회의의 후신이다. 그들은 2014년과 2019년 연이은 총선 대승을 앞세워 제1 야당인 인도국민회의에 뿌리를 둔 간디가 추구한 통합의 정치를 반대하고, 적으로 상정한 무슬림과 파키스탄에 대한 응징을 추구한다. 이러한 역사 해석의 선상에서 은연중에 간디를 국부國父로 칭하는 평가에 반발하기도 한다. 오히려 고드세를 '애국자'로 공개적으로 칭하기도 한다. 물론 이에 대한 반발이 아직도 훨씬 더 크다.

간디가 택한 영국에 대한 온건주의와 무슬림과의 통합 주장이 그가 죽은 후 인도 국민들에게 상당한 반발을 샀다는 사실은 부인할 수 없다. 그 가운데 하나가 수바스 짠드라 보스의 무력 투쟁론이고, 다른 하나가 고드세로 상징되는 힌두민족주의자들의 무슬림 척결론이다. 물론 전자는 상당히 대중적이고 정상적인 역사 해석의 하나로 인정받는 반면에, 후자는 아직 그 영향력이 미미하다. 그러나 힌두민족주의 정당인 인도국민당이 10년 가까이 힌두국가를 추진하면서 점차 그 비중이 커가는 것은 부인할 수 없다. 고드세가 민족의 위인으로 등장할 수도 있다.

1943년 벵갈 대기근은 누구 책임인가?

1943년 인도는 독립을 앞두고 있었다. 독립과 동시에 파키스탄이 인도에서 분리하여 떨어져 나가는 중이었다. 그 와중에 서북부의 뻰잡뿐만 아니라 동부의 대도시 꼴까따에서도 폭력이 난무하였다. 힌두와 무슬림 누구의 잘잘못을 떠나 서로 걷잡을 수 없는 살육을 자행하였다. 1946년 꼴까따에서 무슬림 정당인 무슬림리그는 무슬림들에게 '직접행동Direct Action' 지침을 내려 폭력 충돌을 부추겼고, 그 결과 1만~1만 5천 명의 주민이 양쪽에서 살해당했다. 당시는 제2차 세계대전이 한창 진행 중이었다. 영국은 아직 승기를 잡지 못한 채 영국 본국과 인도에서 가용할 모든 재원을 가져다 전쟁에 퍼붓는 중이었다. 그즈음 벵갈 지역에 엄청난 기근이 들었다. 식량 부족으로 도처에서 아우성이 터져 나왔다. 200만에서 300만으로 추산되는 상상을 초월한 인구가 굶어 죽었다. 1943년 벵갈 대기근이다.

전쟁과 기근 그리고 제국의 종말이 겹치면서 수백만 명의 주민이 죽어 나갔다. 그 책임을 물으려면 무엇 혹은 누구 때문에 일어난 비극인지부터 규명해야 한다. 오랫동안 이를 두고 많은 학자들이 논쟁을 벌였다. 일단 누군가가 책임져야 한다면, 제1 순위는 당시 식민 통치의 최고 책임자인 영국 수상 윈스턴 처칠이다. 하지만, 그의 책임이 어디까지인지는 보는 이에 따라 의견이 분분하다. 역사가 비통한 것은 비극이 크면 클수록, 그 상처가 깊으면 깊을수록 그 책임 규명이 더 힘들다는 데에 있다. 그래서 역사의 미궁이라 하는 것이다.

당시의 벵갈 지역은 현재의 방글라데시, 서벵갈, 오디샤, 찻띠스가르, 자르칸드 일부를 포함하는 인도 동부 지역이다. 당시 기근으로 식량이 부족해지자 기아와 영양실조, 말라리아와 같은 여러 질병이 이 지역을 삽시간에 휩쓸었다. 그로 인해 200만에서 300만에 이르는 사람들이 죽었다. 굶어 죽는 걸 모면하려고 수많은 사람들이 농촌에서 꼴까따 등 대도시로 이주했다. 가족은 해체되고, 전통 질서가 붕괴하면서 공동체는 아비규환에 빠졌다. 남성은 영국 인도군에 입대하는 게 유일하게 사는 길이었다. 그들은 자신들과 아무 관계없는 제2차 세계대전 전장에 투입돼 죽어 갔다. 여성과 어린이는 꼴까따 같은 곳으로 이주하여 노숙자가 되어 떠돌아다녔다. 피부에 닿는 가장 큰 이유는 자연재해로 인한 식량 부족이다. 하지만 자연재해가 근본적인 원인이라고 말할 수는 없다. 영국의 식민 수탈로 전통 농업경제가 파괴되었다는 사실까지 들먹이려는 건 아니다. 식민 지배 상황에서도 최소한의 조치는 이루어졌어야 했음을 말하려는 것이다.

중요한 것은, 이 시기 처칠의 영국 정부가 취한 곡물 관련 전시 물가정책이다. 당시 영국 정부는 군사력 증강을 위한 자금조달에 혈안이었고, 이는 전시 인플레이션으로 이어졌다. 전시에 물가가 급격히 상승하면 실질임금이 크게 하락하면서, 노동자는 기근 시에 최소한의 식량조차 구매할 수가 없어진다. 이 현상은 특히 일본이 미얀마를 점령한 기간에 더욱 심각해졌다. 영국은 일본의 점령을 무력화하고자 쌀 등의 식량을 이 지역에 공급하지 않는 정책을 택했고, 이로 인해 식량의 시장공급이 중단되면서 엄청난 규모의 식량 부족이 야기되었다. 주로 영국 소유 기업으로 구성된 벵갈의 상공회의소는 벵갈 정부의 승인을 받아 군대와 전쟁산업 관계자, 공무원 및 기타 우선순위 계층에게 식량을 포함한 모든 상품과 서비스를 우선 배분하였다. 이들이 벵갈 지역을 떠나지 않도록 하기 위함이었다. 대부분의 빈곤한 인민들은 식량을 배급받을 수 없게 되었다. 그러니 그 많은 사람이 굶어 죽은 비극은 순전히 정책의 문제였다고 해도 과언이 아니다.

더군다나 처칠의 전쟁 내각이 행한 원조는 형식적으로만 실시되었다. 원조는 전쟁 승리 차원에서 제한적으로 실시되었고, 구호식량은 기아에 허덕이는 인민들에게 전혀 배급되지 않았다. 전쟁 승리를 위해 벵갈 지역을 희생했다는 말이다. 어느 정도로 고의적이었는지는 해석에 따라 달라질 것이다. 다만, 처칠이 인도 독립을 철저히 반대했고, 인도인에 대한 적대감을 노골적으로 드러낸 제국주의 정치인이었다는 점은 널리 알려진 사실이다. 그가 권력욕에 눈이 멀어 고의로 식량 배급 순위를 그렇게 정한 것인지, 아니면 행정적 판단 착오가 낳은 우발적 참상이었는지는 더 면밀히 살펴봐야 하지만, 어쨌든 그의 착오로 인해 엄청난 비극이 일어났다는 사실은 부인할 수 없다.

물론 이 시기에 심각한 자연재해가 벵갈 남서부에 대규모로 발생했다. 큰 규모의 사이클론과 그로 인한 해일과 홍수 등이 연이어 일어났고, 그 결과로 벼에 병충해가 크게 번져 농작이 실패했다. 이 자연재해가 1943년 벵갈 대기근의 가장 직접적인 원인임은 두말할 여지가 없지만, 처칠 정부의 행정을 지적하지 않을 수 없다는 것이다. 처칠 정부는 공식적으로 기근 상태를 선포하지 않았다. 정부는 가격 통제로 쌀 가격을 고정하려고 했으나, 도리어 암시장이 형성되어 쌀을 보유한 부농과 상인들이 쌀을 시장에 내놓지 않는 사태가 벌어졌다. 사재기와 투기 그리고 엄청난 인플레이션이 발생해 가난한 인민은 식량을 구하지 못하게 되었다. 사태가 심각해진 1943년 10월이 되어서야 영국 인도군이 자금조달을 장악하면서 원조가 증가하고, 12월이 되어 쌀 수확도 크게 늘어났지만 영양실조와 질병으로 인한 사망자 수는 줄어들지 않았다.

인도와 파키스탄으로 분리되는 과정에서 빚어진 두 공동체 간의 갈등도 사태를 악화시켰다. 힌두민족주의 세력의 대표 격인 힌두 마하사바는 이 지역에서 실질적인 주도 정치세력인 무슬림연맹이 기근을 막지 못한 정부에게 실패를 묻고, 종국에는 파키스탄 건설의 당위성을 강조하고자 사태를 악화시켰다고 주장했다. 그런데 반대로 힌두 정치 지도자들이 벵갈 무슬림들에게 파키스탄에 대한 요구를 포기할 것을 종용하고자 고의로 식량 공급을 방해했다는 무슬림의 반론도 있다. 힌두 마하사바는 무슬림 단체 대원들이 식량을 대가로 굶주린 힌두를 무슬림으로 개종시켰다고 비난하기도 했다.

이러한 논쟁은 쉽게 판명될 일은 아니지만, 종교 공동체 간의 갈등으로 구호가 제대로 이루어지지 않은 비인간적인 정치 행위는 양쪽 모두에게 상당한 책임이 있다. 종교 공동체 감정에 물든 정치 모리배뿐 아니라 이를 따른 인민들의 책임도 분명하다.

V

간디의 조국,
네루의 나라

간디에게 분단의 책임이 있다고?

마하뜨마 간디에 대한 평가는 항상 논쟁을 부른다. 간디는 한 마디로 정의하기 어려운 정치인이다. 그가 남아프리카에서 귀국하면서 순식간에 3억이 넘는 인구를 하나로 응집시킨 힘은 실로 엄청났다. 그의 자서전 제목은 'Mahatma Gandhi Autobiography: The Story Of My Experiments with Truth', 부제가 '진실을 향한 나의 실험 이야기'다. 우리가 알다시피, 그의 '실험'은 실패로 끝났다. 인도는 분단되어 서로 죽고 죽이는 살육과 아비규환을 겪었고, 그의 가르침은 인민들에게 통하지 않았다. 그러나 그가 전체 인도 민족에게 감동을 주면서 인도 역사상 처음으로 그들을 하나로 묶는 위대한 '실험'을 펼친 것은 사실이다. 그만큼 그의 정치 행보는 예측하기 어려운 길이었고, 범인은 쉽게 따라갈 수 없는 길이었다.

간디의 행보 가운데 지금까지도 가장 논쟁을 일으키는 것 가운데 하나가 1919년의 참회 단식이다. 당시 그가 '사띠야그라하

Satyagraha'라는 비폭력 운동을 이끌던 도중에 일부 인도인들이 영국 경찰을 죽이는 등 폭동이 일어난 것에 대해, 간디는 심각한 우려와 함께 참회의 단식에 들어갔다. 그런데 그 폭동은 공원 광장에서 평화롭게 연설을 듣고 구호를 외치던 시위대에게 영국군이 발포해 1천 명 가까운 사람들을 죽인 것에 대한 인도인들의 반응으로 결코 과하다고 할 수 없는 폭동이었다. 그렇다고 간디의 단식이 폭력으로 영국군과 싸우면 인도가 이길 수 없으니 비폭력으로 영국과 세계 양심에 자신들의 도덕적 싸움을 알리는 것이 더 유리하다는 전략적 계산에서 나온 것도 아니다. 간디는 진정으로 인도인들이 잘못했다고 생각한 것이다. 도대체 무엇을 잘못하였다는 것일까?

간디가 들고 나온 개념은 '사띠야그라하'. '사띠야'는 진리, '그라하'는 붙들다이다. 진리를 붙들고 나아가야 한다는 의미인데, 이를 '비폭력'이라는 구동장치로 추진하는 개념이다. 비폭력은 '사띠야그라하'라는 정치이데올로기를 구동시키는 장치, 즉 드라이버인 셈이다. 그리고 그 비폭력 가운데 하나가 단식이다. 진리를 붙들지 못하고 불의의 방식으로 싸우게 되면 자신은 자기편에게 단식으로 호소해 다시 진리를 붙들면서 싸우게 한다는 것이다. 그러니 많은 사람이 '사띠야그라하'를 수동적 저항으로 이해했다. 그런데 간디의 설명을 들어 보면, 그건 단순한 수동적 저항이 아닌 게 분명하다. 아주 능동적이고 주체적이고 강한 정치 행위다. 그것은 인민들이 불의로 통치하는 국가에 적극적으로 저항하는 것인데, 그중 가장 적극적인 것이 대중 스스로 정당하고 도덕적이며 진실로 가득 찬 상태로 싸우는 것이라는 설명이다. 그러니 국가를 전복한다는 파괴적인 목표를 갖지 말아야 하고, 세력 판도를 바꾸려 할 필요도 없다. 간디는 실제로 인도령 영제국British Empire of India을 공식적으로 인정하고 자신들은 그 정부, 즉 영국의 시민이라고 했다. 한국의 독립운동가들과는 인식이 다르다.

하지만 사띠야그라하에 관한 대중의 인식은 달랐다. 그들은 그 높은 이상을 전혀 이해하지 못한 상태였다. 그들은 간디의 이상적 민족주의를 따르는 시민이 아니라, 그저 자신들의 생존을 위해 싸우는 농민일 뿐이었다. 그러니 간디를 존경해도 그가 펼치는 방편에는 관심이 없었다. 그들은 사띠야그라하 운동에 참여할 준비가 전혀 되어 있지 않았고, 엄밀하게 말하면 거기에 참여하겠다는 동의도 표한 적이 없는 사람들이다. 그러니 간디가 품고 있는 높은 도덕을 지키면서 싸워야 하는, 그렇지 못하면 즉각 중단되는 예측 불가능한 정치를 따라갈 수 없었다. 대중은 기껏해야 사띠야그라하를 시민불복종 정도로 이해하고 있었다. 그러니 당연히 자신의 생존을 위한 투쟁 혹은 폭력에 대한 대항counter 폭력 같은 것을 죄라고 생각하지 않았다.

그건 간디와 함께 민족운동을 이끄는 지도자급들도 마찬가지였다. 왜 그들이 우리를 쏴 죽였는데 우리가 그들을 응징하는 게 우리의 죄냐는 볼멘소리가 계속 터져 나왔고, 간디가 그런 불만에 아랑곳하지 않고 단식으로 분노한 대중의 투쟁을 잠재워 버리자 노골적으로 간디를 비판하며 그와 다른 길을 걷기 시작한 지도자들이 생겨났다. 그로 인해 폭력을 통한 혁명을 주장한 바가뜨 싱이나 보스 같은 사람, 더 이상 힌두 개념으로 하나의 국가를 만들 수 없다면서 무슬림 국가를 따로 분리해서 독립하겠다는 진나, 그리고 무슬림을 응징하여 힌두만의 국가를 건설해야 한다고 주장하는 사와르까르 같은 극우 힌두주의자들이 본격적으로 활동하기 시작한 것도 바로 이때부터다.

간디는 인도가 어떤 형태의 민주주의를 갖추어야 하는지 자신은 알지 못한다고 말했다. 그는 구체적인 문제에 관심을 두지 않았고, 알려고 하지도 않았다. 간디는 택해야 할 방법에는 딱 두 가지가 있는데, 하나는 속임수와 무력이고, 다른 하나는 비폭력과 진리라고 했다. 후자를 동반하지 않은 채 목표가 이루어지는 것보다는, 후자를 동반한 채 목표를 이루지 못할지라도 꾸준히 그 길을 가는 것이 옳다고 믿었다. 간디는 처음으로 정치 현장에서 작동하기 시작한 사띠야그라하가 하나의 실험적 단계라며, 이제 새로운 발견을 만들어 가는 중이라고 했다.

이런 실험을 어떻게 평가해야 하는가? 식민 지배가 극도로 치닫고 있을 때 간디가 꿈꾸는 세상에 동참할 수 있는 사람은 많지 않았다. 결국 인도가 찢어지고 아비규환의 비극이 일어난 데에 대한 책임이 간디의 비현실적인 망상에도 일부 있다고 본다. 척박한 현실에 발 딛지 않는 꿈은 거대한 비극을 잉태하기도 한다.

간디는 사회주의자인가 몽상가인가?

간디는 인도가 왜 영국의 식민 지배를 받아야 했는지 스스로 물었다. 그가 찾은 대답은 이랬다. 영국의 탐욕이나 기만 때문이 아니라 인도가 연약해서고, 그 연약함은 도덕의 실패에서 왔다! 그러니 영국인들이 인도를 취한 것이 아니고, 인도인 스스로 인도를 영국에 바쳤다는 것이다. 그러면서 인도가 영국에 복속당한 것은 인도의 문화가 근대적이지 못해서 혹은 후진적이어서가 아니라고 했다. 그것은 인도인들이 화려한 근대문명의 유혹에 빠졌기 때문이라고 했다. 결국, 간디는 근대성과 진보성에 신랄한 비판을 가한 것이다.

간디는 근대문명이란 가치와 행복을 증진하는 것이 아니라 사치와 방탕과 탐욕에 갇히게 하고 고삐 풀린 무한 경쟁에 빠지게 하며, 그래서 사회를 가난과 질병 그리고 고통의 악에 빠져들게 하는 것이라고 주장했다. 근대화의 결과, 인류는 미증유의 규모로 불평등과 억압, 폭력에 고통받고 있다. 그래서 간디는 이러한 산업화의 폐해를 없애려면 그 결점을 제거할 것이 아니라 산업화 그 자체를 폐기해야 한다고 말한다. 산업화를 사회화시키면 자본주의의 악으로부터 벗어날 수 있다고 본 네루와 달리, 간디는 산업화 자체에 악이 내재하기 때문에 그 어떤 수준 높은 사회화로도 그 악을 뿌리 뽑을 수 없다고 단언한다.

이러한 근대화 및 산업화에 대한 관점을 토대로 간디는 어떻게 정치를 구현하고 인도 인민을 이끌어 나가려 했을까? 그는 개인 이익을 바탕으로 하는 정치 가치를 해체하고 공동체 전체가 공유하는 보편적인 윤리 가치를 사회도덕으로부터 끌어 내야 한다고 말한다. 정치구조와 과정 안에서 돈 있고 힘 있는 자들이 자신의 집단 이익에 따라 정부 기구를 작동시켜 불균형을 만들어 내는 구조를 해체해야 한다는 것이다. 법 앞에 평등이라는 구호는 날조이고, 국가 제도가 중립적이라는 주장은 속임수다. 법과 국가는 사회에 이미 존재하는 구분과 불평등을 영속시키는 효과만 발휘할 뿐이다. 법과 정치의 여러 장치와 과정은 갈등을 조장하고 사회적 구분을 영속화하고 새로운 구분을 창조하기 위해 작동할 뿐이다. 그래서 정치인, 공무원, 법조인들의 이익을 강화시키고 새로운 이익만 만들어 줄 뿐이다. 실제로 영국 정부는 카스트 제도에 중립을 지킨다는 혹은 불가촉천민의 피착취를 해방하려 한다는 이미지만 투사했을 뿐, 카스트 제도는 더 강화되었고 불가촉천민과 상층 카스트 간의 갈등은 더 심해졌다. 간디의 진단은 일정 부분 맞았다. 그렇다면 그의 치료책은 어떠했는가?

이 물음은 그가 어떤 정치체를 세우려 하였는가를 보면 답을 알 수 있다. 간디는 대의정치 체제를 대체하는 것으로 구분 없는 대중주권 개념을 주장하였다. 그 안에서 공동체는 자기통제적이어야 하고, 정치권력은 집단적 도덕 의지 안으로 용해되어야 한다. 도덕 안에서 민족의 삶이 스스로 통제되어 완전해지면, 국가나 시민사회의 대의 기구는 필요 없어진다. 그것은 깨인 무정부상태로, 그 안에서 각 사람은 스스로 지배하게 된다. 이러한 이상적 국가에서는 정치기구도 필요 없고, 정치권력도 존재하지 않는다. 마르크스가 말한 프롤레타리아 독재 이후 국가의 소멸과 이상적 공산사회 성립과 매우 비슷하다. 그렇다면 간디는 사회주의자인가? 마르크스주의에서 폭력을 제하면 간디주의가 된다는 세평은 적절한가?

이 질문에 답하려면, 그가 세우고자 했던 이상사회를 살펴봐야 한다. 간디의 정치적 이상은 정체政體의 모든 구성원이 완전하고 지속적으로 참여하는 합의민주주의가 아니다. 그것은 힌두교 신화에 나오는 라마 신이 다스리는 정치, 즉 '라마 라지야Rama Rajiya'(라마의 통치)를 말한다. 전형적인 유토피아다. 그 유토피아에서는 카스트가 하는 일에 따라 넷으로 나뉜다. 분업화를 바탕으로 재화와 용역의 물물교환이 이루어지니, 생산경제 조직에 따른 경쟁도 없고 노동 종류의 구별도 없어서 사회적 지위의 차이도 없다. 브라만과 슈드라가 맡은 일은 다르지만, 귀천도 없고 위계도 없다는 주장이다. 하지만 그런 사회는 인도 역사에 존재하지 않고 존재할 수도 없다. 카스트 체계는 역사의 변화 속에서 철저하게 불평등한 신분을 본질로 삼아 만들어진 것이다. 그런데 간디는 그 역사성을 애써 무시하고 신학적 당위를 펼쳤다.

간디의 유토피아는 브라만의 정신과 도덕의 교육이 온전히 이루어지는 곳이다. 신에게 종속될 때 인간은 그 안에서 행복해진다. 그러니 그런 사회를 이루기 위해 브라만은 정신을 맡아 교육하고, 슈드라는 육체노동을 해야 한다. 둘을 구별하고 차이를 두되 차별해서는 안 된다. 지금 사회가 그렇게 되지 못한 것은 그 진리에 대한 종교 교육이 이루어지지 않고 세속화됐기 때문이다. 경제적 불평등으로 인한 사회적 불평등을 외면한 비현실적인 분석이 아닐 수 없다. 간디가 말하는 교육 책임론은 이렇다. 교육의 세속화가 '물신物神'을 만들어 내고, 사회의 불평등을 키우고 합리화한다. 교육이 종교 도덕과 윤리, 공동체의 도덕적 가치를 무시하면서 개인 간의 무한 경쟁이 불붙고, 그 안에서 패배하는 사람들의 불만이 팽배하고 부도덕의 혼란이 확산한다는 것이다.

간디는 산업화를 거부하고, 분업화된 카스트 체계로 돌아가 자급자족 전통 촌락 사회로 돌아가야 한다고 역설했다. 그래서 물레를 돌려 옷감을 짜는 것으로 영국의 산업혁명에 저항하였고, 국가 중심 중앙집권 정치경제를 모두 비판했다. 심지어 영국 식민 지배를 벗어나더라도 스스로 도덕과 진리를 붙들고 살지 못하면 그것은 자치swaraj를 이룬 것이 아니라고 했다. 현실 역사 인식으로는 황당할 수 있으나, 3억 5천 인도인을 사로잡은 이상적 도덕주의로 이해하면 비난하기는 어렵다. 간디를 황당한 이상주의자라고 비난하면, 공산 이상사회를 꿈꾼 꿈꾼 바르크스와 레닌은 어떻게 봐야 하는가?

간디가 변태성욕자였다고?

간디는 13세에 결혼했다. 성욕이 강한 자신을 부끄러워했다. 아들 넷을 낳고, 38세에 고대 인도의 힌두교 브라만이 행하는 성욕 금지 수행을 선언했다. 그리고 요즘은 도저히 받아들일 수 없는 해괴한 실험을 했다. 그는 자신의 수행처에서 어린 여성과 함께 목욕하고 함께 잠을 잤다. 이 실험 과정에서 성적 욕망이 일어나지 않으면 비로소 금욕의 경지에 이른 것이라고 믿었다. 그와 같이 목욕하거나 나체로 잠을 잔 소녀 중에는 손녀딸과 조카도 있었고, 시간이 흐르면서 그 수는 점차 늘어났다. 두말할 필요도 없이, 이 여성들과 성관계는커녕 오해 살 만한 행동은 전혀 하지 않았다.

1946~1947년 겨울, 간디는 더 충격적인 실험을 했다. 인도와 파키스탄으로 분단하기 몇 개월 전, 힌두와 무슬림 종교 공동체 간의 갈등이 극에 달해 살육전이 한창일 때였다. 1946년 지금의 방글라데시 노아칼리에서 종교 공동체 간 폭동이 일어나 무슬림들이 힌두교도들을 대규모로 학살하였고, 이에 대한 반발로 이웃 비하르주에서 힌두들이 무슬림을 학살하는 최악의 상황이 벌어졌

다. 간디는 노아칼리로 달려가 그들을 설득했으나 아무도 그의 말을 귀담아듣지 않았다. 10여 년 만에 상대에 대한 적개심은 더 커져, 사람들은 간디를 철저하게 외면하였다. 간디는 그 이유가 자신의 순결성이 부족해서일 거라고 생각했다. 그래서 어린 여성 둘과 함께 성욕 금지 실험을 다시 한 번 했다. 많은 동지가 만류했지만, 그는 듣지 않았다. 이전에 했던 것과 마찬가지로 그 희한한 실험을 공개적으로 진행했다. 간디와 알몸으로 목욕하거나 잠을 잤던 여성들은 대부분 기꺼이 실험 파트너가 되었다.

여기까지가 팩트다. 간디의 실험에 참여했던 여성들은 자유의지로 그랬을까? 간디는 인도인들에게 엄청난 존경을 받던 인물로, 대단히 완고한 고집쟁이였다. 여성들로서는 그런 인사의 요청을 거절하기 어려웠을 테니, 요즘 용어로 말하면 일종의 가스라이팅이랄까? 오늘날 누군가가 그런 '실험'을 시도한다면 법적 처벌을 받겠지만, 그때는 그렇지 않았다. 그때도 네루나 빠뗄 같은 동지들이 나서서 그런 실험을 해서는 안 된다고 비판도 하고 만류도 해 봤지만, 간디는 듣지 않았다. 간디는 변태성욕자인가, 괴팍한 시대착오자인가?

간디는 남편이 죽으면 과부를 산 채로 화장하는 사띠와 여성의 유아 결혼(조혼), 여성의 얼굴을 가리는 뿌르다purdah 풍습을 절대로 해서는 안 되는 일이라 비난했다. 여성들을 교육받게 하고, 여성들도 정치에 적극적으로 참여해야 한다면서 여성의 사회평등 운동을 널리 전개했다. 이런 활동들이 '변태성욕자'라는 말 한 마디로 묻혀 버린다면, 그건 공정하지 않다. 그가 비난받아야 한다면, 그는 현재는 물론이고 당대 보편 수준의 여성 인권 개념도 갖지 못했고, 신실한 종교심으로 정치를 망친 우둔한 정치인이었다는 식이 맞다.

간디에 대한 적절치 못한 비판을 한 가지만 더 들어 보자. 간디는 제1차 세계대전 기간에 근대 유럽이 쌓아 놓은 문명이 철저하게 패배했다고 보았다. 폭력은 더 우월한 폭력으로만 물리칠 수 있고, 그래서 세계대전이 일어났다고 봤다. 이런 시각은 비폭력에 대한 맹신에서 나왔다. 간디는 비폭력이 약자의 무기가 아니라 정신적으로 우월한 자의 무기라고 믿었다. 이 사실을 정치인들에게도 알려서 설득해야 한다고 믿었고, 그렇게 하는 것이 자신의 의무라고 생각했다. 그래서 1931년 로마에서 무솔리니를 만나 설득했지만 성과가 없었다. 간디는 좌절했지만, 이후 세계가 제2차 세계대전으로 치달으면서 간디는 다시 한 번 비폭력 평화를 희구했다.

간디는 영국과 프랑스가 독일을 혹은 그 반대의 경우에도 폭력을 통해 얻는 해방은 의미가 없다고 보았다. 폭력의 가해자인 히틀러가 폭력을 쓰지 않고 비폭력으로 세상을 세우려고 노력해야만 진정한 평화가 찾아온다고 믿었다. 그래서 1939년 히틀러에게 편지로 평화를 호소하고, 1940년에 다시 한 번 히틀러에게 편지를 쓴다. 그는 히틀러에게 폭력으로 전쟁에서 이기는 건 승리가 아니며 국제재판소에 판단을 맡기라고 간절히 호소했다. 간디는 히틀러와 무솔리니도 인간이기 때문에 진실과 거짓을 구별할 수 있는 능력이 있다고 보았다. 그러나 영국 식민 정부는 간디가 히틀러에게 보낸 편지들을 모두 발송 거부했다.

이때 간디가 보낸 편지는 쉽게 구해서 읽을 수 있다. 그 편지를 읽어 보면 그의 의도를 알 수 있다. 그 어디에도 그가 히틀러를 지지한다는 말은 없다. 그가 비판받아야 한다면, 정치의 속성을 전혀 모르는 유아적 발상으로 세계대전을 끝내려 했다는 점이다. 그가 택한 비폭력의 방식이 얼마나 많은 착오를 일으켰고, 그로 인해 얼마나 많은 희생이 발생했는지를 비판해야 한다. 아무런 맥락도 없이 간디가 히틀러 지지자였다는 주장은 요즘 말로 하면 명백한 가짜 뉴스다.

간디가 오스만제국의 아르메니아인 학살을 지지했다는 터무니없는 비난도 있다. 간디는 제1차 세계대전이 끝난 후 승전국의 주도로 오스만제국을 분할하는 것을 반대했다. 그런데 그 오스만제국이 아르메니아인을 학살한 나라이고, 그래서 간디가 아르메니아인 학살을 지지하고 독립을 반대했다고 하는 것이다. 간디는 아르메니아나 아라비아가 오스만제국에서 독립하고자 한다면 당연히 독립해야 한다고 했다. 그는 제1차 세계대전에서 인도가 영국을 돕기 위해 참전하는 것을 지지했다. 비폭력 정신의 훼손이지만, 민족의 해방을 위해 그렇게 했다고 했다. 그러나 세계대전에서 승리한 영국은 간디와의 약속을 팽개쳤다. 그러자 인도의 무슬림들이 영국에 대한 저항으로 '킬라파트Khilafat 운동', 즉 제1차 세계대전 이후 승전국 연합이 패전국인 오스만제국을 분할하려는 시도에 반대하고 칼리프를 복원해야 한다는 운동을 일으켰고, 간디는 민족 단합과 반식민 운동 차원에서 이를 지지하고 이끌었다. 자국의 민족통합과 반식민을 위한 전술이었다. 소수민족의 입장과 오스만제국의 입장은 다를 수밖에 없다. 제국의 분할과 소수민족의 독립 가운데 어느 게 옳다고 규정할 수는 없다. 간디가 오스만제국의 해체에 반대한 일을 전략상 비판할 수는 있어도 그것이 아르메니아 학살을 지지한 것이라고 볼 수는 없다.

그 많던 토후국이 어떻게 연방에 편입되었나?

1947년 8월 15일, 영국은 공식적으로 인도 지배를 끝내고 떠났다. 인도는 1950년 1월 16일 헌법을 반포하고 인도공화국으로 공식 출발한다. 그 2년 반의 기간, 인도는 실제로는 독립한 나라였지만 아직 헌법이 없어 법적으로는 하나의 국가로 성립되지 못한 상태였다. 문자 그대로 임시정부, 법적으로는 아직 영국의 법령 체계에 속했다. 공식적으로 Dominion, 자치령이라 번역한다. 오스트레일리아나 뉴질랜드 같은 영연방에 속한 나라들이 이 자치령이다. 그러니 자치령이라는 인도 정부의 형태는 영국에 속하는 연방의회헌법군주국Federal parliamentary constitutional monarchy이다. 당시 군주는 영국 왕 조지 6세였고, 총독Governor-General은 마운트밧튼Lord Mountbatten(1947~1948)과 라자고빨라짜리Chakravarti Rajagopalachari(1948~1950), 수상은 네루였다. 1950년 헌법이 발효되고 1951년에 총선을 치른 후 네루는 인도공화국 초대 수상이, 인도국민회의는 집권 여당이 된다.

영국이 인도를 떠날 무렵, 네루와 인도국민회의는 국민국가 건설 준비에 착수했다. 파키스탄이 분리하여 새로운 국민국가를 세우는 것이 확정된 이상, 분리 이전 인도 영토 안에 있는 17개 주와 565개 토후국을 하나의 주권국가 안으로 병합하는 일이 그들의 최대 과제였다. 토후국 병합 작업도 영국이 떠나기 전 제정한 인도독립법Indian Independence Act(1947)에 의거한 것이다. 영국이 직접 통치하던 15개 주는 그 지배권을 그대로 인수했기에 아무런 문제 없이 하나의 국가 안으로 편입될 수 있었지만, 토후국의 경우는 달랐다. 토후국은 형식상 분명한 독립국가였기에 국왕, 즉 토후가 국민의 의견을 참조하여 인도 혹은 파키스탄에 속하거나 제3의 나라로 독립할 자유가 있었다. 그것은 그들 주권의 문제이지, 반드시 인도에 속해야 한다는 법적 당위성은 없었다.

임시정부 수상 네루는 자신들이 반드시 하나의 국가를 세울 것이고, 토후국도 모두 그 안에 들어와야 한다고 천명했다. 네루는 어떤 토후국도 독립 인도의 군대보다 군사적으로 우세할 수 없다며 은근히 협박했다. 인도는 이제 왕의 신성한 권리 같은 건 받아들이지 않을 것이라고도 했다. 제헌의회 가입을 거부한 토후국은 적국으로 취급될 것이라고도 했다. 네루 정부에서 이 하나의 국민국가 통합의 과업을 진두지휘한 이는 사르다르 빠뗄이다. 빠뗄은 인도 연방 귀속을 거부하면 곧바로 군대를 투입하겠다고 사실상 협박하면서 모든 토후국의 선택을 강제하였다. 물론 인도 연방으로 들어오면 토후(왕)가 누리던 재산과 특권을 최대한 보장하기로 약속했고, 실제로 그 약속은 지켜졌다. 많은 군소 토후국의 영토는 합쳐져 작은 주가 되기도 했고, 그런 변화들을 겪은 후 토후들은 특정 주의 총독이나 부총독이 되었다. 토후들이 살던 성城은 한동안 개인 재산으로 있다가 국가에 기부되었다. 병합 후 재산 기부 혹은 몰수 과정은 결코 쉽지 않았다.

1947년 영국이 인도를 떠날 당시, 토후국은 인도 면적의 40퍼센트, 인구로는 23퍼센트를 차지했다. 그 가운데 정치적으로 중요한 곳은 하이드라바드, 마이소르, 뜨라반꼬르, 잠무-카슈미르, 시킴, 인도르, 주나가드 등 모두 영국의 행정 기구가 있었던 곳이다. 이 가운데 주나가드, 하이드라바드, 카슈미르가 문제를 해결하지 못한 채 인도 독립을 맞았다. 구자라뜨주의 주나가드는 왕은 무슬림이었으나 백성은 대부분 힌두였다. 1947년 12월 국민투표에서 국민의 99퍼센트가 인도와의 병합을 지지했으나, 무슬림 왕은 파키스탄을 택했다. 결국, 인도가 1948년에 강제 병합했다.

데칸 지역에 있는 하이데라바드는 문제가 더 복잡했다. 이 지역도 지배는 무슬림 왕이 해도 힌두가 다수였다. 무슬림 왕과 빠뗄의 협상이 결렬된 후 1948년 9월 13일부터 29일까지 '폴로 작전'이라는 암호명으로 인도군이 무슬림 왕 정부를 축출하고, 다음 해에 인도의 한 주로 병합했다.

카슈미르는 아직도 문제가 해결되지 않은 곳이다. 이곳은 무슬림이 주민의 다수이고, 왕은 힌두인 경우다. 협상이 결렬되고 파키스탄군이 이 지역으로 진군해 들어오기 직전에 인도군이 진격하여인도-파키스탄 전쟁이 터졌다. 결국 유엔의 감독 하에 휴전이 합의되었고, 인도가 분쟁지역의 3분의 2를 장악하게 되었다. 네루는 처음에 적대행위가 중단되는 즉시 주 전체에서 국민투표를 실시하자는 영국의 마지막 총독 마운트밧튼Louis Mountbatten의 제안에 동의했지만, 그후 70년이 지난 지금까지도 국민투표는 실시되지 않았다.

그 가운데 가장 어려웠던 곳이 동북부이다. 앗삼은 처음부터 영제국의 한 주여서 어려울 게 없었는데, 나머지 동북부 지역은 수십 수백의 작은 부족들로 나뉘어 있고 힌두교와 카스트라는 공통의 정체성도 희박하여 하나의 민족의식을 기대하기가 어려웠다. 부족들은 1937년 따로 분리된 버마와 1947년 이후 독립된 인도 가운데 하나를 선택하거나 독립국의 길을 가야 했다. 뜨리뿌라와 마니뿌르와 같은 일부 토후국들은 1949년 후반에 인도 연방에 가입했지만, 주민들의 반대가 극심했다. 이외의 부족들은 분리 독립을 원했고, 그것이 받아들여지지 않자 무장 테러를 벌였다. 분리운동은 라지브 간디 재임 시기에 가장 극심했고, 지금은 거의 해결된 상태다.

네루은 어떤 나라를 꿈꾸었나?

1950년 1월 헌법이 제정 및 시행되어, 1951년 1억 7천 3백만 명의 유권자를 보유한 세계 최대의 민주주의 국가가 탄생하였다. 인도 헌법은 대통령을 국가원수로 하는 의원내각제를 채택하고 있다. 헌법 제1조에 따르면 인도는 여러 주의 연방이라고 명시되어 있다. 하지만 국방, 외교, 화폐, 철도 등을 단독으로 통제하는 중앙정부의 힘이 막강하다. 의회는 연방의회와 주의회로 나뉘는데, 두 의회 모두 국민의 직접선거로 선출된다. 하원의원은 유권자 50~75만 명 단위의 범위 안에서 의원 1인을 선출하는 소선거구제를 채택하고, 상원은 주州 대표들로 구성된다.

네루는 헌법 전문에 인도가 주권국sovereign임을 밝혔다. 과거 식민 지배 하의 국가도 아니고, 대영제국의 자치령에서도 완전하게 법적으로 벗어난 민주공화국Democratic, Republic임을 천명하였다. 많은 사람들이 현 인도공화국의 사회주의적이고 세속적인 국가 성격이 이때 헌법에 들어갔다고 알고 있지만, 사실 인디라 간디 수상이 1967년에 헌법 전문에 포함하여 오늘에 이른 것이다.

네루는 인도 국가의 주권 · 민주 · 공화의 성격을 여러 가지 장치로 구체화하였다. 그 가운데 가장 중요한 것은 연방제이고, 그다음 국내 정치로는 의원내각제, 행정 체계로는 관료제, 국외 정치로는 비동맹외교이다.

인도는 주들 간의 합의와 조약을 통해 상향식으로 연방제를 만든 것이 아니라, 단일국으로 출발하여 하향식으로 각 주에 권한과 책임을 배분하여 연방제가 되었다. 인도 헌법에 연방정부를 Federation이라 하지 않고 Union이라 한 것도 단일국 경향의 성격을 반영한 것이다. 그래서 헌법 제1조는 인도를 Union of States로 한다고 했다. 결국 인도의 연방제는 순수 연방제도 아니고 순수한 단일국도 아닌 양자의 혼합형이라 할 수 있다. 미국의 연방제를 순수 연방제라 한다면 후자는 캐나다 연방제인데, 인도는 후자와 비슷하다. 연방제 안에서 헌법은 연방과 주의 권한 배분 문제를 규정한 성문법을 가진다.

인도 헌법은 모방 헌법이다. 인도 헌법 제정자들은 세계 각국 헌법의 좋은 점을 취하고, 이를 인도 현실에 적합한 구조로 변형하고자 했다. 기본권은 미국 헌법에서, 의원내각제는 영국에서, 국가정책의 지도 원리는 아일랜드에서, 비상사태 규정은 바이마르 독일 헌법을 참조했다. 그래서 인도 헌법은 세계에서 가장 길고 상세하다. 제헌 당시 395개 조문과 8개의 부칙으로 출발하여, 현재 470개 조문과 12개의 부칙을 담고 있다. 인도 헌법의 또 다른 특징은, 일반 법률과 같은 방식으로 의회에서 개헌이 가능한 부분이 많다는 점에서 연성헌법의 성격이 짙다는 것이다. 실제로 2021년까지 105번의 개정을 했다.

국내 정치의 틀인 의원내각제는 5년에 한 번씩 열리는 총선으로 집권 정당이 결정되고, 임기 5년의 행정수반이자 의례적인 국가원수인 대통령은 의회의 간접선거로 선출된다. 국회는 양원제로서 하원을 '로끄 사바Lok Sabha'(人民院), 상원을 '라지야 사바Rajya Sabha'(王侯院)라 한다. 하원은 보통선거로, 상원은 각 주의회 의원들의 간접선거와 대통령 지명으로 구성된다. 의회의 신임을 얻은 수상을 대통령이 임명한다. 하지만 실권은 수상에게 있다. 대통령은 주지사를 지명하고, 그 주지사가 각 주의 수상을 임명한다. 각 촌락은 '빤짜야뜨Panchayat'라고 하는 촌락 의회를 두고 있는데, 선거로 위원을 뽑고 위원들이 촌락 내의 모든 사항을 결정한다. 결국 인도는 연방에서부터 촌락에 이르기까지 모든 사안이 선거라고 하는 민주적인 절차로 결정되는, 적어도 형식적으로는 지상 최대의 민주주의 국가의 틀을 갖추고 있다. 인도의 초대 대통령은 라젠드라 쁘라사드Rajendra Prasad, 수상은 자와하를 랄 네루이다.

인도의 관료제는 직업공무원 제도에 따라 지위를 보호받고, 의원내각제 정부에 대해 익명성과 중립성을 갖는다. 정부의 정책은 장관 책임제로 결정되고, 관료는 주로 집행을 담당한다. 그러나 전문성과 영속성을 특징으로 하는 관료제 특성상 실질적으로는 관료들이 정무관인 장관보다 더 권한이 크다. 행정 관료가 대의제 대표인 의원 장관을 압도하는 경우가 많아 민의가 왜곡되고 부패할 가능성이 큰 구조이다. 인도 공무원 관료는 강한 계층제, 권위주의, 형식주의 등이 특징인데, 지금은 많이 좋아졌지만 대체로 부패한 편이라고 알려져 있다.

인도의 초대 수상 네루는 국제관계를 결정하는 틀로 제3세계 비동맹외교 노선을 정착시켰다. 이에 따라 인도는 냉전기 국제질서의 가장 큰 틀인 미국과 소련의 진영 싸움에 직접 개입하지 않고, 제3세계라는 틀을 마련하려 노력했다. 중국, 이집트, 인도네시아, 유고 등과 협력하여 두 거대 진영에서 벗어나 독자적인 힘을 구축하려 했으나 성과는 미미했다. 중국과 평화공존 5원칙이라는 이상적인 외교정책을 앞세웠지만, 냉정한 현실 앞에서 큰 타격을 입고 실질적인 비동맹외교정책은 크게 퇴조하였다. 국내 정치는 네루의 실리주의가 나름의 성과를 거두었으나, 국제정치는 간디의 이상주의를 반영한 탓에 현실 세계에서 실패했다고 평가받는다.

모두가 평등한 나라, 국가 간 힘의 균형이 잡힌 세계, 그 중심을 엘리트가 붙잡고 이끌어 가는 국가, 국가가 주도하는 사회주의국가를 만들어 보려던 네루의 꿈은 냉정한 현실 속에서 좌초되었다. 그리고 그로부터 20여 년이 흐른 뒤 사회주의 이념은 지구에서 사라졌다. 그 자리에 들어선 것은 개인 간의 무한 경쟁이 모든 것을 결정하는 약육강식의 세계다.

네루는 왜 실용주의 노선을 택했는가?

네루는 국가이념의 토대를 사회주의에 두었다. 하지만 정치와 행정에서는 사회주의 이념이나 당위를 추구하지 않고 실리를 추구하는 실용주의의 기틀을 마련했다. 그리고 그 기틀은 네루와 전혀 다른 정당인 인도국민당(BJP)의 현 수상 나렌드라 모디로까지 이어지면서 인도 정치 행정의 가장 중요한 토대가 되고 있다. 어떻게 이런 게 가능할까?

네루는 인도가 식민 지배를 받게 된 것은 근대성이라는 진보를 이루지 못했기 때문이라고 했다. 네루에 의하면, 인도가 영국 세력에 복속당한 것은 영국이 인도를 침략하는 역동적인 사건이 벌어질 때 인도 사회가 무기력에 빠져 있었기 때문이다. 인도의 실패는 식민 세력이 인도 사회가 찾고 있던 근대 세력들의 성장을 집요하게 방해했기 때문이다. 네루는 마하뜨마 간디와 민족주의라는 공통점이 있으나, 근대주의에서는 전혀 다른 입장을 취한다. 네루는 말했다. "만약 역사가 보여 주는 것이 하나 있다면, 그것은 바로 경제적 이익이 여러 집단과 계급에 대한 정치적 관점을 만들어 낸다는 것이다. 이성적 고려든 도덕적 고려든 그 어떤 것도 경제적 이익을 우선할 수는 없다." 마르크스적 역사 인식에 기초하지만, 그 위에서 실리를 중요시하는 관점이다.

네루는 사실, 식민주의라는 것이 근대화를 매개로 피식민 인민들의 동의를 확보해 성립한다고 해도 실제로는 비합리적인 불평등, 착취, 차별 등 철저한 차이에 기반한다고 보았다. 식민 지배 아래서 일부 지식인들이 근대화를 적극적으로 받아들여 사회 여러 분야에서 교육받은 개화 계급으로 성장하더라도, 식민 권력은 이 개화 계급에게 유럽의 근대화가 성립시킨 '합리적' 문화, 즉 자유, 민주, 평등, 박애 등의 정신과 그에 따른 문화를 육성할 수 있도록 허용하지 않는다. 오히려 식민지 인민들이 전근대적이고 봉건적인 문화를 유지하도록 유도하기 때문에, 궁극적으로 식민주의는 온전한 근대주의가 아니라 이율배반적인 착취 이데올로기에 지나지 않는다는 것이다.

이러한 차원에서 네루의 민족주의는 식민주의를 전적으로 반대하지만, 식민주의의 근대적 논리와 합리성은 공유하였다. 즉, 식민주의를 철저히 부정하면서도 그것이 표방하는 이성, 과학, 발전과 같은 근대화의 가치는 받아들인 것이다. 인도의 민족주의는 벵갈어 소설가 반낌짠드라 짯또빠디야이Bankimchandra Chattopadhyayi가 인도의 고대문화를 찬탄하면서 서양이 가져온 근대화를 동경하는 모순 속에서 출발했다. 이후 간디가 식민주의에 반대했지만, 그가 반대한 것은 식민주의가 산업화와 시민사회에 가져온 여러 비정상적인 요소들이었다. 그는 사회변혁을 추구하지 않았다. 이러한 단계를 거치면서 인도의 근대화는 위로부터 아래로 내려오는 수준에 머무를 수밖에 없었다.

네루가 독립국 인도의 여러 사회문제와 경제 과제를 해결할 수 있는 수단은 사회변혁이 아닌 산업화라고 생각한 것도 그의 민족주의가 식민 지배와 근대화라는 틀 안에 있었기 때문이다. 그가 보기에, 산업화는 당시 세계경제의 흐름이자 지상 과제였다. 산업화를 통하지 않고서는 당시 인도가 직면한 절체절명의 과제인 '빈곤'을 해결할 수 없을 것으로 보았다. 따라서 경제성장에서 자신이 제기한 대규모 중공업에 기반을 두는 방식 외에, 간디식 민족주의적 사회주의가 향하는 탈脫중심의 소규모 산업 방식은 전혀 고려하지 않았다. 산업화를 배제하는 소규모 촌락 중심의 간디식 사회주의를 농민들을 민족운동의 지평 위로 끌어올릴 효과적인 방편으로 생각했을 뿐, 궁극적으로는 역사 현실에서 동떨어진 비非경제적인 것으로 인식하였다. 1930년대 이후부터 1964년 네루가 죽기 전까지 여당인 인도국민회의가 농민의 전폭적인 지지를 받으면서도 농민을 전위로 하는 정당 성격을 띠지 않은 것도 네루가 농업이 아닌 산업화를 통해 민족국가를 완성해야 한다고 생각했기 때문이다.

결국 네루의 민족주의적 사회주의 인식은 모순에 노출될 수밖에 없었고, 그는 좌파와 우파 모두에서 상당한 비판을 받아야 했다. 네루는 탈脫이데올로기 차원에서 실용주의 정책을 적극적으로 구사하여 그 모순을 극복하려 했고, 이러한 네루의 사회주의 인식은 실제 현장에서 실용주의적 사회주의로 흐를 수밖에 없었다. 네루가 생각하는 사회주의는 도그마나 이상주의적 이데올로기가 아닌 철저히 실용적인 이념이었기 때문이다. 그는 사회주의를 감성적 호소의 대상이 아닌 사실에 대한 논쟁과 면밀한 비판에 기반한 이성의 대상으로 보았다. 그가 공산주의자들이 너무나 교조적이고 이론적이며 인도 고유의 문화적 특성을 무시한다고 비판한 것도 이런 맥락에서다.

네루는 이러한 실용주의적 태도로 독립 후 여러 가지 정책을 상당히 유연하게 적용하였다. 그 가운데 가장 크게 공헌한 것은, 경제개혁이 이끌고 나간 과학과 기술에서의 수월성 확보를 위한 인프라 창설이다. 그는 과학과 수학 교육을 강화하고, 과학자와 수학자 양성에 심혈을 기울였다. 그 결과, 원자력과 우주 연구 분야에 큰 업적을 남긴 학자들이 양성되었다. 지금도 세계적 수준을 자랑하는 인도공과대학Indian Institute of Technology을 설립해 수많은 과학 전문 인력을 배출한 것도 그의 공이다. 네루는 비록 세계가 민족국가 중심의 정치적 관계로 맺어져 있으나 이미 국제사회로 진화하였기 때문에 국제사회주의를 추구해야 한다고 보았다. 국가 차원에서 국제 연구를 집중 지원하는 자와하를랄 네루 대학교Jawaharlal Nehru University를 설립한 것도 이런 취지에서다.

'라이선스 라즈'는 성공했는가?

인도는 국가 수립 후 거의 40년 동안 국가가 끌고 가는 자본주의 체제를 유지하였다. 그 안에서 그 기조를 바꾸고 30년이나 지났는데도 지금까지 과거의 명성을 떨치는 인도 경제의 특징이 있다. 이른바 '라이선스 라즈License Raj'라고 하는, 정부가 경제 산업의 모든 것을 통제하는 정책이다. 라이선스 라즈의 출발은 '수입대체 산업화'이다. 해외 수입을 국내 생산으로 대체하는 무역 및 경제정책을 경제정책의 골자로 삼은 것인데, 제품의 국내 생산을 통해 대외의 존도를 줄여야 한다는 것이다. 사회주의 성격이 매우 강한 자국 산업 보호 정책이다. 이에 따라 민간기업이 제품을 생산하려면 수십 개 정부 기관으로부터 인허가를 받도록 했는데, 심지어 생산량까지 규제 대상에 포함됐다. 사회주의적 국가 주도 경제정책이다.

네루같이 '경제 우선'을 주창한 사회주의 성향이 강한 민족주의자는 마르크스주의의 합리적이고 평등적인 면에서 그 이론적 근거를 찾으려 했다. 네루는 1928년 처음으로 소련을 방문하고 귀국한 후 공산주의 없이도 소비에트가 존재할 수 있고, 더 나아가 그 외부 구조까지도 존재할 수 있다고 이해하였다. 그래서 그가 세운 정부는 사회주의국가만큼 막강한 영향력을 갖게 되었다. 그러니 그 안에서 공무원들의 부패도 커질 수밖에 없었다. 공무원 인허가를 통한 통제정책을 라이선스 라즈라고 하는 것도 이전 시기 영국의 통치를 '브리티시 라즈British Raj'라고 부른 데에서 나온 비아냥이다. 1991년 IMF 외환위기 이후 소위 LPG라는 자유화Liberalization · 민영화Privatization · 세계화Globalization로 시작된 개혁으로 규제가 크게 완화되고 라이선스 라즈가 사라졌지만, 아직도 그 유산이 남아 있다는 게 중론이다.

라이선스 라즈는 초대 수상 네루와 이후 수상인 인디라 간디에 의해 굳어졌다. 네루는 케임브리지 트리니티 대학에서 유학할 때 사회주의 사상을 접했는데, 1927년 소련 방문 당시 국가 주도의 경제체제에 크게 감동받았다. 계획경제의 핵심은 강력한 중앙집권 정부와 국가경제를 중앙에서 관리하는 기획위원회였다. 인도는 소련의 5개년 계획과 유사한 5개년 계획을 추진하였다. 일본이 소련에서 배워 만주국에서 시도했고, 그 만주국에서 배운 박정희가 이를 한국에 도입했다는 건 널리 알려진 사실이다. 다만, 인도의 경제개발 5개년 계획은 소련과 달리 민간 부문도 상당히 중요한 역할을 했다. 그 운용 원리는 결국 실용주의였다. 그 안에서 전략산업을 국가가 통제하고 공공부문 기업이 투자를 주도하는 정책을 채택하였다. 네루가 민족운동을 주도하던 1930년대와 그 이후 독립 주권국가 건설 후의 시대정신은 산업화였고, 산업화는 빈

곧 해방의 유일한 열쇠로 인식되었다. 정치적으로나 사회적으로는 많은 부문에서 타협과 유연성을 추구하면서 때로는 패권주의를 실행하는 등 상당히 실용적인 태도를 취한 네루였지만, 산업화 부분에서만큼은 완고하였다.

네루에 의하면, 근대 국민국가를 건설하는 사람은 무엇보다도 전체 사회변혁을 계획적으로 이끌어 나갈 수 있는 전문인이어야 했다. 그들은 과학과 기술로 이루어진 최근 지식을 섭렵해야 하고, 경제의 면밀하면서 실증적인 상태에 대한 정보를 폭넓게 확보해야 하며, 경제 진보를 위해 가장 효율적이고 폭넓게 수용 가능한 과정을 제안할 수 있는 균형 잡힌 관점을 갖추어야 하고, 그래야 사회를 구성하는 각 집단의 특정 요구와 이해관계를 조정 및 중재할 수 있다. 네루가 많은 공과대학을 육성하고, 자연과학 교육에 심혈을 기울여 오늘날 인도가 세계 산업의 인재풀로 자리 잡게 된 것은 그의 이러한 '과학'과 '계획'에 대한 믿음 때문이었다.

이러한 맥락에서 가장 중요한 기능 주체로 부상한 것이 국가였다. 여러 가지 필요한 요소들을 한곳에 모으는 일은 오직 국가만 감당할 수 있다고 판단했기 때문이다. 네루에게 국가는 인민 전체 이익의 균형을 잡고 그 이익을 최대치로 모으는 일을 하는 대표의 몸체였다. 국가는 그래서 특정 집단이나 계급에 지배되어서는 안 되고, 계급 간 투쟁의 장이 되어서도 안 되며, 여러 가지 갈등 위에 서야 했다. 이를 위해 네루는 산업에 대한 엄격한 규제, 즉 라이선스 라즈를 밀어붙였다. 1951년 산업 개발 규제법은 산업기계, 통신 및 화학 제조를 포함하는 산업에 대한 라이선스 제한을 규정했다. 1956년 산업정책 결의안은 특정 산업을 국가의 독점 통제 아래 두고 일부 산업을 국유로 지정하는 등 라이선스 제한을 확대했다. 인디라 간디 재임기에는 은행, 보험 분야까지 국유화하면서 경제성장이 실질적으로 멈추어 버렸다. 인도 경제는 깊은 침체의 나락에 빠져들었다.

네루의 사고는 현실에 기반한 국가주의 도그마이다. 그 안에서 정부는 완벽한 블랙박스 역할을 하게 된다. 사회의 모든 부문에서 발생하는 갈등을 도맡아 처리하고, 궁극적으로 공통의 만족과 사회 보호에 필요한 최적의 가치를 할당하는 역할을 해야 한다. 네루는 그 안에는 말다툼도 없고 권력투쟁도 없으며 정치도 없다면서, 모든 이의 요구는 나라 전체의 진보를 기획하는 전문가 조직에 건네질 것이고, 그 요구가 전체의 요구와 일치하면 받아들여질 것이라고 했다. 하지만 이는 상상의 유토피아일 뿐 실제 현실은 전혀 그렇지 않았음을 역사는 말해 준다. 국가라는 것은 그 자체가 사회의 다양한 부문에 권력을 사용하는 기구다. 네루가 말하듯, 합리적 결정을 하는 주체가 되지 못한다. 그 자체가 이익집단이자 권력투쟁의 주체이다. 네루가 지적한 것은 식민 국가의 본질이 아니라 국가의 본질이다. 이를 네루는 간파하지 못했다.

Ⅵ

흔들리며 피는 꽃,
하나의 연방

행정구역 개편이 왜 계속되는가?

인도는 1947년 자치령Dominion으로 독립한 후 3년에 걸친 작업 끝에 1951년 1월 26일 헌법을 반포하여 명실상부한 공화국을 건설한다. 헌법 제1장 1조는 인디아, 즉 바라뜨Bharat는 주province로 구성된 연방국이라고 명시하였다. 이는 국호는 '인디아'이고 '인디아'는 힌디어로 '바라뜨'와 같은 것임을 분명히 한 것이다. 이와 관련하여, 2023년 4월 뉴델리에서 열린 G20 회의의 만찬 초대장에서 인도 대통령을 'President of Bharat'라고 기재한 것을 두고 모디 정부가 국호를 '인디아'에서 '바라뜨'로 고치려 한다는 비판이 일었다. 주는 의회의 결정에 따라 새로 설치되기도 하고 분리되기도 한다고 되어 있는데, 새로운 주는 '적합한 조건'이 충족될 때 가능하다고 명시함으로써 그 조건이라는 게 결국 정치적 판단에 달려 있음을 알 수 있다. 실제로 2020년대까지도 인도는 전국의 행정구역을 끊임없이 재편하고 있다. 왜 그런가?

1947년 8월 15일 독립 당시, 인도는 565개의 토후국과 17개의 주로 구성되어 있었다. 지역들과 토후국들 사이에 여러 문화적 갈등이 계속되는 상황에서 어디서 어디까지를 하나의 주로 유지할 것인가는 해결하기에 너무나 어려운 문제였다. 그러다가 1956년 국가재조직법이 마련되어 주를 재편한다. 그 기준은 언어를 중심으로 하는 것이었다. 사실, 언어에 기초하여 국가를 조직해야 한다는 요구는 인도가 독립하기 전부터 꾸준히 제기되었다.

최초의 언어 운동은 1895년 현재의 오디샤주에서 시작되었다. 이 운동이 받아들여져 기존의 비하르주와 오디샤주가 분리되었다. 언어를 중심으로 자치 구역을 만들자는 구상은 민족주의 운동 지도자인 띨락B. G.Tilak이 구체화시켰다. 영토 전체를 하나의 민족으로 만들지 못하는 상황에서, 언어를 중심으로라도 결집하여 반식민 투쟁을 전개할 기반을 다지자는 것이었다. 이후 인도국민회의는 한편으로는 단일민족론을 유지하면서도, 다른 한편으로는 언어를 기반으로 하는 언어 민족의 편성을 받아들이지 않을 수 없었다. 그러면서도 이 언어 공동체들을 '민족'이라고 표현하고, 그 위에서 자치권을 요구하는 것은 인정하지 않았다.

결국, 1946년 인도국민회의는 언어(를 기준으로 편성한) 주가 절대적인 것은 아니라는 유보 조건을 붙이고 이를 주의회 선거 강령에서 천명하였다. 그리고 분리 독립 후인 1948년 12월, 언어 주 편성은 민족주의에 반하는 것이고 그보다는 국가의 통합과 안전 및 경제발전을 중시해야 한다는 보고서를 발표했다. 그러자 남부 인도, 특히 안드라 지역이 거세게 반발했다. 중앙정부는 이에 굴복하여 1953년 9월, 구 마드라스주의 뗄루구어 지역을 안드라 쁘라데시주로 분리했다. 안드라주의 창설은 언어 주를 주장하는 지역들의 요구에 힘을 실어 주었다. 께랄라에서는 인도공산당이 앞장서서 언어 주 운동을 적극적으로 전개하였다. 이 시기는 이외에도 남아시아의 여러 곳에서 언어 민족주의가 활발하게 일어나던 때이니, 전체적으로 볼 때 남아시아에서 언어 민족주의는 국민국가 건설과 단일국가 체제 정비에 가장 큰 걸림돌이었다.

갓 독립한 연방 국가가 단일 민족성조차 희박한 상태에서 언어 민족주의의 거센 물결을 완전히 틀어막을 수는 없었다. 결국, 1956년 유력 언어 경계를 기준으로 주를 편성하는 언어 주 제도가 완성되었다. 그러나 주 경계의 설정을 둘러싼 대립은 이것으로 끝나지 않았다. 일단 1956년 법에 따라 14개의 주와 6개 연방직할지 union territory가 세워졌다. 연방직할지란, 주정부 없이 중앙정부가 직접 관장하는 구역이다. 수도 델리를 비롯하여 나중에 포르투갈이나 프랑스에서 독립하여 뒤늦게 편입되는 경우나 국경분쟁 구역 등이 여기에 포함되었다. 이렇게 한 뒤에야 하나의 연방 국가가 만들어졌으니, 새로 만들어진 주는 province가 아닌 state가 되었다.

언어를 중심으로 주를 편성한다는 원리가 도입된 후에도 갈등은 지속되었다. 그 가운데 뻰잡주와 봄베이주가 가장 큰 골칫덩이였다. 뻰잡주에서는 시크교도를 중심으로 뻰자비 수바suba(무갈제국의 지방 행정단위로서의 주) 요구가 강하게 일어났다. 이는 언어 공동체를 뛰어넘는 종교 공동체의 자치권 요구였기 때문에 정부로서는 주 재편을 허용할 수가 없었다. 그러나 1966년 뻔잡주는 결국 힌디어의 하리야나주와 뻔자비어의 뻔잡주로 분할되었고, 두 주의 수도는 짠디가르로 하고 짠디가르를 연방직할지로 하였다. 봄베이주의 상황은 좀 더 복잡하게 전개되었다. 독립 후 이 지역에서는 마라타Maratha 민족운동이 활발하게 전개되었다. 언어적 · 역사적 · 문화적 전통을 공유하는 지역 민족의 독자적 발전이 국가 발전보다 더 중요하다는 주장이었다. 여기에 봄베이의 경제적 중요성은 갈등을 더 키웠다. 결국, 1960년 마라티어의 마하라슈뜨라와 구자라띠어의 구자라뜨가 성립하게 된다.

물론 언어만을 기준으로 주를 편성한 것은 아니다. 마드라스에서 새로 독립한 안드라 쁘라데시에서는 똑같이 뗄루구어를 사용하지만 역사적으로 하이드라바드와 마이소르 왕국에 속해 문화 전통이 다르다는 점을 강력히 주장하여 2014년 뗄랑가나가 분리되었다. 2000년에는 언어는 같지만 주의 중심이 평야지대에 있어 산악지대에 사는 자신들은 너무 불편하다는 이유로 웃따라칸드가 웃따르 쁘라데시로부터 분리되기도 했다.

이처럼 영국 통치기부터 2000년대까지도 끊임없이 주가 나눠지고 새로 편성되는 것은, 인도가 그만큼 하나의 국민국가를 유지하는 데에 필요한 구심력은 약하고 따로 떨어져 나가려는 원심력은 크다는 의미다. 종족은 말할 것도 없고 역사, 문화, 종교가 너무나 복잡하게 얽혀 있어 그나마 언어가 가장 현실적인 기준이지만, 그마저도 다른 요인들 앞에서는 힘을 발휘하지 못한다. 여기서 중요한 것은, 인도가 하나의 연방 국가 유지라는 실리를 얻기 위해 어떤 원칙에도 얽매이지 않고 계속 변화하며 현실에 대처하고 있다는 사실이다.

파키스탄의 시크는 왜 인도로 내려왔는가?

1947년 인도아대륙이 독립과 동시에 종교를 기준으로 힌두는 인도로, 무슬림은 파키스탄으로 분리될 당시, 힌두도 아니고 무슬림도 아닌 시크는 인도를 택했다. 시크가 가장 많이 거주하던 뻔잡이 분리되다 보니 인도에 속한 뻔잡에 살던 시크는 계속 그곳에 살면 되었지만, 지금의 파키스탄에 속한 뻔잡에 살던 시크는 고향과 터전을 버리고 강제로 피난길에 나서야 했다. 시크는 힌두도 아니고 무슬림도 아닌데 왜 강제이주를 당해야 했을까? 이를 이해하려면 우선 시크교라는 종교가 어떻게 해서 생겨났고, 그 성격은 어떤지부터 이해해야 한다.

중세 인도에서는 산뜨Sant라는 전통이 크게 유행하였다. 힌두교 전통인 복잡한 의례나 고행을 통한 깨달음 같은 것을 버리고 신을 사랑하고 경배하는 것을 최고의 신앙 행위로 치는 전통이었다. 이에 따르면, 인간과 모든 생명체는 신의 은총을 받아 생로병사의 속박으로부터 자유로워진다. 당시 산뜨 추종자들은 인도아대륙으로 들어오는 이슬람 종파인 수피즘과 자신들의 믿음 사이에 공통점이 많은 걸 발견하고, 대립과 갈등 대신에 둘을 하나로 묶는 노력을 기울였다. 이 운동을 이끈 스승이 여럿 있는데, 그 가운데 가장 대중적인 스승이 까비르Kabir와 나낙Nanak이다.

나낙이 바로 시크교를 창시한 사람이다. 까비르는 신이란 라마든 끄리슈나든 하리든 알라든 그 이름만 다를 뿐 모두 하나라고 주장하면서, 힌두와 무슬림이 다르지 않음을 강조했다. 그는 카스트 체계, 특히 불가촉민에 대한 차별, 우상숭배, 성지순례, 성욕聖浴(성스러운 목욕), 의례주의, 기세棄世 등을 신랄하게 비판하였다. 실로 종교를 둘러싼 사상, 종족, 남녀, 가문, 재산 등으로 인해 발생하는 모든 종류의 차별을 비판한 것이다. 그러나 그는 어디까지나 개인의 변화를 강조하였을 뿐 사회구조의 변혁을 시도하지는 않았다. 나낙은 하나의 신에 대한 믿음, 카스트와 우상숭배 반대 등 종교적으로는 까비르와 생각이 같았으나, 까비르와 달리 신에게 다가가는 조건으로 청정심이 필요하다고 설파하였다. 그는 구원의 길을 가기 위해서는 안내자로서 구루guru(스승)가 필요하다고 역설하였다. 이것이 시크교의 토대이다. 나낙이 처음부터 시크교 창시를 의도한 것은 아니다. 제자들이 그의 포용력과 중도 정신을 살려 시크교라는 새로운 종교를 발전시켰다.

시크교의 주요 교리는 힌두교에서 창조론과 윤회론을 받아들이고, 이슬람교에서 유일신 사상과 평등사상을 받아들였다. 시크교는 힌두교의 박띠(신에 대한 경배)와 수피의 좋은 점을 받아들여, 양립이 불가능해 보이는 힌두교와 이슬람의 몇 가지 세계관을 조화롭게 하나의 교리로 만들었다. 그 안에는 이슬람을 따라 창조주가 있지만, 힌두교를 따라 구루가 중요한 위치를 차지한다. 힌두교가 주장하는 윤회는 인정하지 않고, 구루를 따르는 명상을 통해 신과의 합일을 중시한다. 그리고 이슬람의 만민평등 정신에 따라 모든 형태의 억압이 존재하지 않는 정의로운 사회를 추구한다. 카스트, 우상숭배, 의례주의, 수도승, 요기, 고행 등 힌두교의 주요 요소들을 거부하고, 이슬람의 공동체 복지 우선 정신을 받아들였다. 세계는 힌두교의 주장대로 마야(幻)라고 보고, 그 안에서 신과 영혼의 만남을 통한 해탈을 주장한다. 다만, 구루는 힌두교에서 말하는 신의 화신이나 이슬람의 메시야가 아니고, 전지전능한 유일신과 인간을 연결해 주는 교량일 뿐이다. 그들은 고행, 참회, 성지순례, 의례 등을 부정하고 인간의 의지로만 운명을 극복할 수 있다고 가르친다. 재가在家의 삶을 통해 이를 이루되, 물질적 생활에 빠져서는 안 된다.

'시크Sikh'는 뻰자비어로 '제자'를 뜻한다. 1대 구루 나낙을 시조로, 10대 구루 고빈드 싱Gobind Singh을 끝으로 하는 열 명의 구루를 중심으로 형성되었다. 나낙부터 4대 구루인 람 다스Ram Das의 말씀을 5대 구루인 아르준Arjun이 집대성하여 편찬한 《아디 그란트Adi Granth》가 시크교의 경전이다. 구르드와라gurdwara라 불리는 예배당 안에서 예배하고, 모든 구성원이 한데 모여 공동으로 식사한다. 독자적으로 공동체를 구축하고 그 안에서 탄생, 입문, 결혼, 장사 등 주요 통과의례를 행하고, 무엇보다도 자신들은 힌두가 아니라는 정체성이 강하다. 결국, 시크교는 독립된 하나의 종교다.

그렇다면 힌두교는 어떠한가? 힌두교는 그 안에 너무나 많은 범주가 있어 무엇을 어디서부터 어디까지를 힌두교라 규정하기가 매우 어렵다. 대체로 베다를 근간으로 하고, 카스트를 그 사회 체계로 하여 사회적 행위를 하는 인도아대륙 내의 모든 이질적인 요소를 하나로 묶어 힌두교라 하니, 그 안에는 유신론도 있고 무신론도 있고, 고도의 철학 체계도 있고, 철저한 물질 기복신앙도 있다. 경전도 딱히 정해진 것도 없고, 신도 마찬가지다. 너무나 많은 종파가 있는데, 그들 간의 차이는 보기에 따라서는 힌두교와 시크교의 차이보다 더 큰 경우도 있다. 그러니 엄밀하게 보면 시크교도 힌두교의 한 분파인 산뜨 전통과 크게 다를 게 없다.

그러나 이슬람은 전적으로 다르다. 전형적인 유일신 종교로 경전도 이론의 여지 없이 꾸란 하나로 정해졌고, 설사 분파가 있더라도 그들 간의 이질성이 그리 크지 않다. 그래서 무슬림은 이슬람과 힌두교를 반반씩 섞어 만든 시크를 받아들이지 않는 것이고, 힌두는 반반씩 섞여 있으니 힌두교라 보는 것이다. 그래서 파키스탄에는 이런저런 사정상 인도로 내려가지 못한 힌두를 제외하고는 모두 다 이슬람이지만, 인도에는 이런저런 사정상 올라가지 못한 무슬림 외에 불교, 자이나교, 파르시교, 기독교 등이 같이 사는 것이다. 그러니 시크교를 받아 주지 못할 이유가 없다.

인도와 파키스탄 모두 건국 때부터 종교의 자유를 천명했지만, 파키스탄은 국호부터 '파키스탄 이슬람 공화국'이고 사회 전반적으로 힌두를 포함한 타 종교들을 핍박하지만, '인도공화국'은 헌법에 세속 국가임이 명시되어 있어 정치적 충돌은 있어도 생활하는 데에는 별 문제가 없다.

시크 국가 건국운동은 왜 일어났는가?

인도공화국이 성립하고 사용하는 언어에 따라 주를 재편하던 1956년, 뻔잡 지역에서 부유한 집단인 자뜨Jat 카스트 시크들이 중심이 되어 '뻔자비 수바Punjabi Subha', 즉 뻔잡주州의 분리 설치를 강력하게 요구하였다. 네루 정부는 종교적인 이유의 주 분리는 절대 들어줄 수 없다며 거부했다. 종교적인 이유로 파키스탄이 분리되는 과정에서 상상을 초월한 고통과 상처를 겪은 인도 정부로서는 다시는 정치 행위에 종교를 개입시키고 싶지 않았을 것이다. 종교적으로 힌두교와 시크교의 두 종교 공동체로 묶인 뻔잡은, 문화적으로는 뻔잡의 정체성을 유지하고 언어적으로는 뻔자비어와 힌디어를 사용하는 주민들로 구성된 주였다. 인구의 상당수는 인도-파키스탄 분리 때 파키스탄에서 이주해 온 난민이었다. 그러다 보니 종교가 다르다는 이유도 있었지만, 부유한 토착 뻔자비들이 이주해 온 가난한 뻔자비와 같이 묶이기를 싫어하는 경향도 분명히 있었다. 결국, 1966년 힌디어의 하리야나주와 뻔자비어의 뻔잡주로 분할되었다.

이후 인디라 간디 수상은 독립 후 20년이 다 되도록 여전히 극심한 빈곤과 기아에 시달리는 나라에서 벗어나고자 개량종 밀 품종을 해외에서 들여와 재배하는 '녹색혁명'을 실시한다. 이 실험은 전체적으로 성공하지 못했지만, 뻔잡 지역에서는 큰 성공을 거둔다. 그 결과, 뻔잡주의 주류 세력인 시크 부농이 더 부유해지면서 '시크를 위한 시크에 의한 시크의' 독립국가, 즉 칼리스탄Khalistan을 꿈꾸게 된다. 칼리스탄은 시크만의 '청정한' 해방된 땅 '칼사Khalsa'의 나라라는 뜻으로, 이 꿈은 시크 다수 지역이 인도 어디에도 없다는 현실적인 이유로 진전되지 못했다. 그런데 1980년대 들어 일부 과격한 시크들이 반反국민회의-반反연방정부를 외치며 분리주의 무장 테러 운동을 본격 전개하기 시작한다.

1984년이 되자 시크 무장 반군은 점점 더 과격해진다. 6월, 수상 인디라 간디는 블루스타 작전Operation Blue Star으로 아므리뜨사르에 있는 시크교 최대 성지 황금사원Golden Temple에 정부군을 투입하여 시크 무장 세력 수백 명을 죽였다. 그리고 10월 31일, 인디라 간디 수상이 시크 경호원 둘에게 암살된다. 이후 델리 전역에서 누군가가 조종하는 것으로 보이는 군중의 시크 학살이 벌어졌다. 정확한 사망자 수는 나온 게 없지만, 보통 5천 명 이상으로 추산한다. 이때 살아남은 시크 가운데 많은 사람이 해외로 나갔다.

당시 시크는 이미 해외에 많이 거주하고 있었다. 제1차 세계대전에 영국군 일부로 참전했다가 종전 후에도 귀국하지 않은 채 영국을 비롯한 유럽 곳곳에 눌러앉은 후 다시 캐나다, 미국, 호주, 뉴질랜드 등지로 이주한 디아스포라가 많았기 때문이다. 그들은 델리에서 벌어진 참극에 대한 공포와 분노가 매우 컸고, 이 분노는 날이 갈수록 커졌다. 그들은 인도 국내의 칼리스탄 분리 투쟁을 적극적으로 지원하고, 해외에서도 건국을 위한 무장투쟁을 전개하였다. 곳곳에 망명정부를 세우기까지 하였다. 그러나 해외 시크 디아스포라가 모두 단일한 입장은 아니었다. 인디라 간디의 황금사원 무력 침탈은 한목소리로 비판했지만, 본국의 정치에 연루되는 것은 바람직하지 않다는 주장도 상당히 있었다. 반反인디라 간디 정부 입장에 서더라도 무력을 사용한 테러는 반대한다는 주장도 있었다. 이렇게 의견이 분분한 가운데 시간이 지나면서 시크 사원의 역할이 초기의 급진 테러리즘에서 점차 디아스포라 통합 쪽으로 기울이기 시작했다.

인디라 간디 사후 수상이 된 라지브 간디는 취임 직후 인디라 간디 수상 재임 시절에 투옥된 분리운동 정당 아칼리 달Akhali Dal 지도자들을 석방했다. '전인도시크학생연맹'에 대한 금지령도 해제했다. 무엇보다도, 1984년 시크 학살 폭동에 대한 수사를 시작했다. 아칼리 달 고위 지도자들도 정부 측과 비밀 협상에 들어갔다. 1985년 1월, 수많은 반대를 딛고 수상 라지브 간디와 아칼리 달 지도자 롱고왈Harchand Singh Longowal 간에 협정이 조인되었다. 국내 상황도 진정되고 해외 디아스포라의 칼리스탄 건국 운동도 점차 약해졌으나, 그렇다고 해서 뿌리가 뽑힌 것은 아니었다. 1985년 캐나다 시크교 테러리스트들이 기내에 설치한 폭탄이 상공에서 폭발, 몬트리올에서 런던으로 가던 에어 인디아 182편이 추락하여 캐나다 시민 268명, 영국 시민 27명, 인도 시민 24명을 포함한 탑승자 329명 전원이 사망했다. 캐나다 역사상 최악의 테러 공격이자 에어 인디아 역사상 가장 치명적인 사고로서, 2001년 9·11 테러 전까지 세계에서 가장 치명적인 항공 테러였다. 이 테러 이후 급진 시크 세력은 내부에서도 엄청난 비난에 직면했다.

그리고 2023년 6월 18일, 캐나다의 한 도시에서 캐나다 시민인 시크교도 지도자가 누군가에게 암살당했다. 캐나다 수상은 캐나다 땅에서 인도 정부 요원이 작전을 수행했다고 주장했다. 인도와 캐나다의 관계가 악화되면서 양국은 외교관 한 사람씩 추방했다. 그전인 5월에도 시크 분리주의 운동 지도자가 파키스탄 라호르에서 신원을 알 수 없는 괴한들의 총에 맞아 사망했다. 캐나다는 인도를 제외하고 세계에서 가장 많은 시크교 인구가 사는 곳이고, 파키스탄은 인도의 최고 적성 국가로서 전 세계 급진 시크 무장 테러 조직과 연계해 테러를 지원하는 곳이다. 영국, 캐나다, 미국 등 서방 세계의 급진 시크 테러리스트 조직 간부들은 군사 및 재정지원 문제로 파키스탄을 자주 방문하는 것으로 알려져 있다. 그 가운데 한 사람이 파키스탄에서 암살당한 것이다.

이제 급진 시크 무장 세력의 테러는 인도 국내에서는 거의 자취를 감추었다. 해외 시크 디아스포라에는 여전히 존재하지만 큰 세를 형성하지는 못했다. 그런데 모디 정부 하에서 그 지도자가 연속적으로 살해당하고 있다. 2024년 총선과 무관하지 않을 것이다.

서벵갈에서 공산당은 왜 무너졌는가?

1977년은 서벵갈에서 공산당이 선거를 통해 첫 집권을 하고 이어 연거푸 다섯 번 집권하기 시작한 해이다. 어떻게 해서 이렇게 오랫동안 공산당이 선거에서 이길 수 있었는가? 그리고 지금 그들의 처지는 어떻게 되었는가?

2000년까지 초대 서벵갈주 수상을 지낸 조띠 바수Jyoti Basu는 자본주의와 지주제라는 현실을 인정하고, 공산당이 집권하면 헐벗고 굶주린 농민들의 삶이 훨씬 나아질 것이라고 주민들을 설득했다. 자본주의 척결이나 지주제 철폐라는 이상을 설파하지 않았다는 의미다. 중앙정부의 권력이 강대한 상황에서 유혈 폭력을 통한 농민 혁명은 어렵기 때문에, 개량주의가 유일한 길임을 갈파한 것이다. 권력을 잡은 서벵갈 공산당은 맨 먼저 토지개혁 문제에 뛰어들었다. 지역의 열악한 상황의 뿌리에는 농촌의 지주-소작제 문제가 있었고, 그 봉건 체제 안에서 가장 핍박받는 농민들은 공산당의 가장 든든한 지원군이 될 수 있었기 때문이다.

토지개혁은 법적 소송 문제가 있고 새로운 입법은 연방제 국가 아래에서 대통령의 승인을 받아야 하지만, 그 권한이 주정부에 있기 때문에 서벵갈 의회 정부가 해결할 수 있는 문제였다. 하지만 1957년 네루 정부가 헌법에 따라 께랄라 공산당 정부를 해산시킨 적이 있어 서벵갈 공산당 정부로서는 이 문제에 신중하게 접근해야 했다. 그래서 서벵갈 공산당 정부는 토지 보유 한도를 낮추는 것과 소지주와 대지주를 없애는 것에 역점을 두었다. 중소 규모 자작농의 토지를 급진적으로 몰수하는 것은 역효과를 불러일으킬까 봐 시행하지 않기로 했다. 모든 농민이 토지를 균등하게 소유하도록 하는 방향의 개혁은 애초부터 계획하지도 못한 것이다.

다섯 번이나 집권했으나 어정쩡한 토지개혁은 농촌의 봉건성과 농민 빈곤 문제를 해결하지 못했다. 그러다 1990년대 초반부터 인도 연방정부는 국가의 총체적 경제위기를 타개하기 위해 인허가제도를 폐지하는 등 국가자본주의 혹은 혼합형 경제의 원칙을 폐기하고 신경제정책이라 부르는 신자유주의경제정책을 본격 도입하기 시작했다. 서벵갈 공산당 정부도 지지율을 만회하기 위해 신경제정책에 입각한 산업화 정책으로 전환했다. 1994년 이후 서벵갈 정부는 외국인 기술 및 투자 유인, 경제 · 사회의 균형 성장을 위한 민간 부문 성장 확대 등을 주요 골자로 하는 정책을 추진했다. 하지만 공산당 정부의 산업화 정책은 기대에 미치지 못하였다. 사회간접자본 확충 실패를 비롯한 여러 가지 문제가 있었지만, 가장 치명적인 원인은 공산당 세력의 부패였다. 공산당 세력은 모든 관공서와 기관에 침투하여 모든 것을 장악하고, 그 위에서 부패하고 권력을 남용하여 주민들의 지지를 잃었다.

산업화 실패와 관련하여 짚고 넘어가야 하는 중요한 대목이 있다. 공산당이 서벵갈에서 공장 토지 확보를 매우 어렵게 만들어 놓았다는 사실이다. 넓은 공장 부지를 확보하려면 농민들과 협상해야 하는데, 이 작업은 대단히 어려운 일이다. 농민들 입장에서는 생계나 이주 대책 없는 토지수용은 받아들일 수 없다. 해당 산업체가 농민들로부터 토지를 낮은 가격으로 사들이거나 그것조차 제대로 보상하지 않으면 농민들의 불만이 커지기 때문에 정부로서는 과감하게 토지수용을 밀어붙일 수 없다. 문제를 풀려면 공산당 정부가 직접 개입해야 하는데, 보수 야당이나 연정을 하는 다른 여당의 반대도 만만치 않다.

토지를 둘러싼 산업화 문제가 서벵갈 공산당 정부의 생사를 가를 첨예한 현안으로 떠오른 것은 2006년이다. 2006년 서벵갈의 공산당 정부는 침체한 주 경제를 살릴 획기적인 프로젝트를 발표한다. 한국인에게도 잘 알려진 타타자동차 공장을 서벵갈주에 유치하여 250만 원짜리 자동차인 '나노Nano'를 생산하겠다는 것이었다. 공산당 정부는 타타자동차에 공장 부지를 제공하기 위해 싱구르의 약 1천 에이커의 농지를 강제로 수용하였다. 싱구르는 꼴까따에서 40킬로미터 떨어져 있는 교통의 요지이면서 비옥한 농지로 이루어진 작은 농촌이다. 공장 부지를 위한 토지수용이 전개되면서 이곳 농민들의 반대가 들끓기 시작했고, 야당인 뜨리나물 인도국민회의가 마마따 바네르지Mamata Banerjee를 선봉으로 격렬하게 저항했다. 인구의 대부분인 1만 5천 명이 농업에 종사하는데, 타타자동차가 일자리를 줄 수 있는 사람은 1천 명도 되지 않았다. 농민들은 땅을 지키기 위해 목숨을 걸고 싸웠고, 공산당 정부의 진압도 갈수록 거세졌다. 경찰이 폭력적으로 농민들을 진압하는 과정에서 농민이 14명이나 죽어 나갔다.

인도공산당(M)은 서벵갈에서 30년 넘게 권력을 유지했다. 조직의 힘이 닿지 않는 곳이 없을 정도로 막강했다. 하지만 공산당은 한 가지를 간과했다. 자신들의 지지 기반이 농민들이란 점이다. 진보 진영이 자주 빠지는 계몽주의에 함몰되어 있었기 때문이다. 자신들의 정책이 가난한 농민과 노동자를 위한 정책이므로, 지지자들은 무조건 희생하고 따라야 한다는 착각이다. 야당이 기회주의자이고, 그래서 절대로 농민과 노동자 편에 서지 않을 것이라고 아무리 말해 봤자 통하지 않는다. 그렇지만 정치는 진정성으로 하는 것이 아니다. 이미 몇 년 전부터 공산당의 무능이 드러났고, 그 결과 지지 기반의 이반이 두드러진 상태이다.

아직도 유혈혁명을 꿈꾸는 공산당이 있다고?

인도에서 공산당Communist Party of India이 세워진 건 1925년이다. 공산당이 혁명을 일으켜 공산국가가 된 중국에서 중국공산당을 세운 게 1921년이니, 그리 많이 늦은 것은 아니다. 1947년 인도 독립 후 인도공산당은 러시아식 혁명 노선을 택하여 전국 총파업을 통한 정부 전복을 꾀했으나 실패하였다. 1950년대 들어서는 중국의 마오주의 혁명 방식인 게릴라 무장투쟁 방식을 택해 지금의 뗄랑가나주에서 주 전체를 무력으로 차지할 정도로 세력을 키우기도 했다. 그러나 1951년 인도공산당은 소련과 중국의 무장혁명 방식을 폐기하고, 인민민주주의People's Democracy를 당의 새로운 노선으로 천명하고 선거를 통한 집권을 당의 목표로 새롭게 정립한다. 그리고 1957년 께랄라에서 세계 최초로 선거를 통해 공산당 정권을 수립한다.

그러나 수상 네루는 께랄라 공산당 정부를 해산시켰다. 중국과 같은 공산당으로 적화되는 것에 대한 두려움 때문이었다. 1960년대에 인도공산당은 네루 정부와의 관계를 놓고 분열이 싹텄다.

당내 보수파는 네루 정부와 협력관계를 유지하면서 힌두 근본주의 극우 파시스트 세력을 막는 데에 집중해야 한다고 했으나, 일부에서는 더 선명한 계급정당의 길을 가면서 그들과 단절해야 한다고 주장했다. 1964년에 당내 좌파가 인도국민회의와의 연정을 반대하거나 당의 친러 노선에 반대하면서 탈당하여 인도공산당(M) Communist Party of India Marxist을 창당하였다. 그리고 1964년 네루가 갑자기 죽고 난 후 치러진 1967년 총선에서 인도공산당(M)은 께랄라에서 압도적 승리를 거두어 재집권에 성공하여 남부디리빠드M. C. Nambudiripad를 수상으로 하는 두 번째 공산당 정권을 이루어 냈다.

바로 이해, 1967년 서벵갈의 북부 네팔 산악 지역과 인접한 낙살바리Naxalbari라는 곳에서 지주들의 수탈을 못 이긴 농민들이 '토지를 경작자에게로'라는 구호를 외치면서 무장봉기를 일으켰다. 이 지역의 뿌리 깊은 가난과 지주들의 착취 때문이었다. 1967년 3월 3일 지역 농민 150여 명이 농기구와 무기를 들고 지주의 곡식 창고를 부수고 수백 가마의 식량을 탈취하였고, 폭력 사태는 3개월가량 지속되었다. 낙살바리는 서벵갈의 가장 북쪽에 위치하여 인도, 동파키스탄(현재의 방글라데시), 네팔의 세 나라 국경이 만나는 곳이면서 산악지대와 가까운 곳이라서 반군이 은신하거나 다른 곳으로 도피하기에 좋은 조건이었다. 그들은 농촌 곳곳에 해방구를 건설하면서 싸웠으니, 중국의 마오쩌둥이 했던 식의 인민민주주의 건설이 목표였다. 그런데 주류 공산당인 인도공산당(M)이 정당 활동을 통해 세력 확장을 꾀하려는 움직임을 보이자, 낙살(바리)의 반군 활동에 동의하는 무장혁명 추동 세력이 탈당하여 세력을 규합하고 무장봉기에 나선다. 1975년 인디라 간디가 비상계엄을 선포하고 총선을 연기하여, 1977년 총선을 다시 실시하게 된다. 이때 인도공산당(M)은 반反독재 반反인도국민회의 노선을 취하여 서벵갈에서 집권에 성공한다. 이후 인도공산당은 서벵갈에서 2011년까지 연거푸 다섯 번 집권하고, 께랄라에서는 1980~1981년, 1987~1991년, 1996년과 2004년에 연정을 통해 집권한다.

인도의 공산당 대부분은 중국에서처럼 유혈혁명을 통한 체제 전복으로 나라를 통째로 바꾸려는 시도를 하지 않았다. 그런데 현재 기준으로 공산당에 속하지 않는 낙살 반군은 의회민주주의를 철저히 부정한다. 그래서 선거 기간 중 요인 암살을 비롯한 테러를 감행하면서 선거를 방해한다. 낙살 반군의 세력이 이렇게까지 성장하게 된 것은 전적으로 독립 후 인도 정부가 지주제 철폐와 토지개혁을 제대로 이행하지 못했기 때문이다. 중농과의 타협을 통해 대충 얼버무린 토지개혁은 결과적으로 대지주의 힘을 크게 약화시켰으나 그 혜택이 빈농에게 돌아가지 못해, 인도 농촌은 식민 시기나 그전과 거의 다를 바 없는 불평등한 수탈 구조가 유지되었다. 인도 농민들은 공산당의 깃발 아래 중농 지주들에게 저항하기 시작했다.

그러자 지주들은 고분고분하지 않은 농민들에게 강간과 방화, 심지어 살인까지 자행하였다. 지주 세력은 사병까지 거느렸다. 그 대표적인 예가 란위르 세나Ranvir Sena라는, 비하르주에 기반을 둔 지주 그룹이 보유한 민병대이다. 1994년 지주들이 낙살 반군과 새로 창당한 마오주의 공산당인 인도공산당(Marxist-Leninist)을 분쇄하고자 결성한 이 조직은 정치권과 결탁하여 경찰력을 마음대로 주무르고 법원까지 무력화시켰다. 그런데도 공산당의 대표 격인 인도공산당(M)은 의회민주주의를 통한 집권에만 신경 쓸 뿐, 근본적인 구조 개혁에는 관심을 두지 않았다. 이런 상황에서 가난한 농민들이 할 수 있는 일은 그 자리에서 죽거나 아니면 새로운 공산당 깃발 아래 무장투쟁을 하는 것이었다.

1972년 지도부가 정부군에 소탕되면서 당은 해산하였으나, 일부 세력은 여전히 무장투쟁을 벌이는 중이다. 1967년 봉기가 일어난 지 60년이 다 되도록 낙살 반군은 여전히 중앙 연방정부에 위협적인 세력이다. 그러나 그들의 투쟁이 성공하고 있는 것은 아니다. 그들 내부에서조차 그들의 운동이 실패했음을 인정한다. 초기 지도자 2인 가운데 한 사람인 산얄Kanu Sanyal은 2007년 5월 인터뷰에서 이렇게 말했다.

"우리는 실패했습니다. 실패 원인으로는 여러 가지가 있겠지만, 가난한 농민들과 차별 노동자를 묶을 수 있는 제대로 된 당을 만들어 내지 못한 것이 가장 큽니다. 초기에 마줌다르Charu Majumdar 동지가 주창한 '계급의 적, 반동분자 처단' 노선은 잘못된 것이었습니다. 그는 농민 조직은 필요치 않고 오직 필요한 것은 소규모 타격대가 적을 섬멸하는 것이라고 했으나, 전투를 벌이기 전에 농민들과 대화를 나누고 그들을 우리 전선에 끌어당기는 것이 더 중요했습니다."

동북부의 분리 무장투쟁은 끝났는가?

인도 동북부 일곱 개 주의 분리 운동은 대부분 처음에는 자신들만의 국가를 따로 세우는 것이 목표였다. 타협을 통해 독립 주를 세운 곳도 있고, 여전히 독립국가를 주장하는 곳도 있지만, 인도 내에서 카슈미르와 더불어 연방 탈퇴를 요구하는 움직임 가운데 가장 강력한 곳이 동북부였다.

그 시작은 인도가 영국의 식민 지배를 벗어나 연방 국가를 건설할 즈음부터다. 동북부 지역은 그 수를 헤아리기도 어려울 정도로 많은 소수 부족들이 하나의 정치체를 건설하지 못한 채 일부는 영국의 주로 존재하기도 했고, 일부는 보호령 토후국으로, 일부는 그 주나 토후국 안에 또 다른 이질적 단위로 존재했다. 모든 곳의 의견을 하나로 수렴하기는 불가능했고, 연방정부는 협상 가능한 정치 단위를 상대로 연방정부 소속 여부와 자치 범위를 두고 협상을 벌였다. 그 과정에서 불만이 없을 수 없었고, 그 불만이 폭발하여 격렬한 무장투쟁과 테러로 커지기도 했으나, 1990년대를 지나면서 지금은 대부분 안정 상태로 접어들었다.

연방 거부 분리 운동의 가장 격렬한 싸움터가 됐던 곳이 동북부의 앗삼이다. 앗삼의 독립운동은 본질적으로 파키스탄으로부터 분리 독립을 요구한 방글라데시 해방 투쟁과 닮았다. 운동의 출발이 내부 식민지 문제에서 발발했기 때문이다. 영국 식민 지배기에 통치자들은 벵갈인을 앗삼에 다수 이주시켜 앗삼인을 마치 식민 지배하듯 경영하였고, 그로 인해 앗삼인과 벵갈인 사이에 갈등이 싹텄다. 처음에는 앗삼인 기업인과 정치인들이 벵갈인의 지배에서 벗어나자고 분리를 주장하던 것이 나중에는 앗삼인 전체로 퍼졌다. 그들은 진압당했고 연방정부의 한 주로 편입되기로 결정되었으나, 불만의 불씨는 쉽게 사그라지지 않았다. 그 무장 세력 가운데 대표적인 곳이 '아솜연합해방전선United Liberation Front of Asom'으로, 무장투쟁을 통한 앗삼 주권국가 수립을 목표로 1979년에 세워졌다. 앗삼 내부의 소수 부족 분리 운동은 '보도랜드민족민주전선National Democratic Front of Bodoland'이 주도했다. 1986년에 결성된 이 단체는 보도랜드 독립국가 건설을 목표로 무장투쟁을 벌이다가, 2020년 1월 보도어에 대한 법적 인정 등이 담긴 평화협정을 인도 정부와 체결하고 해산했다. 이후 보도어는 인도 헌법에 명기된 22개의 공식 언어 중 하나로 격상되었다.

앗삼의 사례를 통해 동북부 지역의 분리주의 운동의 성격을 가늠해 볼 수 있다. 우선, 이 지역은 하나로 통합되지 않은 여러 이질적인 종족들이 섞여 사는 지역이라 특정 종족의 대표성이 담보되지 않고 수많은 작은 단체들이 난립한다. 그리고 방글라데시,

부탄, 중국, 미얀마 등과 국경을 접하고 있어 연방 편입에 불만을 가진 세력이 은신하고 도피하면서 무장 세력을 유지하기에 수월하다. 여기에 하나의 성격을 더 추가할 수 있다. 다음에 살펴볼 나갈랜드의 사례처럼 처음에는 독립국가를 요구하며 무장투쟁을 벌이다가 결국 독립 주나 언어 지위를 인정받는다는 것이다. 물론 그 과정에서 독립군과 정부군 모두 엄청난 희생을 치른다.

앗삼과 같이 초기부터 무장 저항운동으로 큰 문제를 일으킨 경우가 나갈랜드다. 이 지역은 1957년까지 앗삼주에 속했으나 나가국민위원회Naga National Council가 별도의 국가 나갈림Nagalim을 요구하면서 무장투쟁을 벌였다. 결국 1963년 12월 1일, 인도 연방정부와의 긴 협상 끝에 나갈랜드주가 인도 연방의 16번째 주로 공식 출범한다. 그러나 분리 투쟁을 이끈 나가족은 나갈랜드의 다수 종족일 뿐, 그 안에 있는 다른 작은 종족들도 각자 자신들의 국가나 주를 요구하면서 무장투쟁이 이어졌다. 이러한 움직임은 1975년 연방정부와 나갈랜드 지하정부 간에 조건 없이 나갈랜드의 분리 요구를 포기하기로 한 실롱협정 이후 대부분 평정되었다. 2014년 인도 총선 때 나갈랜드의 투표율이 87퍼센트로 인도 최고를 기록할 정도로 안정된 상태다.

나갈랜드와 비슷한 경우가 미조람이다. 앗삼족의 지배에 대한 저항이면서 미조족 외에 더 작은 부족들도 저항도 있었고, 결국 미조람이라는 독립 주가 따로 설치되고 지금은 대부분 평정되었다는 점도 비슷하다. 미조족의 투쟁은 나가족보다 더 격렬했다. 미조국민전선Mizo National Front는 1966년 3월 1일, 앗삼 내 미조 지구의 여러 지역에 있는 정부 청사와 보안군 초소를 조직적으로 공격 점령한 후 독립까지 선언했다. 연방정부는 1966년 3월 25일까지 이 장소들을 모두 탈환했다. 이후에도 무장 저항이 계속되자, 인도 정부는 자국 영토 최초로 전투기 공습까지 가했다. 결국 1972년 1월 21일, 나갈랜드와 마찬가지로 미조람이라는 이름으로 연방직할지의 지위를 얻었다가 1986년에 주가 되었다. 현재 미조국민전선이라는 정당이 있다.

마니뿌르는 조금 다르다. 미얀마와 국경을 접하고 있는 마니뿌르는 영국 지배 전 독립 왕국이었다. 그러다 제1차 영국-버마 전쟁 후 영국의 보호령이 되었다. 그리고 1891년 영국과 마니쁘르 간의 전쟁이 끝난 후 토후국이 되었다. 1947년 인도 독립 후 마니뿌르는 인도 연방에 편입을 요청하여 받아들여졌다. 토후 군주의 결정이었기 때문에 법적으로는 문제가 없었지만, 일부 주민이 분리 독립을 주장하며 무장투쟁을 전개하였다. 소요는 1972년 1월 주 지위 획득 후에도 계속되었다. 북동부 지역에서 가장 거세게 일어났던 이 지역의 저항은 2007년경에야 평정되었다.

중국과 영토분쟁을 벌이는 주州인 아루나짤 쁘라데시는 독립국가 요구는 없지만, 소수 부족들 사이에 정치사회적 지배관계와 경제적 이익을 둘러싼 충돌이 상존한다.

남부는 왜 그렇게 힌디를 반대할까?

남부 인도 사람들은 인도 최대의 공용어인 힌디를 아주 싫어한다. 동부 벵갈이나 서부 마하라슈뜨라는 이 정도까지는 아닌데, 남부 사람들은 왜 그렇게나 싫어할까? 이는 단순한 언어 감정의 문제가 아니고, 복잡하게 얽힌 역사의 문제다.

영국 식민 지배기에 남부, 특히 따밀 지역은 '따밀 민족주의'라는 독특한 정치 행보를 취했다. 그 출발은 1917년 이 지역의 비非브라만들이 인도국민회의와는 다른 브라만 중심의 남인도자유연합South Indian Liberal Federation(소위 '정의당Justice Party')을 세우면서 구체화되었다. 남부는 오랫동안 남부 특유의 힌두교 신앙인 박띠를 중심으로 하는 힌두 사회를 구축하고 있었다. 남부의 박띠는 신을 예배하는 감성적인 신앙이라서, 의례와 형식 중심의 북부 힌두교와 분위기가 사뭇 다르다. 게다가 외부 침입이 적어 브라만 중심의 힌두 이데올로기를 흔드는 이슬람의 전파도 상대적으로 약해 브라만 중심의 사회가 비교적 안정적으로 유지되었다. 자연히 남부 사회의 브라만 세력은 북부나 서부에 비해 그 위세가 압도적으로 강했으니, 하층 카스트와 소작농 등의 반발이 북부보다 훨씬 심했다. 남부의 인민들은 영국에 대한 반발보다 브라만에 대한 반발을 더 거세게 전개하였으니, 이것이 '비非브라만 운동'이다.

이 운동의 주도자들은 처음에는 벵갈이나 마하라슈뜨라의 브라만 중심 지식인층이 주도하는 인도국민회의에 적극 참여했으나, 이 활동이 그들 공동체의 이익과 상충한다는 사실을 깨닫고 1917년 남인도자유연맹을 조직했다. 비브라만 운동은 교육받은 비브라만 출신의 지배적 카스트, 즉 따밀의 벨랄라Vellala, 뗄루구 지역의 렛디Reddi와 깜마Kamma, 마하라슈뜨라의 말리Mali, 말라얄람 지역의 나이르Nair 등이 주도했다. 그들은 기존의 산스끄리뜨화 중심의 사회운동과 달리, 처음부터 카스트 이동보다는 강한 정치적 성격을 띠는 반反브라만 운동을 천명하였다. 그들의 반브라만-반산스끄리뜨 운동은 결국 반反인도국민회의, 친영 제국주의 노선으로 흘렀다. 1920년대에 간디의 등장과 함께 인도국민회의 민족운동이 거국적으로 힘을 얻으면서 이들 세력은 약화하였다. 그들은 그들만의 '자존Self Respect' 개념을 기치로 삼아, 드라비다 민족주의라는 또 다른 범주의 민족운동을 펼치기 시작했다. 일부는 분리주의를 표방하는 정치운동을 벌였으니, 영국 제국 정부는 이를 분리-통치divide & rule 수단으로 교묘히 이용했다.

남부 인도, 특히 따밀나두의 분리주의 운동은 1937년 힌디어 문제와 섞이면서 더욱 심각해졌다. 당시 마드라스주는 1935년 인도 통치법에 따른 투표 결과 인도국민회의가 집권 여당이 되었는데,

주정부가 마드라스주의 학교에서 힌디어를 필수과목으로 가르치라고 결정하고 지침을 내렸다. 그러자 따밀 사람들은 힌디가 따밀 문화를 파괴할 것이라고 극렬히 반대했다. 특히 비브라만들은 반힌디를 반브라만과 일체화하면서 드라비다 민족운동으로 연계, 1944년 군사 기구까지 갖춘 드라비다연맹Dravida Kazhagam을 결성하였다. 인도 독립이 임박하자, 드라비다연맹은 무슬림연맹Muslim League과도 연대하여, 최종적으로 드라비다 민족의 '드라비다스탄Dravidastan'이라는 주권국가 설립까지 기획하였다. 아리야 문화로부터의 따밀 민족 해방과 따밀 사회의 개혁 투쟁은 인도 독립 후에도 전개되었다. 그 안에서 내분이 일어나 드라비다진보연맹Dravida Munnetra Kazhagam이 1949년 따로 분당하였다. 그 후 드라비다진보연맹은 하층 비브라만에까지 세력을 확대하여, 1967년 선거에서 인도국민회의를 제치고 주정부를 차지했다.

1967년 선거는 1965년 힌디 공용어 반대 운동의 여파로 드라비다 민족주의자에게 유리하게 전개되었다. 독립 후 인도공화국은 국어를 따로 두지 않았다. 인도 헌법 제343조(1)은 연방의 공식 언어를 데바나가리Devanagari 문자로 쓰는 힌디어라고 명시하고, 343(2)조는 영어를 공용어로 (1950년부터) 15년간 더 지속한다고 명시했다. 343(3)조는 15년의 기간 이후에는 연방 국회에서 영어 사용을 규정할 수 있는 권한을 부여한다고 되어 있다. 하지만 드라비다 민족주의자들의 힌디 반대 운동은 끊이지 않아, 1957년과 1960년 대규모 소요 사태가 벌어지기도 했다. 15년이라는 실질적인 유예 기간이 지나면 영어가 공용어로서의 지위를 잃고 힌디가 실질적인 국어의 역할을 할 것이라는 기대는 남부 인도의 극심한 반대로 사그라들었다. 그 후 인도에서는 지금까지도 영어가 공용어 지위를 지키고, 남부 인도는 여전히 반힌디 분위기가 지속되고 있다.

드라비다연맹과 드라비다진보연맹은 세력 확대를 꾀하는 과정에서 영화 등 선전 매체를 최대한 이용하여 '드라비다 민족의 영광'을 의식적으로 조작했다. 바로 이것이 따밀 민족주의의 모태다. 이 상징조작이 성공한 것은 북부 중심의 인도 민족주의가 낳은 '아리야인 신화'라는 허구 때문이기도 하다. 식민주의의 한 방편에 불과한 아리야인 신화를 이용하여 북부 인도의 아리야어를 사용하는 사람들이 마치 무슨 선민인 양 민족운동에 활용하다 보니, 남부 인도는 당연히 소외감을 느낀 것이다. 남부 인도 사람들은 당시 막 발굴된 세계 최고 문명 가운데 하나인 인더스문명의 기원을 드라비다인에게 두면서 드라비다 민족의 영광을 한층 더 강조하였다. 원래 남북 문화의 차이, 특히 아리야와 드라비다라는 어족 중심의 주장은 어디까지나 하나의 추상적 해석에 불과하다. 남북의 문화를 별개의 정체성으로 나눌 수 없는데도 긴 역사적 각축 속에서 남부와 북부의 갈등만 깊어졌다. 언어 갈등은 말할 것도 없다.

남부가 잘살고 북부는 못산다고?

인도에는 28개의 주state와 8개의 연방직할지가 있다. 주와 연방직할지는 행정구역상의 편의에 따라 여섯 개의 존zone으로 크게 분류된다. 여기에서 '존'을 한국어로 번역할 가장 적합한 단어는 '부部'다. 그래서 북부(짠디가르 · 델리 · 하리야나 · 히마짤 쁘라데시 · 잠무-카시미르 · 라다크 · 뻰잡 · 라자스탄), 남부(안다만-니코바르 제도 · 안드라 쁘라데시 · 까르나따까 · 께랄라 · 뿌두쩨리 · 따밀나두 · 뗄랑가나 · 락샤드위쁘), 중부(찻띠스가르 · 마디야 쁘라데시 · 웃따르 쁘라데시 · 웃따라칸드), 동부(비하르 · 자르칸드 · 오디샤 · 서벵갈), 서부(다드라-나가르 하벨리 · 다만-디우 · 고아 · 구자라뜨 · 마하라슈뜨라), 동북부(아루나짤 쁘라데시 · 시킴 · 나갈랜드 · 마니뿌르 · 미조람 · 뜨리뿌라 · 앗삼 · 메갈라야)의 여덟이다.

인도를 행정구역이 아니라 지리-지형학적으로 나누는 방법도 있다. 남인도와 북인도 둘로 나누는 것인데, 이는 학술적인 접근일 뿐 법률상의 분류는 아니다. 그 경계선은 빈디야산맥과 나르마다강江이다. 그러다 보면 남인도 지형에 안드라 쁘라데시 · 까

| 표 | 인도 주별 1인당 국내순생산(NSDP) 순위

단위: 루피

순위	주	존zone	2021~2022	2022~2023	증감률(%)
1	Goa	서	475,401	532,854	▲12.1
2	Sikkim	동북	463,509	519,964	▲12.2
3	Delhi	북	376,217	430,120	▲14.3
4	Chandigarh	북	337,538	393,649	▲16.6
5	Telangana	남	269,161	311,649	▲15.8
6	Karnataka	남	266,866	304,474	▲14.1
7	Haryana	북	264,729	296,592	▲12
8	Puducherry	남	249,764	274,902	▲10.1
9	Tamil Nadu	남	242,253	275,583	▲13.8
10	Gujarat	서	241,930	273,558	▲13.1
11	Kerala	남	234,435	263,945	▲12.6
12	Andaman and Nicobar Islands	남	229,080	-	-
13	Maharashtra	서	215,233	-	-
14	Uttarakhand	중	205,246	230,994	▲12.5
15	Arunachal P.	동북	204,023	228,650	▲12.1
16	Mizoram	동북	198,962		
17	Andhra P.	남	197,214	219,881	▲11.5
18	Himachal P.	북	195,795	218,788	▲11.7
19	Punjab	북	169,636	182,515	▲7.6
20	Tripura	동북	137,472	159,419	▲16
21	Rajasthan	북	133,960	151,559	▲13.1
22	Odisha	동	126,437	145,202	▲14.8
23	Chhattisgarh	중	122,934	137,329	▲11.7
24	West Bengal	동	121,904	139,442	▲14.4
25	Nagaland	동북	121,664	138,633	▲13.9
26	Madhya P.	중	116,689	132,010	▲13.1
27	Jammu & Kashmir	북	116,530	133,743	▲14.8
28	Assam	동북	103,964	120,336	▲15.7
29	Meghalaya	동북	103,335	112,737	▲9.1
30	Manipur	동북	91,556	-	-
31	Jharkhand	동	84,006	91,887	▲9.3
32	Uttar P.	중	73,884	83,664	▲13.3
33	Bihar	동	47,450	54,111	▲13.9

※ P는 Pradesh의 약자.
※ 출처: https://en.wikipedia.org/wiki/List_of_Indian_states_and_union_territories_by_GDP_per_capita

르나따까 · 께랄라 · 뿌두쩨리 · 따밀나두 · 뗄랑가나 · 데칸고원에 속한 마하라슈뜨라 · 고아가 포함된다. 그러나 어느 누구도 마하라슈뜨라와 고아를 남인도라 하지 않는다. 마하라슈뜨라와 고아는 서부 인도로 분류하는 게 옳다. 행정구역에 따르거나 지리적 분류에 따르거나 남부 혹은 남인도는 드라비다어를 사용하는 다섯 개의 주, 즉 안드라 쁘라데시 · 까르나따까 · 께랄라 · 따밀나두 · 뗄랑가나를 의미한다. 물론 뿌두쩨리 포함이다.

따라서 누군가가 인도는 남부 인도가 부유하고, 북부 인도는 가난하다고 규정하면 그건 틀렸다. 인도는 이탈리아처럼 남부와 북부의 빈부격차가 확연히 드러나지 않는다. 주별 GDP 규모로 분석하면 인구수가 가장 많은 마하라슈뜨라, 웃따르 쁘라데시 등이 위로 올라간다. 주별 GDP 순위는 제1의 경제수도 뭄바이가 있는 마하라슈뜨라, 공업도시 첸나이가 있는 따밀나두, 인구수가 가장 많은 웃따르 쁘리데시, 그리고 최근 무서운 속도로 경제 개발에 성공한 구자라뜨, 까르나따 순이다. 내부에 빈부격차는 있겠지만, 경제력으로는 서부 인도가 다른 지역보다 압도적으로 잘산다. 이를 1인당 GDP로 보면, 가장 잘사는 곳은 서부의 고아이고, 다음이 동북부의 시킴, 그다음이 북부의 델리와 하리야나이다. 대체로 남부 인도가 잘사는 편이지만, 주요 다섯 개 주에서 안드라 쁘라데시는 인도 전체 33개에서 절반에도 못 미치는 가난한 곳이다. 다음 표를 보더라도 서부가 남부보다 더 잘산다고 말하는 게 옳다.

따라서 누군가 인도에서 가장 잘사는 지역이 어디냐고 물으면, 서부라고 말하는 게 옳은 대답이다. 정 덧붙이고 싶으면, 인도 서부는 지형적으로 남인도에 속한다고 말하면 된다. 그 말을 인도에서는 남부 인도가 잘살고 북부 인도는 못산다고 하면 틀린 말이 된다. 남부 인도가 북부 인도에 비해 산업화나 도시화 혹은 도로나 통신, 항만 등 인프라가 잘되어 있다는 식의 규정이 되기 때문이다. 인도에서는 대체로 동부와 동북부가 가장 못사는 지역이고, 서부와 남부가 잘사는 지역이라고 하는 게 가장 무난하다. 이 대목에서 한 가지 더 추가한다면, 1인당 GDP나 모든 지표에서 그리고 의료나 교육, 복지 등에서 삶의 질이 높은 곳은 단연 남부의 께랄라라는 것이다.

노벨상 수상자는 왜 께랄라를 극찬했는가?

1998년 노벨경제학상 수상자 아마르띠야 센Amartya Sen은 1인당 소득은 낮지만 더 잘사는 인도 남부의 께랄라주를 인류가 따라야 할 좋은 예라고 극찬했다. 그는 성장이나 산업화 같은 경제적 측면만 중시하는 현재의 발전 개념 대신에 삶의 질을 포함하는 '자유로서의 발전' 혹은 '공공 행위' 개념으로 께랄라 모델을 설명했다. 발전이란 인민을 위해 국가가 수행하는 것일 뿐만 아니라 인민 스스로 행하는 것이기도 하다는 의미다. 께랄라의 성과는 독립 후 치른 첫 번째 주 선거에서 공산당 정부가 탄생한 데에서부터 시작할 수 있다.

식민 지배기인 1930년대부터 께랄라의 공산주의자들은 문맹퇴치 교육운동에 헌신하였다. 그 결과, 다른 곳에 비해 주민들의 문자 해득률이 높아지면서 공산당 이념을 수용하는 토대가 마련되었다. 이러한 주민 교육운동을 토대로 카스트 개혁운동과 농민운동, 노동운동, 여성운동 등에서 상당한 성과를 거둘 수 있었고, 토지개혁과 같은 사회변혁에 더 강고한 주민 조직을 이룰 수 있었다. 1957년 주의회 선거에서 께랄라주에서는 공산당이 승리하여 공산당 정부가 수립되었다. 공산당 정권 수립은 연방정부를 이끌던 네루와 인도국민회의에 큰 충격을 주었다. 충격에 휩싸인 네루는 공산당 정부 수립 2년 뒤인 1959년 께랄라 의회를 해산하여 공산당 정권을 무너뜨렸다. 헌법이 허용하는 권한을 사용한 것이지만, 졸렬한 정치 행위로 해석할 수밖에 없다.

인도는 연방제를 택한 나라이지만 각 주마다 주 헌법을 따로 둔 미국과 같은 순수 연방제는 아니고, 연방정부의 권한이 절대적으로 주정부보다 큰 혼합형 연방제이다. 그래서 연방정부 집권당의 대표인 수상이 임명하는 대통령은 각 주에 주지사를 임명할 수 있고, 주지사는 주의회를 해산할 수 있다. 영국으로부터 독립할 당시 하나의 국민국가를 유지하는 게 무엇보다 시급한 과업이었고, 파키스탄 분단의 비극까지 겪었기 때문에 단일국가 체제를 유지하고자 만든 장치였다. 1957년은 중국공산당이 혁명을 일으켜 강력한 공산당 정권을 수립한 파란의 역사가 일어난 지 채 10년도 되지 않은 때다. 그렇지 않아도 국민국가의 틀이 허약한 나라의 수상으로서는 공산당의 부상이 매우 큰 불안 요소로 보였을 것이다. 파키스탄과의 분단 이후 또다시 국가가 쪼개질 수 있다는 두려움에 공산당 정권을 순순히 인정할 수 없었을 것이다.

확고한 지지 기반을 다진 께랄라의 인도공산당(M)과 공산당 정부는 토지개혁을 본격적으로 전개하여 괄목할 만한 성과를 냈다. 께랄라에서 지주제는 상당 부분 철폐되고, 소작인들이 토지를 소유하게 되었다. 하지만 농업 생산량은 크게 늘지 않았다. 공산당 정부는 동지적 관계에 있는 시민사회 세력과 함께 현장에 들어가 효율적인 토지 이용 및 과학적 영농 교육을 전개하였다. 그리고 동시에 교육에 필요한 문맹퇴치운동을 적극적으로 벌였다. 이러한 시민운동 방식은 효과를 보기까지 시간이 걸리지만, 시민공동체의 신뢰를 높여 사회적 자본 형성이 쉽고 그 위에서 지방분권화도 잘 이룰 수 있다는 장점이 있다. 아마르띠야 센이 극찬한 께랄라식 발전모델은 바로 이러한 시민참여를 통한 사회적 자본 축적을 바탕으로 이룬 것이다.

공산당 집권 후 10여 년 지난 1975년 UN은 께랄라가 낮은 소득 수준에도 불구하고 기근을 해소하고 교육과 보건 수준을 비약적으로 높여 인도에서 가장 높은 기대수명과 문자 해득률을 가진 주가 되었다는 내용의 보고서를 발간하였다. 보통 도시가 농촌보다, 부자가 가난한 사람보다, 남성이 여성보다 더 좋은 보건과 교육 등의 조건을 누리는 것이 일반적인데, 께랄라에서는 이런 불균등이 거의 나타나지 않았다. 공산당 정부 수립 후 30년 정도 지난 1991년 께랄라는 90.6퍼센트의 문자 해득률(인도 전체는 61퍼센트), 1천 명당 13명의 유아사망률(인도 전체는 62명), 73세의 기대수명(인도 전체는 63세, 미국은 77세)을 기록했다.

그러나 신자유주의의 광풍 속에서 인도의 좌파 진영은 큰 타격을 입었고, 께랄라도 예외는 아니었다. 2004년 총선과 그 2년 뒤 2006년 주의회 선거에서도 압승을 거둔 인도공산당(M)이 께랄라에서 참패한 이유는 무엇일까? 2004년 선거에서 좌파가 크게 약진하였던 것은 그들이 무엇을 이루었는지를 보여 주어서가 아니라 앞으로 무엇을 할 것인지를 약속함으로써 가능하였다. 그들의 약속은 세계화와 신자유주의에 대한 저항이었다. 인도국민회의는 공산당의 약속을 공허한 이념으로, 심지어는 존재하지 않는 좌파의 발명으로 몰아붙이며 구체적인 민생 정책을 들고 표밭을 파고들었다. 그리하여 도시 노동자와 농촌 서민을 대거 지지자로 확보하였다. 하지만 좌파 진영에서는 여전히 이념에 치우친 거대 담론을 내세우면서 상대방을 비판하는 데에 주력하였다. 그런데 선거는 탈이념 선거로 전개되었다.

게다가 2004년 대승 이후 께랄라공산당(M)은 정파 간 싸움으로 날이 새는 줄 몰랐고, 그러한 가운데 연일 공산당 간부의 부패 사건이 터져 나왔다. 주민들은 그들의 정파 싸움을 건전한 노선 투쟁으로 보지 않았다. 진실 여부와는 관계없이 주민들의 눈에 비친 정파 싸움은 단순한 권력욕 그 이상도 그 이하도 아니었다. 여기에 그동안 전가의 보도처럼 내세웠던 '께랄라 모델'도 작동하지 않았다. 공산당 정부는 쇼핑몰 건설과 IT파크 건설, 사립대학 유치 등에 더 몰두하였다. 토지가 농민의 손을 떠나 도시인들에게 건네진 이상 더 이상 농민들이 공산당을 지지할 이유는 없었다. 2009년 이후 공산당 연립 세력은 한 번도 정권을 잡지 못한 채 께랄라에서 점차 세력을 잃고 있다. 전 세계적으로 좌파가 몰락하고, 신자유주의 우파가 득세하는 형국의 하나다.

델리는 어떻게 인도 최대 도시가 되었나?

한국은 서울공화국이라고 할 만큼 모든 게 서울 중심이지만, 인도는 그렇지 않다. 서부 인도의 뭄바이는 경제수도 역할을 하고 있고, 델리는 정치와 문화의 중심지 역할을 하고 있다. 델리가 정치의 중심지로 성장한 것은 1930년대 뉴델리를 건설하면서지만, 당시 델리는 지금의 파키스탄에 속하는 라호르보다 북부 인도에서 경제적으로나 문화적으로 더 중심지라고 말하기 어려웠다. 델리가 지금과 같은 인도 최고의 대도시로 성장하게 된 가장 결정적인 계기는 1947년 인도-파키스탄 분단이다. 분단 시기에 서파키스탄에서 풍부한 노동력과 자본이 대거 델리에 유입되었다. 이는 곧 델리가 대도시로 성장하는 과정에서 파키스탄 출신 난민들이 경제적 주도권을 확립하였다는 말이다.

1970년대 이후 델리의 경제사회적 주도권을 다투는 과정에서 난민, 특히 다수가 이주해 들어오면서 지역성을 강하게 표출한 뻔잡 난민들은 델리 주민과 상당한 차이를 드러냈다. 델리 원주민은 스스로 점잖고 온순하며 물질에 별로 집착하지 않는다고 여긴 반면에, 뻔잡 난민은 저돌적이고 적극직이며 물질에 집착하는 부류로 보였다. 여기에 난민으로서 가진 집단적이고 공동체적인 성격이 더해지면서 델리 주민들은 뻔잡 이주민들에게 상당한 괴리를 느낄 수밖에 없었다. 그 과정에서 뻔잡 이주민, 즉 뻔자비는 토착 주민을 착취하는 자로서 거칠고 잔머리 잘 굴리는 돈의 노예 정도로 폄하되었지만, 전체적으로 큰 갈등은 없었다. 뻔자비는 경제적으로 권력을 장악하면서 기업가적 자질에 여러 가지 재주가 많고, 통이 크고, 용감하고 진취적이라는 긍정적인 평가를 스스로 만들어 갔고, 델리가 대도시로 성장하는 과정에서 그들이 만든 정체성을 델리 사람들도 부인하지 않았다. 흥미로운 것은, 뻔자비가 육체적으로도 델리 주민들보다 우월하다고 자부했다는 점이다.

뻔자비는 분단 때 인도-파키스탄 국경을 건너오면서 델리에서 파키스탄으로 건너간 무슬림을 보고 힌두든 무슬림이든 모두 남성은 기골이 장대하고 여성은 피부가 희고 아름다운 반면, 델리 사람은 힌두는 무슬림이든지 간에 모두 왜소하고 소심하다고 평가했다. 지금까지도 신화로서 상당한 대중적 영향력을 발휘하는 이 이야기는 뻔자비가 힌두로서의 정체성을 갖는 초기를 지나 사회경제적으로 권력을 장악한 이후에 어떤 정체성을 갖게 됐는지를 잘 보여 준다. 뻔자비에게는 종교보다는 지역이 정체성의 근원이었음을 알 수 있다. 이러한 뻔자비 정체성은 1980년대 시크 문제와 결부되면서 미묘한 정체성의 분화를 나타내게 된다.

사실, 난민과 델리 주민 사이에는 문화적으로나 종족적으로 뚜

렷이 구분되는 종족적 정체성의 차이는 존재하지 않는다. 다종족 다문화의 인도 사회에서 문화적 · 종족적 차별이 전혀 존재하지 않는 것은 아니지만, 적어도 델리는 지역을 중심으로 하는 정체성이 강하지 않았다. 델리의 지리적 위치도 서부와 북부 그리고 갠지스-야무나 두 강이 만나는 통합 지대로서, 1920년대 이후 인도 민족운동의 중심지로서 전국의 여러 문화를 통합하는 역할을 하였기 때문에 다른 어느 곳보다도 통합력이 강하게 작용하였다. 델리 사람들이 갖는 '관용성'과 뻰자비가 갖는 '근면성', 그리고 이 둘의 조화로운 '통합성'이 그 핵심이다. 바로 이것이 오늘날 델리가 인도 최대 도시로 성장하게 된 기반이다.

그러나 델리라도 해서 언제나 모든 난민에게 관용과 통합의 태도를 보인 것은 아니다. 분단 당시 파키스탄으로 떠나지 않고 남은 무슬림에게 델리 사람들은 적대적인 태도를 취했다. 당시 델리에서만 2만~2만 5천 명의 무슬림이 살해된 사실은 델리가 뻰자비에게 화합하는 자세를 보인 것이 델리 특유의 관용성 때문은 아님을 보여 준다. 힌두 다수 지역이지만 꼴까따로 이주한 벵갈 사람들의 경우나 파키스탄의 카라치, 하이드라바드 등 신드 지역으로 이주해 간 무슬림의 경우에는 델리와 다른 양상을 보였다. 꼴까따나 신드 지역은 벵갈이나 신드의 독특한 사회문화적 정체성 때문에 이주민이 쉽게 통합되기 어려웠다. 특히 카라치, 하이드라바드 등의 신드 지역에서는 1958년 군부 쿠데타로 집권한 칸Ayub Khan 세력이 권력을 강화하는 차원에서 이주민을 탄압하고 봉건적이고 부족적인 세력을 키움으로써, 결국 파키스탄으로 이주한 인도 출신 무슬림들은 통합되지 못하고 우세한 인구수에도 불구하고 사회적으로 마치 아웃 카스트나 이등 시민과 같은 처지로 격리되었다. 결국 그들은 1980년대 지아 울 하크Zia-ul-Haq 군부독재 이래로 난민민족운동Muhajir Quami Movement을 전개하면서 여러 차례 유혈 폭력 사태가 터졌고, 지금도 종족성을 기반으로 하는 권력투쟁의 최전선에 있다.

델리로 이주해 온 뻔자비가 난민이나 힌두로서의 정체성보다 뻔자비로서의 정체성을 적극적으로 가질 수 있게 된 것은, 인도 정부의 통합을 기반으로 한 국가 건설 정책 때문이었다. 네루 정부의 최대 과제인 국가 건설 과업 속에서, 델리라는 수도에 거주하는 '국민'으로서의 정체성 확보라는 명제 속에서 이해해야 할 문제라는 것이다. 탈식민 국가 건설 시기에 가장 필요한 것은 국민 정체성이었고, 이 시기가 하필 분단과 정체성의 이격이 발생하면서 난민이 이주해 오는 시기와 일치하였기 때문에, 종교를 기준으로 하는 정체성보다는 통합이 필요한 지역이 정체성의 기준으로 유도된 것이다. 그래서 뻔잡 난민들은 비교적 짧은 기간에 힌두로서의 종족 정체성보다는 뻔자비로서, 국민으로서 자리 잡게 된 것이다. 델리가 뭄바이나 첸나이 혹은 꼴까따보다 인도의 중심 도시로 성장한 것은 이러한 이유에서다.

최첨단 도시 구르가온은 어떻게 생겨났는가?

뉴델리 인디라 간디 국제공항에서 남쪽으로 30킬로미터 정도 떨어져 있는 하리야나주에 위성도시 구르가온이 있다. "구르가온은 인도가 아니다"라고 할 때의 그 구르가온이다. 구르가온은 인도 최고의 신산업 중심의 허브 도시다. 이 신도시에는 IT 계열은 물론이고, 비非IT 계열의 산업단지, 외국계 회사의 아웃소싱 업체, 콜센터, 병원, 은행, 관공서들이 많이 들어서 있다. 세계 유수 기업의 본사가 위치한 곳이자 수천 개 스타트업 기업의 본거지로서, 250개 이상의 포춘 500대 기업의 현지 사무소가 구르가온에 있다. 이곳이 첨단 도시로 발돋움한 이래, 2016년 하리야나 주정부는 도시 이름을 '구르그람Gurgram'으로 공식 변경했다. 인도 최고의 대서사시 《마하바라따》에 나오는 스승(구루) 드로나짜리야Dronacharya가 제자 양성에 쓰라며 이 지역을 사례물로 받았다는 신화가 있는데, 이를 살려 도시의 문화 자산을 키웠다.

"대탈출: 전혀 새로운 경험으로 빠져나가자." 구르가온이 한창 성장할 무렵인 2000년대 초반, 신축 중이던 대규모 주택단지에 걸

렸던 광고 문구다. 복잡한 델리에서 멀리 떨어져 있음을 강조한 것이다. 이는 한국의 아파트 광고가 "시청 앞까지 20분!" "지하철역 5분 거리"처럼 도심과의 연계성을 강조하는 것과 완전 정반대이다. 1980년대부터 본격화한 수도 델리의 폭발적 팽창은 과밀지옥을 만들어 냈다. 1960년대 이후 지속된 여러 형태의 도시 주거 문제, 즉 주택과 상하수도, 교통, 대기오염, 슬럼 확산과 같은 문제는 거의 개선되지 않은 채 도시 규모만 커졌다. 시 당국은 1957년부터 델리개발공사Delhi Development Authority를 설치하여 최우선으로 도시빈민을 위한 주거 구역 확보와 주거 환경 개선에 백방으로 노력하였으나 실패하였다.

이러한 상황에서 건설된 곳이 구르가온이다. 개방과 세계화 추세 속에서 아웃소싱에 종사하는 인력들과 신흥 중산층 및 부유층이 더 쾌적한 주거 환경에서 일하고 거주하는 것이 무엇보다 시급했다. 대부분의 아웃소싱 인력들은 해외 시간에 맞춰 24시간 업무를 봐야 했고, 그러기 위해서는 안정된 전력 수급이 중요했다. 또한, 해외에서 벌어들인 돈으로 외국 문화를 소비할 수 있는 공간도 필요하였다. 이것은 대기오염이나 교통체증과는 다른 필수 조건이었다. 따라서 구르가온의 건설은 제3세계 대도시의 팽창 과정에서 나타나는 일반적인 현상, 즉 빈곤층 주거지의 교외 확산과는 출발점부터 달랐다. 건설업자들은 기존의 델리와는 전혀 다른 독립적인 자족형 도시 건설을 제1의 목표로 삼았다. 구르가온 안에 조성된 주거지 이름에 'town'이나 'city' 등이 많은 것은 바로 이런 이유에서다. '꿈의 도시'가 독자적 정체성을 확보하는 수단으로 내건 것은 생태환경 공간, 초현대 내지 미래지향 공간, 엘리트들만의 공간 등이다. 이 가운데 눈에 띄는 것은 생태적 성격이다. 충분한 공간과 깨끗한 공기, 풍부한 녹지공간, 건강한 환경은 델리에 사는 부유층도 부러워하는 것들이다. 그다음으로 구르가온의 주거 단지가 내세운 특장점은 초현대적이고 미래지향적인 성격이다. 이는 자연친화적 성격을 보완하는 것으로, 자연친화적 성격이 도시의 현대성과 떨어져 있지 않음을 보여 준다.

이처럼 아웃소싱의 허브로 출발하다 보니 구르가온은 건설 당시부터 미국이나 유럽의 호화 거주지를 모델로 삼았다. 그래서 많은 주거지역의 이름들이 Malibu, Riverdale, Manhattan, Berverly, Rosewood, Windsor, Richmond, Kingston, Hamilton, Sentosa 등 미국, 영국, 캐나다, 호주, 싱가포르 등지의 부유층 주거지역에서 왔다. 외국의 유명 주거지 이름을 붙인 것은 구르가온이 해외 거주 인도인NRI: Non-Resident Indian들의 투자처 혹은 귀국 후 거주지인 사실과도 관련이 있다.

구르가온은 주택, 교육, 대기, 전력, 녹지, 시장, 보건, 교통 및 도로망 등 모든 문제에서 획기적인 도시계획을 세웠다. 그리고 철저하게 외국계 회사의 아웃소싱 업체 근무 인력과 전문 직종에 종사하면서 외국 문화를 동경하는 신흥 중산층 및 부유층, 인도 교포 혹은 그 가족이 원하는 방향으로 설계되었다. 구르가온이 기존의 도시들과 가장 두드러진 차이를 보이는 것은 소비문화일 것이다.

구르가온에 조성된 대부분 아파트는 모두 세계적 수준의 시설을 갖추고 있다. 그렇지만 구르가온이 인도의 다른 도시와 가장 다른 것은 쇼핑몰이다. 1990년대 말까지도 심지어 델리 시내에도 백화점이나 쇼핑몰이 거의 없었다. 분명 폭발적인 수요가 잠재했지만, 여러 여건상 델리 시내에 그런 시설이 들어서기가 어려웠다. 이와 대조적으로, 당시 건설된 구르가온에는 쇼핑몰들이 우후죽순으로 들어섰다.

그러나 델리의 대표적 위성도시 구르가온은 1990년대 이후 급속하게 진행된 세계화와 시장개방, IT를 비롯한 신산업 발전이 가져온 인도 대도시의 문제들도 고스란히 안고 있다. 교통체증, 대기오염, 몬순 홍수 등 전통적 도시 문제에 사이버 사기, 온라인 뱅킹 사기, 소셜미디어 갈등, 데이터 도난 등 각종 첨단범죄가 섞여 나타난다. 구르가온은 인도 첨단 도시의 미래다. 그 안에는 보랏빛 미래도 보이지만, 잿빛 미래도 보인다.

어떻게 뭄바이가 있는 주에 극우 정당이?

2019년 1월 1일, 마하라슈뜨라주 뿌네의 코레가온 비마 지역에서 열린 승전 200주년 기념일에 참석한 달리뜨(지정카스트, 최하층민) 청년 한 명이 극우 힌두 집단의 폭력으로 사망하였다. 달리뜨가 기념한 승전은 무엇이고, 왜 극우 힌두 세력은 행사를 난장판으로 만들고 사람까지 죽였을까? 주정부는 왜 그런 극우 세력의 횡포를 방관하였을까? 간단하게 말해서, 이 사건은 총선을 앞두고 극우 힌두민족주의자들이 세력 확장을 위해 자행한 정치적 난동이다. 이 난동이 마하라슈뜨라 지역에서 일어난 것은 '마라타Maratha'라고 하는 지역성과 관련이 깊다.

사태의 발단은 영국 동인도회사가 인도 전역에서 전쟁을 치르면서 식민지를 확장해 나가던 200년 전으로 돌아간다. 당시 달리뜨들은 토착 인도 세력 가운데 가장 강력한 나라였던 마라타의 동맹 편에 서지 않고 영국 편에 서서 마라타동맹과 전쟁을 했다. 그들은 자신들을 무시하고 인도 민족의 일원으로 받아주지 않은 마하라슈뜨라 지배층인 브라만에게 심한 반감을 느꼈고, 그래서 영국과 함께 그들에 대항한 것이다. 동인도회사는 마라타동맹을 물리치고 승리했다. 마하라슈뜨라의 달리뜨들이 이 승리를 자축하는 이유이다. 식민 지배가 끝난 후 네루를 필두로 인도 정부는 하나의 인도 민족을 만들어 세우려는 노력을 기울였고, 불가촉천민도 인도의 주요 구성원이 되었다. 그러나 2014년 인도국민당BJP이 집권하면서 힌두주의 아래 반反달리뜨 정책을 노골적으로 폈고, 이에 대한 저항이 심해지다가 승전 기념일에 충돌한 것이다. 결국 이 사건도 총선을 앞두고 힌두주의 바람을 일으키려는 인도국민당의 정치 전술 안에 있는 것이다.

마하라슈뜨라주는 오랫동안 쉬브세나Shiv Sena라는 극우 성향의 지역정당이 집권했는데, 이 당은 현재 연방정부 집권 정당인 인도국민당과 연립정부를 이루었다. 쉬브세나는 '쉬바지Shivaji의 군대'라는 당명에서 알 수 있듯이 이 지역의 영웅 쉬바지에 모든 걸 걸고 있다. 쉬바지는 무갈제국 말기에 이 지역에서 성장한 작은 부족들의 연맹으로 출발해 영국 동인도회사와 인도 전역의 패권을 놓고 가장 치열하게 마지막까지 싸운 장군이다. 무갈제국의 수도 델리까지 함락할 정도로 세력을 키웠으나 연맹체라는 한계를 극복하지 못하고 동인도회사에 패하였다. 그 마라타동맹의 개조開祖가 쉬바지다. 쉬바지는 무갈 타도의 기치 아래 농민들을 규합하였는데, 힌두든 무슬림이든 관계치 않고 연대도 하고 충돌도 하였다. 그런데 오늘날 극우 힌두 세력이 쉬바지의 '무갈 타도'를 '이슬람 타도'로 왜곡하여 힌두주의의 뿌리를 마라타동맹에 두기 시작한다. 그러면서 역사 속 농민의 장군 쉬바지는 신화 속 반反이슬람 인물로 바뀌었고, 쉬바지에 지역적 자부심을 가진 사람들이 유독 강한 반이슬람 정서를 드러내게 되었다. 과거 '빅토리아 중앙역'이라고 불린 뭄바이 중앙역이 '차뜨라빠띠 쉬바지역Chhatrapati Shivaji Terminus'으로 바뀐 것도 이러한 맥락에서다. 이러한 지역정서로 보면 영국 편에 서서 마라타와 싸운 불가촉천민을 용서할 수 없는 것이다.

쉬브세나는 마라타 지역주의를 당의 실질적 정신으로 삼아, 선거에서 항상 인도국민당과 연대하고 인도국민회의와 적대적 관계를 맺었다. 1998년부터 2019년까지 인도국민당이 주도하는 국민민주동맹NDA의 연립 파트너였으며, 1998년부터 2004년까지 바즈빼이 정부, 2014년부터 2019년까지 모디 정부에 참여했다. 쉬브세나의 실질적 지도자인 발 타끄래이Bal Thakeray의 아들이자 후계자인 우다우 타끄래이Uddhav Thakeray가 당대표가 된 후로는 인도국민회의와 연립을 시도하면서 극우 정당 색채를 벗어나려 하고 있다.

사실, 쉬브세나가 처음부터 극우 힌두주의 정당으로 출발한 것은 아니다. 처음에는 지역주의만을 내세운 정당이었다. 1947년 인도가 독립하면서 주 경계를 정할 때 식민 시대의 행정구역에 따라 구자라뜨와 하나의 주로 설정되는 것에 반대해 자기들만의 주를 주장했던 것이 지역주의의 근거가 되었다. 그들은 언어에 따른 주 경계 원칙에 따라 마라티어를 사용하는 지역이 따로 독립해야 한다고 주장했다. 그러나 여기에는 황금알을 낳는 거위로 여겨진 봄베이를 독차지하려는 의도가 숨겨져 있었다. 결국 1960년 마라티어를 사용하는 마하라슈뜨라주와 구자라띠어를 사용하는 구자라뜨주로 분리되었다. 최고의 경제 중심지 봄베이는 마하라슈트라주의 주도州都가 되었다. 그때 이후 구자라뜨는 물론이고 저 멀리 서벵갈에서도 수많은 노동자들이 봄베이로 이주해 왔다. 그런데 마하라슈뜨라 사람들 사이에 봄베이 안에 있는 구자라띠어 사용 주민이 소유한 기업을 차지하려는 욕심이 생기면서 마라타 정서가 심해졌다. 이 정서에 불을 지른 이가 당시 시사만화가이던 발 타끄래이였다. 그는 쉬바지를 민족의 영웅으로 묘사했다.

식민 시기에 달리뜨들은 자신들의 사회적 지위를 개선하는 정책을 편 영국 정부에 우호적인 입장을 취했다. 물론 당시 영국은 카스트 힌두와 불가촉천민을 분리 지배하려 했다. 그렇더라도 사회 최하층민 입장에서는 가혹한 카스트가 지배하는 독립국보다 영국의 식민 지배가 나았을 수 있다. 민족이 우선이냐 계급이 우선이냐는 관점에서 볼 때 터무니없는 주장은 아니다. 그런 그들이 민족의 이름으로 한도 끝도 없이 폭력의 대상이 되는 현실이 안타까울 뿐이다.

왜 구자라뜨에서 무슬림 학살이 일어났나?

구자라뜨 지역은 독립 후 오랫동안 인도국민회의의 아성이었다. 그러다 1992년 아요디야 사태 이후 인도국민당BJP이 1995년과 1998년 구자라뜨 주의회 선거에서 반무슬림 힌두뜨와 운동을 펼치면서 부패와 빈곤 척결 및 경제발전 공약을 내세워 힌두 상층은 물론이고 서민들의 지지를 얻어 집권에 성공했다. 정권을 잡은 인도국민당은 힌두뜨와를 잠시 유보한 채 지역의 경제발전에 초점을 맞추었으나, 성과를 거두지 못하고 2000년 지역 선거에서 대패했다. 비단 구자라뜨주만 그런 것이 아니라 전국적인 흐름이 그랬다. 2000년 이후 인도국민당 내부에서 반反무슬림 구도를 다시 일으켜야 한다는 목소리가 커졌다. 2002년 주의회 선거를 앞두고 강성 힌두 근본주의자인 나렌드라 모디가 사임한 빠뗄에 이어 주 수상에 올랐다.

주 수상에 취임한 모디는 RSS, VHP 등 힌두 우익 세력을 크게 중용하였다. 그리고 2002년 2월 27일 고드라 사건을 시작으로 무슬림 학살극이 시작된다. 의용단 조직원들은 일방적으로 무슬림을 학살하고 그들의 재산을 파괴하였다. 학살의 광풍이 끝나고 2002년 말 주의회 선거에서 인도국민당은 구자라뜨에서 압승을 거두었다. 여기서 의문이 든다. 왜 하필 구자라뜨에서 힌두뜨와를 기반으로 한 무슬림 학살 정치가 대세를 이루었을까?

구자라뜨는 인도아대륙에서 유일하게 해안이 울퉁불퉁 복잡하게 만들어진 곳이라 고래로 항구가 많이 형성될 수 있는 지역이었다. 더군다나 몬순을 발견한 후 아라비아반도-이집트 홍해 유역에서 배를 띄우면 계절풍을 타고 도달한 곳이 이 지역이었다. 그래서 기원 초기 로마와의 무역이 이 지역을 중심으로 크게 이루어졌고, 근대에 들어와서도 마찬가지다. 포르투갈이 가장 먼저 정착지를 쌓고 식민지로 확보한 곳도 이 지역이고, 서아시아나 동남아시아와 오랫동안 무역을 하면서 부를 일구고 세계적인 상인으로 성장한 세력도 이 지역 출신이 많다. 인도에서 해외로 가장 많이 나가 있는 사람들도 이 지역 사람들이다. 그런데 마하뜨마 간디가 이 지역 출신이어서 간디의 보수주의 힌두 문화가 매우 강한 곳이고, 인-파 분단 때 많은 사람이 파키스탄으로 올라가고 또 힌두들이 많이 내려와 정착한 곳이다 보니 반反무슬림 친親힌두의 성격이 강한 곳이다. 물론 이러한 종교문화적 분위기만으로 구자라뜨의 반무슬림 학살과 힌두뜨와 세력의 승리를 설명할 수는 없다.

여러 이유 가운데 빼놓을 수 없는 것이 이 시기 구자라뜨 지역에서 섬유산업이 크게 쇠퇴하였다는 사실을 들 수 있다. 주 수도인 아호메다바드는 한때 인도의 맨체스터로 불릴 정도로 섬유산업이 활발했으나 1990년대부터 급속히 쇠퇴하여, 1950년대 77개이던 방직공장이 1990년대 중반에는 35개로 줄어들었다. 아흐메다바드의 방직공장들이 쇠퇴하면서 1960년대 약 13만 5천 명이었던 섬유산업 근로자가 2000년에 약 3만 5천 명으로 감소하였다. 한 조사에 따르면, 일자리를 잃은 섬유산업 노동자의 3분의 2 이상이 하층 카스트와 무슬림으로 나타났다. 이 때문에 주도인 아흐메다바드에서 노동자들 간에 그나마 유지되어 온 힌두와 무슬림 간의 상호 교류가 급격히 감소했다. 그러면서 간디의 영향 아래 전통적으로 유지되던 힌두와 무슬림 노동자 간의 화합 분위기가 크게 손상되었다.

2002년 충돌 때 방파제 역할을 할 수 있는 것이 없었던 것이다. 그냥 없었던 정도가 아니라, 이제 그들은 일자리를 놓고 극심한 경쟁을 벌이는 처지였다. 힌두 하층 카스트와 무슬림 실직자들은 오토 릭샤나 사이클 릭샤를 몰거나 길거리 행상과 같은 비공식 노동을 하는 처지로 몰렸다. 이미 포화 상태인 비공식 일자리에 섬유공장 실직 노동자들이 대거 밀려 들어오자 노동시장의 불안정성이 커졌고, 힌두와 무슬림 간의 일자리 경쟁이 극심한 가운데 힌두뜨와 세력이 두 집단의 반목을 선동하자 마른 섶에 불길 일듯 삽시간에 대규모 폭동과 학살극으로 번지게 된 것이다.

이와 대조적으로 주 남부의 수라뜨 같은 곳에서는 소규모지만 섬유산업체가 꾸준히 증가하여, 1970년 1만 9천 개에서 1995년 2만 5천 개로 증가하였다. 여기서 무슬림 사업체의 비중이 무시할 수 없을 정도여서 힌두와 무슬림의 교류가 활발히 유지되었고, 구자라뜨 학살 같은 비극도 일어나지 않았다. 특히 힌두-무슬림 종교 공동체 간의 폭력 충돌이 구자라뜨의 아흐메다바드와 바도다라를 잇는 중부 지역에서 집중적으로 발생했다는 사실을 보면, 두 공동체의 관계 유지가 완충제 역할을 했다는 것을 알 수 있다.

구자라뜨 지역이 오랫동안 간디의 영향으로 힌두 보수주의 분위기가 강했던 것은 사실이나, 이것만으로 폭동을 설명할 수는 없다. 오히려 간디는 힌두와 무슬림의 사회통합 구조를 마련하고, 여러 시민단체와 노동조합이 이를 위해 활동하는 쪽으로 영향을 미쳤다고 할 수 있다. 그런데 그러한 조직이 점차 쇠퇴하고 섬유산업마저 몰락하자, 경쟁에 내몰린 사회 하층민들끼리 싸움을 붙이는 일이 너무나 손쉽게 진척되었다.

또 하나, 구자라뜨 지역에는 비하르나 웃따르 쁘라데시에 있는 무슬림 정당이 없다는 점도 중요한 원인일 수 있다. 이 지역의 무슬림 인구는 약 13퍼센트로 결코 무시할 수 없는 숫자이나, 부유한 무슬림들은 모디의 인도국민당에 빌붙어 정치적 이득을 챙겼을 뿐 무슬림 공동체를 위해 활동하는 정당을 만들어 내지 못했다. 폭동 학살이 터졌을 때에도 부유층 무슬림들은 자기들 안위만 챙기고 같은 무슬림 구성원들이 학살당하는 것을 애써 외면했다. 인도국민회의와 인도국민당 양당제로 이어지는 지역정치구조가 사태를 더 악화시킨 것이다.

VII

빈곤 경제에서 최강 경제로

왜 아직도 지주제를 철폐하지 못했는가?

인도 사회는 21세기가 시작되고 20년이나 더 지난 지금도 매우 보수적이다. 아니, 보는 이에 따라서는 아주 봉건적이기까지 하다. 여성에 대한 무시와 성폭행은 여전하고, 불가촉천민에 대한 무시와 차별 또한 여전하다. 힌두 사회뿐만 아니라 무슬림 사회도 마찬가지다. 도시화 비율이 아직 30퍼센트대에 머물러 보수적인 농촌사회가 전국에 영향을 끼치고 있기 때문이라고 보면 크게 틀린 건 아니다. 그렇다면 농촌의 봉건성은 어디서 기인하는가? 아직도 제대로 철폐하지 못한 지주제 때문이라고 본다. 인도 정부는 왜 지주제를 철폐하지 못했을까?

가장 큰 원인은, 식민지 독립을 주도하고 국민국가를 건설한 후 40년 가까이 일당 지배체제에서 집권 여당 역할을 해 온 인도국민회의의 권력 이기주의 때문이다. 민족운동을 할 때부터 그들은 민족자본주의자의 든든한 지지와 후원을 받았고, 그 위에서 독립 후 정권을 유지해 왔다. 정권 자체가 지주 세력이라 해도 과언이 아니다. 처음 국민국가 건설에 나섰을 때에는 분명히 지주제 철폐를 목표에 뒀지만, 그것은 정치 수사에 불과했다. 인도국민회의는 권력의 가장 큰 지지자인 지주 세력과 척지는 것을 감당할 능력이 없었다.

독립 후 여러 곳에서 지주와 농민들의 충돌이 발생하자, 인도국민회의는 농민들을 탄압하는 것 외에 다른 방도를 찾지 못하였다. 그러다가 엄청난 규모의 농민 저항운동을 겪게 된다. 동부 데칸고원 지역의 뗄랑가나에서 1946년부터 1951년까지 마오주의 공산주의자들이 무장봉기를 일으켰다. 가난한 농민들은 인도공산당의 주도 아래 뗄랑가나 전역에서 3천 개가 넘는 마을에서 1만 에이커가 넘는 토지를 몰수하여 토지가 없는 농민들에게 무상 배분하는 쾌거를 거두었다. 처음에는 지주의 착취에 저항하는 수준이었다가, 점차 부채 탕감과 토지 몰수 및 무상 배분 쪽으로 급진적으로 나아갔다. 그 과정에서 사병까지 거느린 실질적인 왕국과 다름없는 봉건지주와 싸우다 4천 명이 넘는 농민들이 희생당했다. 인도사 최대 규모의 농민 저항이다. 이 봉기 이후 인도공산당은 중국 마오쩌둥과 같은 무장혁명 노선을 포기하고 의회민주주의와 정치를 통한 집권 쪽으로 정치노선으로 틀었다. 이후 인도공산당의 방향을 보여 준 결정적인 장면이었다.

봉기 후 인도국민회의 정부는 그동안의 소극적 태도를 버리고 적극적으로 토지개혁에 임했다. 당시 중국에서 농민 세력 주도로 공산당 정권이 들어선 상황에서 농민들의 요구를 외면했다가는 무슨 일이 벌어질지 몰랐다. 이때 지주 세력 혹은 지주 세력과 강하게 연계된 자본가 지지자들은 지주제 철폐가 아닌 기생 지주계급 철폐를 통해 농업 생산량부터 극대화해야 한다고 주장하였다. 이에 정부는 중개인 제도를 철폐하고, 소작제도를 개혁하며, 토지 보유 상한을 설정하고, 보유 토지를 통합하여 농업 성장과 사회정의를 실현하기로 하였다. 이는 토지개혁의 모토인 '토지를 경작자에게land to the tiller' 정신과는 거리가 먼 그야말로 무늬만의 토지개혁이었다. 결국 농민들이 끈질긴 투쟁으로 토지개혁을 쟁취했으나, 그 칼자루를 쥔 권력자들에 의해 농민들은 철저히 소외당하는 결과가 빚어졌다.

토지개혁이 이렇게 형식적인 수준에 그친 것은 인도공화국이 자본주의를 토대로 하는 법을 근간으로 삼았기 때문이다. 자본주의 법의 기초는 사적소유권의 인정이다. 인도의 연방헌법도 중개인과 지주의 토지를 보상 없이 몰수할 수 없음을 분명히 하고 있다. 그래서 정부는 그 해결책을 연방헌법이 아닌 주정부가 정하는 법에서 찾기로 했다. 그 결과, 누가 토지 경작자인지, 중개인과 지주가 토지를 보유할 수 있는 한도는 어디까지인지, 중개인과 지주에 대한 보상은 어떻게 해야 하는지 등이 주별로 달리 정해졌다. 연방정부와 달리 주정부는 처음부터 지주와 봉건 세력의 힘에 밀려 아무런 변화도 이끌지 못했다. 형식적으로 지주제를 폐지하는 선에 그쳤다.

토지개혁의 가장 큰 쟁점 가운데 하나는 중개인의 토지 보유 제한이었다. 나중에 공산당 정부가 들어서는 서벵갈, 께랄라와 공산당 주도의 극심한 농민 저항을 겪은 뗄랑가나와 잠무-카슈미르 주에서는 상당한 수준으로 중개인의 토지 보유가 제한되면서 그들의 사회경제적 권한도 크게 약화되었다. 하지만 다른 대부분의 주에서는 중개인 지주제가 형식적으로만 철폐되고 실질적으로는 아무런 변화가 없었다. 중개인은 여전히 토지 대부분을 장악한 실제 경작자였으니, 사실상의 소유권이 법적 소유권으로 전환되었을 뿐이다.

소작권을 안정적으로 보장하고 소작료 인상을 억제하는 정부의 정책도 실패로 돌아갔다. 지주들은 주정부가 규정한 자경 토지를 악의적으로 해석하고, 소작인들을 협박하여 그들의 모든 권리를 '합법적'으로 부인하게 했다. 특히 주정부가 규정한 소작인의 소작권 '자발적 포기'는 소작인 축출에 널리 악용되었다. 인도에서는 전통적으로 소작 계약을 구두로 하기 때문에, 대부분 소작 기록이 없어 관련 법이 소작인들에게 불리하게 적용되는 경우가 많았다. 그래서 1977년 공산당이 집권하고 1년 뒤에 서벵갈 정부가 실시한 '작전 바르가Operation Barga'라는 소작 기록 정비 작업은 많은 소작인의 소작권을 법적으로 보호받도록 해 주었다. 하지만 서벵갈과 이미 토지개혁을 시행한 께랄라를 제외한 대부분 지역의 소작인들은 제대로 항의조차 해 보지 못한 채 축출되는 경우가 많았다. 지금도 인도 대부분의 지역에서 중농 지주는 사실상 봉건영주와 다를 바 없다.

인디라 간디는 어쩌다 경제를 폭망시켰나?

한때, 지금 60대 이상 한국의 일부 진보주의자들은 자신들이 꿈꾸는 사회를 인도가 만들어 줄 것이라고 믿었다. 비록 인도가 프롤레타리아혁명으로 세워진 나라는 아니지만, 초대 수상 네루가 혼합경제 혹은 국가자본주의라고 불리는 사회주의 경제체제로 나라를 운영했기 때문이다. 그러나 이후 전개된 현실과 결과는 예상과 달랐다. 네루에 이어 집권한 인디라 간디Indira Gandhi 수상은 네루보다 더 강하고 진한 사회주의 경제정책을 도입하였으나, 10년 만에 국가경제가 거의 파산 직전에 몰렸다. 인디라 간디는 아버지이자 전임 수상이던 네루가 채택한 국가 주도의 경제정책은 이미 실패했음을 알았으면서도 왜 더 강한 사회주의 정책을 펼쳤을까?

초대 수상 네루는 통계학자 마할라노비스Prasanta Chandra Mahalanobis와 함께 소련식 경제개발 5개년 계획을 수립하여 국가가경제를 이끌어 갔다. 당시 가장 심각한 문제였던 기아 문제를 해결하기 위해 비료 공장이나 다른 기간산업 구축에 전력을 다했다. 공무원에게 모든 산업의 인허가권을 몰아주어 그들이 나라 경제를 이끌어 가도록 하였으니, 네루는 개인과 사기업 중심의 경제를 철저히 외면하였다. 식민 지배로 왜곡된 경제구조와 시장실패를 바로잡고자 대부분의 기간산업을 국가가 관장하였으며, 과거 인도를 수탈했던 외국자본의 침탈을 피하려 외국인투자를 배척하는 한편, 수입대체 정책으로 기간산업을 육성하여 경제 자립을 이루고자 하였다. 프롤레타리아혁명만 하지 않았지, 제국주의와 식민 경제체제를 극복하기 위해 사리사욕 없는 엘리트들을 육성하여 그들에게 나라를 맡겨야 한다는 사회주의적 신념이 확고하였다. 이는 당시 식민 지배에서 벗어난 많은 아시아 · 아프리카 신생 독립국들의 지지를 받았다. 그러나 네루의 경제정책은 큰 효과를 보지 못했다. 그의 집권기는 연평균 3.5퍼센트의 GDP 성장률, 1인당 GDP 성장률 1.3퍼센트에 그친 저성장 시대였다. 게다가 1962년 벌어진 중국과의 국경분쟁에서 일방적으로 패해 인도 국민과 네루는 엄청난 정신적 충격을 받았다. 그런 와중에 1964년 네루가 갑자기 사망했다.

새로 치르는 총선에서 '신디케이트'라 불리는 인도국민회의 원로 정치인들은 네루의 딸, 인디라 간디를 새 수상 후보로 밀었다. 정치 경험이 거의 없는 인디라를 만만하게 보고, 그를 앞에 세워 놓고 뒤에서 권력을 주무르려는 속셈이었다. 실질적인 야당이랄 게 없는 당시 총선에서 이기는 건 식은 죽 먹기였으니, 그런 생각을 하는 게 어쩌면 자연스러운 일이었다. 이 신디케이트 그룹은 네루와 달리 매우 기업친화적이었는데 네루에게 밀려 힘을 쓰지 못하고 있었다. 여기에 급진 사회주의 세력은 거의 존재감이 없는 상태였다. 그러니 인디라 간디의 경제정책은 아버지 네루의 틀에서 크게 벗어나지 않았다.

그러던 1967년 큰 소용돌이가 났다. 인디라 간디가 신디케이트를 축출하기 위해 젊은 일부 급진주의자들과 연대를 천명하고, 국정을 급진 사회주의 방향으로 끌고 나간 것이다. 인디라는 신디케이트의 힘을 무력화시키려 했으나 그럴 만한 권력 기반이 없었다. 1967년 이전까지는 인디라 간디를 사회주의자라고 부르는 사람도 없었고, 인디라 또한 사회주의라는 단어를 사용한 적이 없었다. 그러던 그가 1967년에 느닷없이 당내 젊은 사회주의자들과 연대하면서 사회주의 노선을 결심하고, 1967년 6월 전인도국민회의 위원회AICC를 통해 10대 프로그램의 추진을 결행한 것이다. 수상의 기습에 신디케이트 보스들은 우왕좌왕하다가 결국 수상의 노선을 따르기로 했다.

10대 프로그램의 실천 의제는 돈 많은 사람들을 억제하고 가난한 사람들을 돕는 데에 초점이 맞춰졌다. 이 거대한 목표를 실천하기 위해 은행과 보험 국유화를 통한 사회적 통제, 수출입 무역의 국유화, 곡물의 공공 분배, 기업의 독점과 경제력 집중 억제, 기업의 생산력 통제, 도시 내 소득과 재산 증식의 제한, 토지개혁 강력 추진 등을 밀어붙였다. 이 가운데 가장 큰 충격파를 안긴 은행 국유화는 젊은 사회주의 급진파가 강력하게 요구한 것이었다. 인디라는 처음에는 은행의 사회적 통제면 충분하다고 생각하고 거부했으나, 결국 신디케이트와의 권력투쟁 과정에서 젊은 사회주의자들의 손을 들어 주었다.

신디케이트는 또다시 인디라 간디 수상에게 패해 사회주의 프로그램 결의안이 당에서 통과되었다. 당시 두 명의 공산당 소속 의원이 인디라 간디와 연대하여 사회주의 법안을 연방의회에서 통과시켰다. 이로써 인도는 사회주의국가로 가게 되고, 헌법 전문에 'Socialist'라는 정체政體가 추가되었다. 급진 사회주의자들의 완전한 승리였다. 그 후 인디라는 보험, 탄광, 석유산업을 국유화하고, 1969년 독점 및 제한적 무역 관행 법에 따라 대기업의 투자를 엄격히 제한하고, 노동집약적 제품을 소규모 기업이 독점 생산하도록 유보하고, 수출입 통제를 강화하고, 1973년 외환규제법에 따라 외국인투자를 거의 금지하고, 100명 이상의 근로자를 보유한 기업의 근로자 해고권을 사실상 부인하고, 1976년 도시 토지상한법에 따라 도시 토지의 소유를 엄격히 제한했다.

인도 경제는 급전직하 나락으로 떨어지기 시작했다. 인디라 간디 시기 1인당 평균 소득 증가율이 0.8퍼센트였으니 말해 무엇하겠는가? 빈곤은 전혀 감소하지 않았다. 인도는 10년을 잃어버렸다. 그리고 80년대를 맞아 경제정책을 바꿔 발버둥을 쳐 보았지만, 잃어버린 10년 동안 쌓인 관행과 기득권, 부패는 좀처럼 청산되지 않았다. 인도는 좌파가 꿈꾸는 나라에서 가난한 나라, 실패한 나라, 부패한 나라로 인식되면서 1991년 국가부도 상황의 IMF 외환위기를 맞는다.

IMF 이후에도 경제개혁이 부진했던 이유는?

1991년에 인도는 우리와 마찬가지로 외환위기를 맞아 IMF에서 돈을 빌리고 그 대가로 정부의 경제정책을 강제로 뜯어고치게 되었다. 1985년 수상이 된 라지브 간디가 신경제정책이라는 이름으로 상당한 수준의 개방경제를 시행한다고 했지만, 저항에 부딪혀 그다지 실효를 거두지 못했다. 결국 1991년 이전까지 국가 주도의 폐쇄적 경제체제와 정부 및 공공부문의 비효율과 통제가 여전하였다. 정부 통제는 당연히 비효율적 경제를 낳을 수밖에 없고, 경제는 탄력성을 잃게 된다. 전체 GDP 생산의 약 30퍼센트를 차지하고 있던 공기업의 부실화가 심화하고, 재정적자와 외채는 갈수록 증가했다. 노동자 해고도 원칙적으로 할 수 없게 만들었으니 고용 감소와 기업 비효율이 자연스럽게 찾아왔다. 여기에 1990년 8월 이라크가 쿠웨이트를 침공하면서 발발한 걸프전으로 유가가 치솟고, 중동 진출 근로자의 외환 송금이 중단되면서 국가의 외환 보유고가 심각한 수준으로 떨어졌다. 또한, 소련 및 동유럽 사회주의가 붕괴하면서 그나마 있던 수출 시장이 축소하고 무역수지

적자가 대폭 증가했다. 이로써 인도는 IMF 외환위기로 들어가게 된다.

인도국민회의 소속 수상인 라오Narasimha Rao 정부는 1991년 7월 신경제정책을 발표했다. 한 마디로 줄이면, 인도 경제의 구조와 질서를 경쟁 체제로 전환하겠다는 것이다. 인도 정부는 우선적으로 기업의 신설과 증설에서 사전 인허가제를 대폭 폐지하였고, 공공부문에서 안보 및 전략적 이유로 사기업의 진입을 금지했던 부문을 군수산업, 원자력, 석탄, 석유, 철도, 운수의 여섯 부문으로 대폭 축소하였다. 또, 외국자본에 대한 규제를 대폭 축소하고, 외국인투자를 우대하는 업종에 한해 외국자본 비율을 51퍼센트로 상향하였다. 해외 거주 인도인에 대해서는 100퍼센트 투자 참여가 허용되었다. 수입은 '네거티브 리스트 시스템Negative List System'으로 전환하여 수입 규제를 완화하였다. 물론 일부 소비재 완제품 등은 여전히 수입을 제한하였다. 환율제도 손을 봤으니, 1991년 7월에 루피화 평가절하를 단행했다. 인도 정부는 노동조합이나 야당의 반발에도 불구하고 적극적인 공기업 민영화 정책을 추진하였다. 사회주의적 정부 주도로 계획경제를 추진하면서 낙후된 금융산업을 활성화하고자 금융 부문의 구조적 개혁에 착수하여, 금융 자율화를 점진적으로 도입하고 신규 민간 상업은행의 설립을 허용하였다.

라오의 경제개혁은 결코 급진적인 것이 아니었고, 오히려 상당히 점진적인 수준이었다. 그러나 내부에서 엄청난 저항이 터져 나왔다. 우선, 40년 동안 국가의 보호를 받으며 성장한 토착 기업들이 저항했다. 외국계 기업에 시장을 빼앗긴 토착 기업들의 주장은 이러했다. 외국계 기업은 제품 생산보다 상품 판매에 주력하고, 그들이 가지고 들어온 기술도 선진기술이 아니어서 인도 기업이 배울 것이 없고, 그래서 인도 기업의 경쟁력도 높일 수 없다는 논리였다. 인도 기업인들은 외국계 기업이 지분을 늘려 결국 인도의 산업이 모조리 외국에 팔려 나갈 것이라는 논리로 국민감정에 호소하였다. 이러한 전략은 선거가 자주 있는 인도의 정치구조와 맞물리면서 정부 정책에 제동을 걸게 되었다. 한국과 마찬가지로 인도도 경제 세계화 흐름 속에서 우루과이라운드 협상을 하지 않을 수 없었고, 농민들의 반발은 불을 보듯 뻔했다.

이런 상황에서 정치인들의 선택은 두 가지다. 국민감정을 자극해 개혁을 저지할 것이냐, 고통 분담을 호소해 국가 위기를 극복할 것이냐. 한국은 후자를 택했고, 인도는 전자를 택했다. 당시 인도는 1994년 말부터 1995년 초까지 안드라 쁘라데시, 까르나따까, 마하라슈뜨라 등 큰 주에서 주의회 선거가, 1996년에는 전국 총선거가 있었다. 지금도 그렇지만 인도는 유권자 중 농민층이 압도적이어서 그들에 대한 선심 선거가 노골적으로 자행되는 나라이다. 각지에서 농민에 대한 선심 정책이 쏟아져 나왔고, 그로 인해 경제개혁을 추진하던 인도국민회의는 심각한 타격을 입을 수밖에 없었다. 심지어 마하라슈뜨라주에서는 1995년 주의회 선거에서 인도국민당이 집권하면 미국 엔론Enron사가 직접 투자한 발전소

건립 계약을 취소하겠다고까지 했다. 이 계약은 실제로 취소되었고, 인도 정부는 외국인투자 유치에 심각한 타격을 받았다. 그 영향은 한동안 지속되었다.

인도인들의 국수주의 정서를 반反외국기업문화로 연결시키는 것도 심각한 문제였다. 인도는 오랫동안 코카콜라가 없는 나라로 지냈다. 오랜 자국 기업 보호주의 속에서 특히 외국 소비재는 인도 시장에 발붙이기 어려웠다. 까르나따까 농민협회Karnataka Farmers Association는 1995년 8월 1일 까르나따까주에 문을 연 켄터키 프라이드 치킨 패스트푸드점을 일주일 안에 닫지 않으면 강제 폐쇄할 것이라고 통보한 후 실행에 옮겼다. 피자헛, 맥도날드도 마찬가지다. 이러한 분위기 속에서 인도국민회의는 안드라 쁘라데시와 까르나따까 등 주요 주 선거에서 패배하였고, 신경제정책을 추진하던 라오 수상의 입지는 크게 좁아졌다. 그러면서 당에서 경제자유화 정책에 대한 비판의 목소리가 높아졌고, 결국 1996년 총선거를 위해 정책이 대폭 수정되었다.

1980년대 중반 라지브 간디 정권이 시작한 경제자유화 정책도 농민이 다수 유권자인 하리야나주 선거에서 패배함으로써 대폭 후퇴한 것처럼, 라오 정권도 같은 길을 걸은 것이다. 결국, 인도 경제는 형식적으로는 1991년부터 개방경제 정책을 추진하였다고 할 수 있으나, 실질적으로 2000년대 전까지는 실행하지 못했다고 해야 한다.

올림픽 금메달리스트가 농민운동을?

인도는 14억의 인구 대국이지만, 국가주의가 약해서 뭐든 국가를 기준으로 하는 행위가 그리 관심을 끌지 못한다. 국가 대항전을 기본으로 하는 올림픽에도 무관심하다. 그러다 보니 올림픽 순위에도 별로 관심이 없고, 메달을 딴 선수에게도 그다지 환호하지 않는다. 그러던 인도가 조금 달라진 것일까? 여전히 국가주의 엘리트스포츠에 별 관심이 없는 와중에, 시민들을 흥분시킨 사건이 일어났다.

니라즈 초쁘라Neeraj Chopra라는 투창 던지기 육상선수가 코로나로 1년 미뤄진 2020년 도쿄올림픽(2021년 개최)에서 올림픽 사상 인도 선수 최초로 금메달을 땄다. 영국 식민지 시절인 1900년 파리 대회에 노먼 프리처드가 개인 자격으로 인도 대표선수로 육상 종목에 참가한 이래, 인도는 지금까지 24차례의 대회에 빠짐없이 참가하여 남자 필드하키에서만 8개의 금메달과 사격에서 1개의 금메달을 획득했을 뿐이다. 육군 소속 선수인 초쁘라는 북인도의 하리야나 출신이고, 그 지역이 거의 그렇듯 농민의 아들이다.

초쁘라가 금메달을 딴 후 '농민의 아들'이라는 레토릭이 언론에 자주 등장하더니, 그만 사고가 하나 터졌다. 누군가가 올린 #FarmersShineInOlympics와 #FarmersProtest라는 해시태그가 트위터에 등장하더니 이내 널리 퍼졌다. 그러더니 초쁘라 이름으로 다음과 같은 힌디 트윗이 올라왔다. "만약 이 나라 농민들이 정부의 탄압으로 고통을 받는 상황이 계속된다면, 금메달을 따는 게 무슨 의미가 있습니까?" 이 트윗은 스크린숏으로 삽시간에 널리 공유되었다. 니라즈 초쁘라가 2021년 여름에 벌어진 신농영법에 대한 농민들의 저항을 공개 지지하는 것이라는 의미가 부여된 채. 주간지《인디아 투데이》반反가짜 뉴스팀이 조사한 바에 따르면, 올림픽 금메달리스트 니라즈 초쁘라의 트위터 계정은 "@Neeraj_chopra1"인데, 문제의 트윗을 올린 계정은 "@neeraj_chopra_"로 가짜 계정이라는 것이다. 그런데 이 가짜 계정을 2만 4천 명이나 팔로잉하면서 그들에 의해 순식간에 가짜 뉴스가 전국으로 퍼졌다는 얘기다.

왜 이런 일이 벌어졌을까? 이는 2000년대 이래로 매우 빠른 속도로 퍼지고 있는 신자유주의경제와 관계가 있다. 인도 수상 나렌드라 모디는 2014년 집권 이래 신자유주의경제를 기반으로 하는 시장친화적 경제체제로 탈바꿈하기 위해 건국 이래 지금까지 인도 사회를 지탱해 온 여러 가지 사회주의적 사회경제정책을 폐지하는 데에 모든 역량을 쏟았다. 모디는 2019년 총선에서 2022년까지 농민 소득을 2배로 늘려 주겠다고 공약했으나, 최근 그 약속 시기를 2년 늦췄다. 이에 농민들은 모디가 친기업 · 친시장 정책만 쓰고 농민들에게는 적대적이라고 분노하면서 반정부 저항을 시작했다.

2020년 9월 23일, 집권 여당인 인도국민당(BJP)은 의회에서 세 가지 농업 관련 법안을 통과시켰다. 농민 생산물의 교역과 상업에 관한 법안Farmers' Produce Trade and Commerce, 즉 생산 장려와 촉진에 관한 안, 농민(권한 부여 및 보호에 관한) 생산가 보장 및 농장 서비스 동의안Empowerment and Protection Agreement of Price Assurance, Farm Services Act, 필수물품(개정)안Essential Commodities (Amendment) Act의 셋이다. 이 법안들은 그동안 자유시장 체제에서 정부가 농민을 보호해 온 전통을 부정하고, 농민들을 시장 질서로 내몰아서 다 죽이는 내용이라는 것이 농민들의 주장이다. 시위대는 특히 농민과 기업 간의 직거래 허용에 분노했다. 1960년대부터 인도 정부는 농민과 민간기업 간의 직거래를 철저히 금지해 왔다. 농민들이 정부가 감독하는 공공 매장으로 작물을 넘기면, 도 · 소매업체가 경매에 참여해 작물을 구매하는 체계였다. 정부가 작물별 최저 가격을 정해 농민들의 최소 수입을 보장하려는 체계다. 이 체계가 무너지면 농민들은 국가의 보호를 받을 수 없게 되고, 그래서 대규모 시위를 벌인 것이다.

법안 통과 후 농민들의 저항은 특히 농민 인구가 압도적으로 많고 대기업의 영향력이 큰 북인도의 뻰잡, 라자스탄, 하리야나 등지를 중심으로 전개되었다. 수차례에 걸친 대규모 상경 시위 등 시위는 2024년 현재까지 끊이질 않고 있다. 그리고 이 지역에서 2024년 총선에서 집권 여당이 큰 패배를 안았다. 니라즈 초쁘라는 이 가운데 농민 인구가 압도적으로 많으면서 델리와 바로 인접한 하리야나주 출신이다. 그가 반정부 농민운동에 어떤 입장인지는 알 수 없다. 그러나 농민들이 기업의 희생양으로 전락하여 지금보다 더 고통스러운 처지로 떨어지는 것은 막아야 한다는 것이 이 소동의 메시지다.

이 가짜 뉴스 사태에서 우리가 읽어야 할 것은, 신자유주의로 인도 농민의 피해와 고통이 매우 크다는 사실과 인도도 이제 SNS에 의한 가짜 뉴스가 큰 영향을 발휘하는 나라가 되었다는 점이다. 이제 인도는 농민들도 첨단 기기를 사용하는 현대화된 사회이다. 가짜 뉴스를 농민운동에 활용하는 방식이 옳은지 그른지에 대해서는 개인마다 의견이 다를 수 있지만, 인도 농촌이 매우 빠른 속도로 도시경제와 시스템적으로 연결되어 가는 중이라는 것은 누구도 부인하지 못한다.

세계 최대 규모 댐 공사의 명과 암?

인도는 세계에서 가장 큰 댐 가운데 하나를 가진 나라다. 국가 주도 산업화를 통한 가난 극복과 부강한 나라 건설을 꿈꾼 초대 수상 네루가 1961년에 착공하여 2019년에 완공된 '나르마다 계곡 개발 프로젝트'에 포함된 사르다르 사로와르 댐Sardar Sarovar Dam이다. 나르마다 계곡 개발 프로젝트는 구자라뜨와 마하라슈뜨라, 마디야 쁘라데시의 3개 주에 걸쳐 대규모 댐 30개와 중규모 댐 135개, 소규모 댐 3천 개를 세우는 사업이다. 이 프로젝트에서 규모가 가장 큰 댐은 구자라뜨주에 위치한다. 이 댐은 높이가 138미터, 길이가 1,210미터나 되는 거대 댐인데, 2019년 9월 15일 댐 수위가 이미 138.7미터가 되었다. 댐 건설에 사용된 콘크리트 양으로만 보면 세계에서 두 번째로 큰 콘크리트 댐이다.

세계은행에서 2억 달러를 대출받아 건설하기 시작한 이 프로젝트는 농업용 관개시설을 늘리고 수력발전을 생산하는 것이 목표였다. 그러나 처음에 자금을 지원했던 세계은행은 주정부가 세계은행이 요구하는 환경 문제를 비롯한 여러 요구 사항을 준수할 수 없다며 대출 중단을 요청하자, 1994년 대출을 철회했다가 우여곡절 끝에 재개했다.

사르다르 사로와르 댐 공사에는 시작부터 끝까지 연인원 약 100만 명의 인력이 투입되었다. 나르마다 계곡 프로젝트는 댐 공사 외에도 일련의 대형 관개 및 수력발전용 다목적 댐 건설이 포함된 인도 역사상 최대 규모의 국책 개발 프로젝트다. 관개 혜택은 라자스탄주와 구자라뜨주에 돌아가고, 사르다르 사로와르 댐의 수력발전은 구자라뜨주, 마디야 쁘라데시 주, 마하라슈뜨라주에서 공유하게 된다. 마하라슈뜨라주는 생산된 전력의 약 57퍼센트를, 마디아 쁘라데시주는 약 27퍼센트를, 구자라뜨주는 약 16퍼센트를 가져간다. 이 댐이 완공되면 상시 물 부족 사태를 겪는 구자라뜨와 라자스탄 일부 군들을 포함하여 약 3천만 명의 식수를 공급하고, 180만 헥타르 농지에 물을 공급할 수 있으며, 1,450메가와트의 전력을 생산할 수 있다고 한다. 또한, 이 댐은 홍수와 가뭄에 대비할 수 있게 하고 동식물과 어류에도 긍정적인 영향을 주어 생태계 보존에 도움이 된다고 한다. 그뿐만 아니라, 댐을 건설하여 물을 저장하면 바다로 흘러 들어가는 강물을 구자라뜨의 많은 건조한 마을과 지역에 농수와 식수를 공급할 수 있다. 그렇게 혜택을 입는 곳이 구자라뜨의 약 80만 헥타르, 라자스탄의 약 246만 헥타르의 토지인데, 특히 가뭄에 취약한 건조지대인 까츠와 사우라슈뜨라 지역의 131개 마을과 도시, 약 9,633개 마을에 식수를 공급하고, 홍수가 발생하기 쉬운 3만 헥타르의 지역에 홍수 방지 기능도 제공한다고 인도 정부는 홍보한다.

그러나 아무리 국익을 위한 프로젝트라고 해도 거대한 규모의 개발사업이기 때문에, 사업 범위에 포함되는 수만 가구의 거주지 철거와 이에 따른 사회문화적 · 생태적 파괴가 불가피했다. 피해가 발생할 것으로 예상되는 규모는 세 개 주에 걸쳐 245개 촌락의 4만 1천 명으로 발표되었다. 이런 종류의 국가 주도 개발사업은 흔히 모든 국민에게 더 나은 사회적 평등과 번영을 보장하는 새로운 시대를 향한 전진이라고 선전되지만, 그 이면에 개발의 부정적 영향을 피할 수 없다. 그 가운데 가장 심각한 것은 거주민 강제 철거이다. 실제로 철거 후 재정착 프로그램이 제대로 작동하지 않아 철거민들의 생존권과 환경권이 위협받았다. 1995년 인도 대법원이 시민사회의 청원을 수용하여 사업의 일시 중단을 명령했지만, 1999년 사업 재개 명령으로 2006년에 121.92미터 높이의 사르다르 사로와르 댐이 완공되었다. 비공식 통계에 의하면, 약 32만 명의 주민이 이 댐의 건설로 정착지에서 쫓겨났다. 그래서 나르마다 계곡 개발프로젝트는 공사 시작부터 종료 때까지, 특히 1980년대부터 끊임없이 논란을 일으켰다. 나르마다 건설 반대 운동이 줄기차게 이어졌고, 그 운동의 중심은 댐이 환경에 미치는 악영향과 이주민 보상 문제였다.

일반적으로 대형 댐은 거대주의와 기술물신주의를 표상하는 개발의 상징이다. 국가는 대형 댐 건설과 같은 대형 프로젝트를 가능하게 하는 과학과 기술 진보에 대한 신념을 근대주의적 이데올로기로 채택해 왔다. 그러나 그간 대규모 철거민을 낳는 개발 모델 안에는 '국익' 외에 해당 국가 주민들의 인권에 대한 관심이 없었다. 특히 인도를 포함한 제3세계 대다수 국가가 주도하는 개발사업은 일방적인 국가 결정에 따른 인간 및 환경파괴가 뒤따랐다. 국가는 자연과 사회에 대한 행정명령만 내릴 뿐 개발계획에 지역적 인식을 반영하려는 의지가 없었다. 오히려 개발사업을 위해 기본적인 사실조차 말소하거나 왜곡하는 일을 자행하곤 했다. 세계경제의 전 지구화를 추구하는 세계은행의 자본과 국가권력의 합작품인 인도의 댐 프로젝트에도 국가의 경제발전 가속화에 필요한 인프라 구축이라는 다양한 장밋빛 전망만 난무했다.

유엔인권위원회는 국가의 개발 프로젝트에서 철거처럼 인간에게 심각한 영향을 주는 개발사업을 대신할 수 있는 대안을 모색할 것과 철거가 불가피하다면 철거 절차로 피해를 입을 주민들의 생존권과 자유 및 안전권을 최대한 보장할 것을 권고하고 있다. 그러나 실제 개발 과정에서 제기되는 인권에 대한 요구는 철저히 무시되기 일쑤다. 국익을 위해 개인의 희생은 도외시하는 전형적인 제3세계의 대형 국책사업이다.

인도에 상속세가 재도입될까?

현재 인도에는 상속세가 없다. 초대 네루 정부 때에는 당연히 있었지만, 국가경제가 기나긴 불황의 늪에 빠지면서 가난에서 벗어나지 못하자 1985년 라지브 간디 정부 때 폐지하였다. 오로지 경제 활성화 차원이었다. 그런데 현재로서는 이 정책은 실패했다. 당시 재무장관 싱V.P. Singh은 상속세 폐지가 빈부격차를 줄이고 사회 불균형을 해소하는 데에 실패했다고 평가했다.

이후 30여 년이 지난 2019년, 모디의 인도국민당BJP 정부가 1985년에 폐지된 상속세의 부활을 고려하는 것으로 알려졌다. 반대론이 뜨거웠다. 상속세 재도입을 반대하는 가장 큰 근거는 경기 위축이었다. 이미 상당한 세금을 납부하고 있는 직접세 납세자들의 부담이 커질 것이라는 주장이다. 만약 상속세가 재도입되면 고액 자산가들은 가족 신탁사를 설립하려 할 것이고, 가족 신탁은 소유권 이전 없이 신탁 지분만 변경되기 때문에 과세를 피할 수 있어 세금 부과 효과가 별로 없다는 것이다. 더군다나 해외에 가족 신탁을 만든다면, 세금을 피할 뿐만 아니라 해외에 더 많은 재산을 은닉하는 결과를 초래할 수 있다는 논리다.

인도의 대표적인 다국적기업 바자즈 그룹의 라훌 바자즈Rahul Bajaj 회장은 명백하게 재도입을 반대했다. "우리 경제에는 투자와 더 높은 성장이 필요하다. 상속세가 도입되면, 사람들이 사업소득을 해외로 가져갈 수 있다." 싱가포르, 캐나다, 홍콩, 호주, GCC(걸프협력회의) 국가 등 일부 국가드도 상속세가 존재하지 않거나 폐지되었다는 주장도 빠지지 않는다. 미국의 상속세율은 40퍼센트지만, 부모 1인당 유산이 1,170만 달러(약 152억 원), 부모 합산 2,340만 달러(약 304억 원)까지 상속세가 면제되는 데다, 불평등이 적은 선진사회라 상속받지 않아도 아이들이 자립하는 데에 문제가 없지만 인도는 그렇지 않다는 주장도 있다.

상속세를 재도입하려는 가장 강력한 이유는 두말할 것 없이 사회정의 실현이다. 경쟁이 근본 원리인 자본주의 사회에서 경쟁 없이 부모 잘 만난 덕에 얻는 이익이 너무 크다는 것이다. 더 근본적으로는, 극소수 부유층에게 세금을 매긴다고 불평등이 줄어드냐는 물음이 있고 그 대답이 항상 'Yes'는 아니라는 것이다. 상속세 반대론자들은 상속세가 부유층의 저축과 투자를 위축시켜 도리어 빈민층에게 해를 끼칠 수 있다고 주장한다. 최저임금을 올리면 자영업자들이 직원들을 해고하여 비정규직 노동자가 더 큰 피해를 입는다는 논리와 비슷하다.

인도 고유의 문제도 있다. 상속세가 사회계층 변화에 그다지 영향을 미치지 못한다는 것이다. 개천에서 용 날 기회가 원천적으로 봉쇄되니, 사회가 진보하고 발전할 가능성도 줄어들었다. 관련 연구에 의하면, 농업노동자 가족에서 태어난 사람 중 절반 이상이 결국 농업노동자가 된다. 아직도 실질적으로 존재하는 지주제 안에서 지주 자손은 또 지주가 되고, 소작인 자손은 또 소작인이 되는 것이다. 과거 왕조가 현대에도 고스란히 이어지는 것이니, 사회정의 차원에서 있어서는 안 될 일이다.

관건은 부유한 사람의 몫을 줄이는 사회정의 차원에서만 정책을 도입하는 것이 바람직한가이다. 도입한다면 어느 정도로 어떻게 도입해야 하는가? 빈곤 상속자들이 소득 사다리를 타고 올라갈 수 있게 하려면 선진국 수준의 강력한 상속세를 급격하게 도입하기보다 여러 형태의 면세를 두어 완만하게 제도를 활용할 수 있게 해야 한다는 주장도 합리적일 수 있다. 지금 당장은 부족해 보여도 인도의 경제 규모가 더 커지고 평등성을 더 크게 담보할 필요가 생기고, 양질의 교육과 의료 같은 사회보장이 더 갖추어졌을 때 더 강력한 상속세로 보완해야 한다는 주장이다.

현실적으로 인도가 아직 이러한 세금제를 도입할 준비가 되어 있지 않다는 지적도 있다. 미국, 영국, 일본, 프랑스, 한국 등 대부분의 선진국들은 상속세 비율이 50~55퍼센트에 달한다. 이렇게 높은 비율의 세금을 거둘 수 있는 건, 이들 국가에 체계적인 사회보장 및 은퇴 계획이 마련되어 있기 때문이다. 그러나 개발도상국인 인도에는 아직 그런 사회 시스템이 미비하다. 그래도 상속세를 다시 도입해야 한다면, 실효성 있고 부담스럽지 않은 구조가 될 수 있도록 면밀하게 검토해야 한다는 주장이 널리 받아들여지는 것 같다. 세금을 부과하는 기본 한도를 정하고, 그 한도를 초과하는 경우에 본인 거주 주택과 생존 배우자 및 미성년 자녀에 대한 면세 혜택을 어느 정도까지 제공할지 등 다양한 문제를 고려해야 한다. 상속세가 제대로 작동하려면 실물 자산 보유를 디지털 방식으로 검증할 수 있는 시스템도 마련되어야 한다.

이러한 상황에서 현 정부가 업계의 로비를 이겨 내고 상속세를 재도입할 가능성은 낮다고 보는 게 일반적이다. 모디 정부가 상속세를 재도입하여 얻을 수 있는 실리가 별로 없다. 소비자 수요가 감소하는 상황에서 추가 세금이 도입되면 개인의 구매력은 더 위축될 것이다. 그런데도 상속세를 도입해서 투자심리마저 위축되어 경기가 더 나빠진다면, 모디 정부가 그 뒷감당을 어떻게 할 것인가? 카스트가 여전히 강력한 힘을 발휘하는 사회에서 불평등 도덕론은 그리 크지 않다. 2019년 재도입을 검토했지만, 현재로서는 상속세를 재도입할 가능성이 낮다.

인도의 사회복지제도는 어느 정도인가?

인도의 사회보장은 연방정부에서 시행하는 것도 있고, 주정부에서 시행하는 것도 있다. 인도 헌법 제4부에 명시된 국가정책 지침 원칙은 인도가 복지국가임을 천명하지만 현실은 아직 그렇지 못하고, 인도 국민의 삶의 질은 매우 낮은 편이다. 가장 취약한 것은 식량 문제다. 정부는 경제적 취약계층에게 무료 곡물과 식량안보 수당을 제공하는데, 2013년 국가 식량안보법이 마련되었다. 모든 인도인의 식량안보를 보장하는 이 법은 일반 과세로 자금을 조달하지만, 이것이 얼마나 효율적으로 시행되는지는 또 다른 문제다. 기아 문제를 겨냥한 다양한 계획과 프로그램이 시행 중임에도 불구하고 취약계층 어린이의 영양실조는 여전히 심각한 상태다.

2020년에는 사회보장법이 통과되어 이에 근거하여 여러 제도가 시행 중이다. 인도의 포괄적인 사회보장 시스템은 크게 현금 또는 현물로 지급되는 형태와 고용과 관련된 의무적인 사회보장 기여제도로 분류할 수 있다. 여기에 사회보장법에 따라 퇴직연금 및 예비 기금, 건강보험 및 의료 혜택, 병가 급여 및 휴가 · 실업수당 및 유급 육가휴가 등에 관한 조항을 포함하는 인도 노동법이 시행되고 있다. 특이한 것은, 기업이 각 정부 못지않은 역할을 한다는 사실이다. 기업의 사회적 책임Corporate Social Responsibility(이하 CSR)이라는 것인데, 기업의 소득 가운데 일정 부분을 사회에 환원하여 복지재정으로 사용한다는 것이다. 과거에는 기업이 도덕적 차원에서 알아서 했던 일이 2013 새로 만들어진 회사법에 따라 의무 조항이 되었다. CSR은 교육, 환경, 의료 보건, 장학사업 및 인재 개발 등 다양한 분야에서 사회보장의 중추 역할을 한다.

사회보장에서 가장 우선적인 부분은, 앞에서도 말했다시피 영국 식민 시기부터 시작되어 인도 사회정치 분야의 태풍의 눈으로 작용한 지정카스트와 지정부족 그리고 여타후진계급OBC 쿼터제다. 이들에 대한 지원은 연방과 주정부의 교육과 취업 지원이 기본이고, 독립적인 것도 있고 다른 프로그램과 연계되는 것도 있다. 지정카스트에 속하는 사람이 스타트업 기업을 시작하면 자금을 제공하는 식이다. 또 하나 정부가 집중하는 것은 빈곤퇴치다. OBC 지원 이후 2010년부터 경제적 취약계층에 대한 재정지원을 시작했다. 수작업 청소부와 그 부양가족도 지원하는데, 궁극적으로는 수작업이 필요한 화장실과 그 청소를 없애는 것이 목표다. 교육복지에서는 중등교육까지가 의무인데, 중등에서 대학까지 공부하는 학생들을 위한 기숙사 시설을 제공한다. 이 또한 지정카스트 쿼터 그리고 각 주 및 연방정부 시스템과 연계된다. 등록금은 대체로 대학까지 아주 낮게 부과한다. 지정부족과 관련하여 해당 공동체의 부족 축제를 지원하여 부족 문화를 상려하고, 디지털 교육을 시행하고 연구비도 우선으로 지급한다.

지정카스트와 지정부족은 아니지만 여성들도 우선적인 복지 혜택을 받는다. 여성 기업가에게 소액 금융을 우선 제공한다거나, 여성 자립을 위한 커뮤니티 시설을 세운다거나, 여성 리더십 교육을 시행하는 것이다. 출산 복지 외에 장애인 복지제도도 다양하다. 장애인들의 교통 및 정보통신 접근권 확대를 지원하고, 취업 및 창업에서 동등한 기회와 사회정의를 보장하는 다양한 제도가 있다. 국민 노령연금 제도도 시행 중이다. 빈곤퇴치 제도로는 도시빈민을 위한 최소한의 주거지 제공, 자영업과 임금 고용 기회 제공, 농촌 촌락 개발 시스템이 있다. 물론 이러한 제도가 얼마나 효율적으로 실행되는지는 별개의 문제이다.

2021~22년 정기 노동력 조사에 관한 연례보고서에 따르면, 인도 임금노동자의 약 53퍼센트가 사회보장 혜택을 받지 못하고 있다. 이는 사실상 대부분의 근로자가 퇴직연금, 연금, 의료 및 장애 보험을 이용하지 못한다는 의미다. 실제로 인도 노동인구의 최하위 20퍼센트 중 1.9퍼센트만이 사회보장 혜택을 받을 수 있고, 임시직 근로자는 거의 혜택을 못 받고 있다. 이외에도 인도의 전반적인 사회보장제도에 대한 평가는 상당히 낮은 편이다. 2021년 현재 인도의 사회보장제도는 조사 대상 43개국 중 40위로 평가되었다. 이를 개선하려면 무엇보다 2000년대부터 본격적으로 시행한 여러 복지 및 안전 정책과 프로그램을 통합하고 체계화해야 한다

고 전문가들은 지적한다.

사실, 복지 관련 예산 확보와 집행 문제에서 각 정당들이 타 정당의 성과를 가져다 치적으로 삼거나 상호 비방하고 선거공약으로 확대하는 등 정치 문제로 비화되는 경우가 많아 그 실상과 효과를 제대로 파악하기가 대단히 어렵다. 제도와 프로그램을 중심으로 판단하는 데에 한계가 있을 수밖에 없다. 이를 전제하고 보더라도, 인도는 국가의 통일된 사회보장제도가 아직 많이 부족하다. 현재 선심성 혹은 명목상 프로그램이 많아 이들 프로그램의 지속성을 조사하고 실행 가능성을 높이는 것이 무엇보다 중요하다. 정부가 예산 조항만 만든다고 정책이 실행되는 건 아니다. 구체적으로 연방정부와 주정부가 합리적으로 역할을 분담하여 중복되지 않게 검토하고 실천해야 한다. 특히 현재 인구 조절에 실패하여 그로 인해 노년층 인구가 갈수록 많아지고 평균수명은 길어지는 반면에 일하는 사람들의 수는 줄어드는 상황을 감안한다면, 노년기 사회보장은 인도 정부에 심각한 폭탄이 될 수 있다.

인도는 가난한 나라인가, G3인가?

사람들이 인도 경제에 대해 말하는 것을 보면, 마치 인도에서 만들어진 장님 코끼리 만지기 이야기를 듣는 것 같다. 자기가 보고 싶거나 비즈니스에 유리한 이야기만 하는 것이다. 흔히 인도 경제는 양극단으로 이야기된다. 한쪽에서는 인도만큼 가난한 나라도 드물다. 그렇지만 다른 쪽에서는 인도만큼 부자 나라도 없다. 어디까지가 실제이고, 어디까지가 왜곡인가?

GDP는 세계 5위의 강대국인데, 1인당 GDP는 이제야 2,400달러를 갓 넘은 나라이니, 이웃한 나라인 네팔이나 방글라데시와 엇비슷한 수준이다. 인도를 소개하는 거의 모든 다큐멘터리 영상은 빠지지 않고 뭄바이의 다라위Dharavi, 즉 빨래하는 사람들 거주하는 슬럼촌을 보여 준다. 철도 길에 인접한 슬럼가는 웬만한 강심장 아니면 끝까지 보기가 어려울 정도다. 어린아이들의 넝마 차림과 피부질환, 영양상태는 처참할 지경이다. 그 정도는 제3세계 어느 대도시에서나 흔한 모습이라 치더라도, 인도 시골 마을의 흙집과 하천가 천막에 사는 사람들의 모습은 가난하고 낙후하다는 평가를 피하기 어렵다. 이뿐인가? 중국을 제치고 세계 인구 제1위로 등극한 2023년 인도는 청년 실업률이 20퍼센트가 훨씬 넘는 나라다. 의료 보건 상황, 취학 인구 상황, 극빈층의 두께, 질병에 노출된 정도, 문맹자 비율 등을 보면 수치를 들먹일 필요도 없이 인도는 세계 최빈국 가운데 하나임은 부인하기 어렵다.

더 구체적으로 볼까? 인도에서는 약 3억 명의 인구가 최저생계비 이하(1년에 75달러 이하)로 연명하고 있다. 20만 개의 마을이 식수로 사용할 수 있는 상수원을 확보하지 못하고 있으며, 인구의 75~80퍼센트는 위생 시설 없이 생활한다. 아직까지 도시에서도 정전이 일상화된 나라, 인프라가 구축되지 않아 제조업 발전이 어려운 나라, 산업에서 가장 큰 부분을 차지하는 것이 농업이고, 몬순 강우량이 농업 생산량에 결정적 영향을 끼치고 그해 경제 상황까지 결정하는 나라다. 이것이 인도의 실제 상황이다.

그런데 또 다른 이미지 혹은 실제가 있다. 인도는 분명히 부자 나라다. 세계에서 가장 돈이 많은 사람을 열 명 꼽으라면, 어떤 기준으로 뽑더라도 인도 사람이 한둘 이상 들어간다. 뭄바이에 있는 릴라이언스 그룹 회장 무께시 암바니Mukesh Ambani 집은 27층으로 된 세계에서 가장 비싼 저택이다. 수영장이나 극장, 무도장은 말할 것도 없고, 헬리콥터 포트, 눈썰매장까지 갖춘 상상을 초월한 시설의 집이다. 인도 정부가 추진하는 100개 스마트시티의 시설을 보면, 사무실이나 집의 모든 시설이 외부에서 인터넷이나 핸드폰으로 작동할 수 있는 인공지능 형태가 부지기수이다. 최근에는 세계에서 네 번째로 달에 인공위성을 쏴 안착시키는 쾌거를 올렸다고 인도 전역이 들썩였다. GDP 성장률이 매년 7~8퍼센트 비슷하게 유지하는, 실질적인 세계 강대국 가운데 유일한 성장 일로에 있는 나라다.

현재 추세로는 인도가 전 세계에서 가장 안정적이고 빠르게 성장하는 지역이고, 세계경제 성장에서 매우 중요한 역할을 수행하고 있음은 누구도 부인할 수 없다. 최근 중국의 성장률 둔화를 고려할 때 세계경제에서 인도의 중요성은 더욱 커질 것으로 예상되는 것도 분명한 사실이다. GDP가 영국을 제치고 세계 5위까지 올랐는데, 이게 단지 인구가 많아서 그렇게 됐다고 말할 수 있을까? 아직은 더 지켜봐야겠지만, 현재 애플 등 중국에서 인도로 생산기지를 옮기는 다국적기업이 가파르게 늘어나는 중이다. 세계 IT산업을 움직이는 엔지니어가 인도에서 다수 배출된다는 사실이나, 세계 다국적기업의 CEO 가운데 인도인 출신이 엄청나게 많다는 것은 이제 놀랄 일도 아니다. 인도는 세계에서 가장 두꺼운 소비시장을 보유한 나라이기도 하다. GDP의 약 70퍼센트가 국내 민간 소비로 유지되는 나라를 어떻게 봐야 하는가? 더군다나 노인층이 적고 젊은 층이 많아서 향후 젊은 부자들이 돈을 물 쓰듯 하면 어찌 될 것인지는 새삼 분석할 필요도 없다.

두 가지 모습은 모두 실제다. 그러니 인도가 세계 최빈국이라는 사실에 꽂힐 필요도 없고, 세계를 움직이는 G3 가운데 하나라고 호들갑 떨 필요도 없다. 우리가 주목해야 할 것은 빈곤에서 부유로 가는 추세가 어떻게 변하는지, 그 속도가 어떠한지, 그 후유증은 어떨지, 빈부격차 정도가 어떻게 바뀔지 등이다. 빈곤은 쉬이 사라지지 않을 것이고, 하루아침에 중국을 대체하는 거대 제조업 강국으로 떠오르지도 않을 것이다. 인도같이 큰 나라는 하나로 보지 말고 여럿으로 봐야 한다. 각 지역에 따라, 각 주에 따라서 달리 분석해야 하고, 가난한 사람들뿐 아니라 부자에게도 관심을 가져야 한다.

인도는 세계 최빈국이면서 세계를 움직이는 G3 가운데 하나이다. 이는 외면할 수 없는 사실이다. 과거 데이터만 가지고 인도 경제의 불안한 면을 부각하는 것도 문제고, 전망으로만 인도 경제의 희망찬 미래를 말하는 것도 문제다. 인도 경제는 단순히 데이터만 가지고 말할 수 없다. 사회 변화와 정치 문화를 동시에 꿰뚫어 볼 때 제대로 볼 수 있다. 왜 양극단의 모습이 공존하는지는 쉽게 답할 수 없는 문제다. 그 어려운 답을 구하기 전에, 그 현실부터 정확히 파악해야 한다. 그러려면 사회문화를 다면적으로 분석해야 하는 것은 두말할 필요가 없다.

인도가 중국을 대체할 수 있을까?

인도는 1991년에 IMF 외환위기를 맞았다. 그리고 국가의 방향을 자유화, 민영화, 세계화로 틀었다. 맨 먼저 민간 및 외국인투자를 확대해야 했다. 하지만 1947년 공화국 수립 이후 인디라 간디 시기를 거치면서 30년 넘게 굳어진 소위 '인허가 통치'라고 표현되는 국가 주도의 폐쇄적 사회주의적 경제 체질은 쉽게 바뀌지 않았다. 사방에서 터져 나오는 저항이 버거웠다. 경제가 조금씩 성장한다지만 그 혜택이 인구 전체에 골고루 분배되지 않으면서 빈곤층, 특히 농민들의 저항이 매우 거칠게 전개되었다. 결국 인도는 국민의 끈질긴 저항으로 개혁 · 개방 정책을 전진하다 후퇴하다를 반복할 수밖에 없었다.

외형적으로는 신자유주의적 경제정책을 지향하는 듯 보이지만, 그 정책이 형성되고 집행되는 과정을 살펴보면 1991년 이전의 국가 주도 경제발전모델과 1991년부터 시작한 신자유주의적 시장 중심 모델이 공존하고 있음을 알 수 있다. 다시 말해, 인도 정부의 신자유주의적 경제개혁 정책은 시간의 흐름에 따라 심화하는 것이 아니라, 마치 벽시계 추와 같이 거의 10년 동안 국가 주도와 기업 자유의 두 축 사이를 왕복하고 있다.

그런 과정을 겪으면서 IMF 이후 10년 만인 2000년 초부터 인도 경제는 세계경제에 본격적으로 통합되기 시작했다. 그러나 여전히 큰 역할을 하지는 못하였다. 여러 가지 이유가 있지만, 제조업이 여전히 매우 낙후된 상태였기 때문이다. 아무리 서비스산업이 발전하고 외자 유치가 활발해져 경제가 성장했더라도 제조업이 성장하지 않으니 일자리가 만들어지지 않고, 그러다 보니 인도 경제가 세계경제를 끌고 나가는 중국의 위치에 오르지 못했다. 제조업 발전에 국가의 사활을 걸기 시작한 것은, 2014년 현 수상 모디가 집권하고부터이니 고작 10년 정도 걸렸다고 봐야 한다.

현재까지는 인도 경제가 세계경제에서 어떤 역할을 담당한다거나 위치를 차지한다고 말하기 어렵다. 이제 '메이크 인 인디아'에 국가의 운명을 걸고 제조업 발전 프로젝트를 10년 정도 추진한 상태이다. 아직 놀랄 만한 성과는 거두지 못하고 있지만, 인도가 유망한 생산기지가 될 것이라는, 특히 중국을 대체하는 제조업 기지가 될 것이라는 기대가 국내외에 모두 확산 중이다. 이 기대가 희망 고문일지 당도할 수 있는 희망일지 논쟁이 분분하다.

최근 애플사를 비롯해 많은 제조업 회사들이 인도를 매력적인 생산기지로 인식하고 대규모 투자계획을 연이어 발표하고 있다. 2017년 한국의 기아자동차도 안드라 쁘라데시 주에 자동차 제조공장을 짓기 위해 11억 달러 이상을 투자할 것이라 발표했다. 일론 머스크는 전기자동차 제조업체 테슬라가 2019년까지 부분 가동을 시작하고, 2020년까지 전체 가동하면서 메이크 인 인디아에 동참하겠다는 의사를 밝혔다. 프랑스 드론 제조업체가 항공 드론 생산공장을 인도에 짓겠다고 발표했고, 러시아는 해군 호위함, KA-226T 쌍발 엔진 유틸리티 헬리콥터와 순항 미사일을 합작 생산하는 차원에서 메이크 인 인디아 국방 제조 협력을 심화했다. 인도 정부는 2020년까지 전자제품 수입 제로 달성을 목표로 하고 있다. 2018년 4월 사우디아라비아의 거대 석유 기업인 아람코는 인도 정유사 컨소시엄과 인도 서해안에 440억 달러 규모의 정유 및 석유화학 프로젝트를 건설하는 초기 계약을 체결했다.

유수의 외국 제조업체가 인도 정부의 메이크 인 인디아 프로젝트에 합류한 예는 이외에도 셀 수 없을 정도로 많다. 그런데 자세히 보면, 그 대부분이 2010년대 이후부터 본격적으로 성사되고 있음을 알 수 있다. 이제 제조업이 성장한 지 고작 10년밖에 안 되었기 때문이다. 그래서 인도 경제가 세계경제에서 중국을 대체할 만큼 성장할 수 있는지는 지금 상태로는 판단하기에 좀 이르다는 것이다. 제도와 관행의 저항이 여전하고, 이를 개혁하는 권력의 힘이 언제까지 지속될 것인지는 선거로 좌우되는 민주주의 국가 성격상 쉽게 판단할 수 없다.

인도 경제는 형식적으로는 1991년부터 개혁 · 개방으로 노선을 바꾸었으나 여러 저항에 부딪혀 실질적인 집행과 성과는 지난 2010년경부터라고 하는 게 옳다. 인도 경제가 향후 세계경제에서 중국을 대체하는 의미 있는 지위를 차지할지 전망할 때 2010년 이전 통계를 가지고 분석하는 것은 별 의미가 없다는 말이다.

인도는 중국처럼 공산당 주도로 일사불란하게 추진되는 나라가 아닌 민주주의 국가이다. 그것도 각 주가 독립된 정치와 법 체계를 가진 연방제 나라에 중국 같은 정도와 속도를 기대하는 것은 사리에 맞지 않다. 따라서 인도가 중국의 대체 시장이 될지, 중국 다음 시장이 될지를 분석하려면, 경제 노선 변화에 가속도가 붙기 시작해 결실이 나오기 시작한 2010년경 데이터부터 분석하는 것이 옳다.

변수는 또 있다. 미국이 중국과 경제전쟁을 벌이면서 노골적으로 탈중국 행보를 걸으면서 인도를 그 대체지로 삼았다는 점이다. 미국 최대 반도체 기업인 마이크론이 인도 구자라뜨에 27억 달러를 투자해 반도체 패키징 공장을 짓겠다고 한 것이 그 좋은 예이다. 반도체 불모지로 불리던 인도에 들어서는 첫 글로벌 반도체 공장이 2024년 12월 가동 예정이다. 이뿐만 아니다. 주력 제품인 아이폰의 물량 90퍼센트를 중국에서 만들고 있는 애플은 현재 전체 생산의 7퍼센트인 인도 생산량을 2025년까지 25퍼센트로 확대하겠다고 밝혔다. 이를 위해 애플 협력사 폭스콘은 인도 벵갈루루 등에 12억 달러를 투자해 공장을 짓고 있다. 애플 최대 협력 업체인 대만의 폭스콘이 인도에 5억 달러를 들여 공장 두 곳을 건설하기로 했다는 사실도 같은 맥락이다.

인도가 미국과 급격하게 가까워지면서 글로벌 시장 통합에 적극적인 행보를 보이고 있는 건 사실이다. 이러한 지정학적 맥락도 함께 고려해야 인도의 중국 대체 가능성에 관한 답을 내놓을 수 있다.

다국적기업 CEO는 왜 인도인이 많은가?

인도인이 본격적으로 해외로 이주하여 그곳에 거주한 것은 식민 시기의 일이지만, 1970년대 이후 세계경제구조의 변화로 새로운 스타일의 해외 이주가 크게 늘었다. 학력과 기술력 그리고 유창한 영어 구사 능력을 갖춘 인도인이 미국과 캐나다 그리고 영국을 비롯한 유럽 여러 나라로 대거 이주해 갔다. 이들은 대개 도시 중산층 출신의 숙련된 기술자, 법조인, 의료인, 회계사 등 전문 기술직으로 고액의 연봉을 받고 스카우트되었다. 한때 이들 고급 인력의 이주가 고급 두뇌 유출이라는 주장도 제기되었지만, 대체로 인도 사회에 긍정적 역할을 하는 것으로 분석된다. 해외로 나갔던 고급 인력이 다시 국내로 돌아오거나 투자를 통해 인도의 경제발전에 이바지하고, 국내에 있는 젊은이들에게 자부심과 동기를 심어 준다는 것이다.

미국의 실리콘밸리에 있는 창업 기업 중 40퍼센트 정도가 인도계 소유이고, 전체 엔지니어의 약 40퍼센트가 인도인이라는 사실은 인도의 고급 인력이 세계에서 얼마나 활약하고 있는지를 보여 준다. 대표적인 인물만 꼽아 보아도 구글 알파벳의 순다르 피짜이, 트위터의 빠라그 아그라왈, 마이크로소프트의 사띠야 나델라, IBM의 아르윈드 끄리슈나, 마이크론 테크놀로지의 산자이 미흐로뜨라, 유튜브의 닐 모한, 어도비의 샨따누 나라옌 등 부지기수다. 다국적기업만 그런 것이 아니다. 세계 곳곳, 특히 미국에서는 인도인이 정부나 기업의 최고 요직을 차지하는 경우가 많다. 미국의 부통령, 영국의 수상 모두 인도 교포다. 이를 두고, 인도 민족의 우수성을 말하는 사람들이 꽤 있는데 근거 없는 이야기다. 인도 인력이 두각을 나타내는 것은, 인도 사회와 정부가 그런 인재를 양성하는 데에 성공했기 때문이다.

세계의 비즈니스 상황이 전대미문 수준으로 더 복합적이고 이질적이고 혼종적으로 진행되면서 그러한 변화에 탁월한 능력을 갖춘 인도인 인재의 필요성이 더욱 커지고, 실제로 그들이 다국적기업에서 다른 어느 나라 인재들보다 탁월한 성과를 내다 보니, 다국적기업이 조직을 이끌 최고의 인재를 찾기 위해 계속 인도로 눈을 돌리고 있다. 그 결과, 젊은 인도의 인재들이 다국적기업으로 스카우트되는 일이 갈수록 더 많아지고, 그렇게 해서 성장하는 글로벌기업의 최고 책임자 위치에 오른 인도인들이 갈수록 늘어나는 중이다. 최근 몇 년 동안 글로벌기업의 최고 직책에 임명되는 인도인 CEO의 수가 급증하는 이유를 더 구체적으로 살펴보자.

첫째, 정부에서 공학을 집중적으로 투자하고 지원하여 인력을 양성 배출한 시스템을 들 수 있다. 독립 후 초대 수상인 네루 때부터 인도 정부는 기초과학 중심 교육을 집중적으로 펼쳤다. 과학science, 기술technology, 공학engineering, 의학medical science의 앞 글자를 따 'STEM'이라 불리는 교육을 국가가 집중 발전시켰다. 이 정책 덕에 대학입시에서 고등학생들이 가장 선호하는 계열이 공대와 의대가 되었다. 인도와 한국 두 나라 모두 입시 과열이 사회적 문제이기는 하나, 공부 잘하는 학생들의 목표는 다르다. 두 나라 모두 의대는 공동 목표이지만, 한국은 의대 못잖게 법대를 선호하는 반면, 인도는 의대보다 공대를 훨씬 더 선망한다. 인도 최고의 인도공과대학Indian Institute of Technology이 세계 최고의 명문대학 반열에 오르고 여기서 글로벌 인재를 양성하게 된 것은 이런 결과다.

둘째, 인도인은 변화하는 비즈니스 환경에 적응하는 능력이 뛰어나다. 인도 문화는 매우 다양하고 이질적이고 복합적이어서 그곳에서 나고 자란 인도인은 다양한 환경에 적응하는 능력을 어렸을 때부터 키운다. 인구가 14억이 넘는 데다 자연환경도 다양하고, 각 지역의 문화도 너무나 달라 각 주가 실질적으로 하나의 나라라고 할 수 있을 정도로 다양한 문화와 전통이 있고, 그것을 하나의 연방제로 묶어 그 안에서 서로의 관계를 중시하는 오랜 전통을 가진 나라가 인도이다. 그 관계를 유지하고 발전시키기 위해 인도인들은 토론하고 논쟁하는 것을 중요하게 여기고, 어떤 원칙을 강력하게 밀어붙이는 것을 좋아하지 않는다. 그래서 시간이 걸리고 원칙이 훼손되더라도 판을 깨지 않고 유지하는 것을 중요한 미덕으로 삼는다. 그 복잡한 관계 속에서 어떻게든 실리를 추구하는 인도인 특유의 현실관이 복잡하고 다양한 글로벌 관계 속에서 인도인들이 잘 적응하도록 키운 것이다. 다국적기업은 문화, 윤리, 종교, 신념 등이 모두 다른 사람들이 하나의 조직을 이루어 공동의 성과를 내는 집단이니, 인도인이 이 분야에서 두각을 나타내는 것은 자연스러운 귀결이다.

또 하나의 중요한 요인으로 인도의 언어 환경을 들 수 있다. 인도는 22개의 공식 언어가 있고, 수백 개의 언어가 있는 나라다. 여기에서 대학 이상의 교육을 받은 인재면 적어도 언어 서너 개는 자연스럽게 익힌다는 건 널리 알려진 사실이다. 이러한 언어 환경에서 그들의 실질적인 대표 언어 역할을 하는 영어를 모국어 수준으로 구사하는 사람이 전체 인구의 10퍼센트로만 환산해도 1억 명이 넘는다. 다국적기업이 필요로 하는 언어소통 문제에서 인도인이 두각을 나타낼 수밖에 없는 것이다. 인도 특유의 사회문화 속에서 성장해 사람들 간의 조화와 공존이라는 문화적 자질을 갖추고, 영어로 공학을 전공한 대학 졸업생은 무궁무진하다. 게다가 국내 인도인이 해외 인도인과 네트워크 관계를 잘 유지하는 게 인도인이라는 사실은 인도 젊은이들의 해외 진출과 성공에 큰 도움이 된다.

인도 기업은 어떤 성격을 갖고 있는가?

인도 기업의 성격은 인도의 자본주의 시장경제의 역사가 길고, 나라가 크고 다양하고 복잡한 만큼 한 마디로 대답하기 어려운 문제다. 그래도 몇 가지 성격은 추려 볼 수 있다.

우선, 모든 나라가 다 그렇지만 인도에서도 기업의 성격은 경제정책과 그에 따른 산업구조가 역사에서 어떻게 변화해 왔는지에 따라 달라져 왔다. 영국 식민지 시기 영국이 플랜테이션 중심의 상품작물 육성정책을 시행하면서, 인도는 전통적 농업 및 가내수공업이 몰락하면서 제조업 기반을 잃게 되었다. 19세기 후반부터 대규모 기계산업의 발달이 시작되었으니, 1850년대의 면·황마산업과 채탄산업 그리고 채광, 제분, 목재, 피혁, 모직, 제지, 제당산업 등에 기계가 등장하고 거기에 종사하는 인구가 서서히 증가하였다. 1930년대에는 시멘트, 유리, 성냥 제조 등의 산업이 발달하기 시작하였다. 그러나 민족자본이 차지하는 정도나 산업화가 전체 산업경제에서 차지하는 비중은 여전히 미미한 수준이었다. 독립 후 새 공화국에서 중앙집권적 계획경제 시스템이 고착화하면서 기업에 대한 각종 규제가 강화되고 수입대체 정책이 시행됨에 따라 1980년대까지 저성장세를 벗어나지 못했다. 1991년 개방 이후 각종 규제가 완화되면서 경제발전의 기틀이 마련되었고, 2000년대부터 본격적으로 성장기에 진입했다. 정보통신 기술의 급격한 발전은 기업 환경을 완전히 바꾸어 놓았고, 내수시장이 확대되면서 외국계 회사를 포함해 전체 회사의 수가 많이 늘어났다. 특히 모디 정부가 들어선 후 친시장 · 고성장을 추구하면서 'Make in India', 'Digital India', 'Startup India' 등 기업 하기에 좋은 나라를 만드는 정책이 추진되고 있다.

이러한 역사를 거치면서 서비스업의 급격한 성장으로 전체 경제에서 서비스업 비중이 절반 이상을 차지하며 많은 기업이 서비스산업에 몰려 있고, 제조업 기반이 아주 약하다. 산업 성장의 주체가 정부에서 민간으로 이양되었으나, 그 역사가 길지 않아 곳곳에 아직도 국내기업보호 문화가 퍼져 있다. 그 좋은 예가 소송을 거는 것인데, 인도에서 소송을 제기하면 10년 넘게 걸리는 경우가 많아 외국계 기업이 섣불리 인도에 들어오지 못한다. 이뿐만 아니라, 급속히 변화하는 시대에 기업을 운영하기 위해서는 신속한 의사결정과 행정적 지원이 절실한데, 1956년 제정된 회사법은 시대에 맞지 않는 불필요한 절차와 복잡한 서류를 요구하여 오히려 기업 운영을 저해하는 주요 원인으로 계속 지적되어 왔다. 그래서 2013년에 활발한 기업활동 지원을 제도적으로 강화하고 불필요한 규제를 없애거나 완화하는 방향으로 회사법을 개정하였다.

인도 정부는 1인회사와 같은 새로운 개념을 도입하여 창업을 독려하였다. 1인 스타트업을 지원하여 시장을 활성화시키려 한 것이다. 비공개 법인 중 규모가 작은 회사들을 따로 지원하기 위해 소小회사의 범주를 따로 만들어 제도를 정비하였으니, 소회사는 각종 규정 준수 의무가 면제되거나 간소화되는 혜택을 받을 수 있다. 하지만 인도에 거주하는 '인도인'만이 1인회사의 주주가 될 수 있어서 외국인은 이 제도를 활용할 수 없다. 인도 정부가 'Make in India' 정책을 활성화하고자 각종 규제를 완화하는 기조를 이어가고 있으니, 언젠가는 외국인도 인도에서 1인회사를 설립하는 날이 올 수 있을 것으로 기대한다.

2013년의 새로운 회사법은 정부의 강제적 규제보다는 기업의 자율적 규제를 권장하며, 인도 특유의 폐쇄적 기업 운영을 지양하고 투명성을 요구한다. 소액주주 보호를 비롯한 주주의 권리보호 제도를 도입하고, 이사회의 책임 강화를 통해 선진 기업운영환경의 토대를 마련하고, 여성 임원 선임과 CSR(기업의 사회적 책임)을 의무화하여 기업과 사회가 상생할 수 있는 입법적 조치도 포함하였다. 인도 기업문화에서 또 한 가지 특기할 사실은, CSR을 지켜야 한다는 분위기가 기업 안팎에 강하게 형성되어 있다는 점이다. 2007년에는 CSR을 지배구조 개선, 환경보호, 인권 보호, 노동 개선, 공정한 조직 운영, 소비자 이익 실현, 지역 사회 개발 등 7대 원칙으로 구체화하였고, 2013년도에 대통령 승인을 받았다. 이로써 인도는 기업의 사회적 책임을 법으로 명기한 최초의 국가가 되었다. 그러면서 CSR을 투자로 인식하는 경향이 기업문화 속에 강하게 자리 잡았고, 이제 인도 기업뿐만 아니라 다국적기업 또한 CSR에 매우 적극적 태도를 취한다. 그들은 광범위한 교육, 환경, 의료 보건, 장학사업 및 인재 개발 등 다양한 활동에 참여한다.

2000년대 이후 자본시장의 본격적인 발전과 경제 자유화, 규제 완화로 새로운 기업들이 생겨나고 있는 것은 사실이다. 신생 기업들은 대부분 IT산업과 관련한 3차산업에 몰려 있다. 인허가 통치 문화가 거의 사라지면서 자연스럽게 부패도 줄어들고 있다. 경제 자유화 지수와 부패 인식 지수의 향상과 함께 기업 환경이 투명해지면서 기업 간의 경쟁이 갈수록 치열해지는 중이다. 기업들은 사업 전망이 불투명한 분야에서 철수하고 브랜드를 강조하고 규모의경제로 부가가치를 창출할 수 있는 분야로 구조조정하는 경향이 강해지고 있다. 과거에는 다양한 산업에서 활동하는 기업들이 많았으나, 요즘은 사업 분야를 선택하여 집중화 · 전문화하는 기업들이 많아졌고, 그러면서 인도 기업의 글로벌 경쟁력도 높아지는 추세다.

그러나 제조업 기업은 아직 글로벌스탠더드에 미치지 못한 게 사실이다. 여러 가지 법적 · 제도적 문제 외에 열악한 인프라 시설, 비능률적 관료문화, 부정부패, 법적 소송의 만연, 자국 기업 보호 풍토 등이 아직도 상당하여 해외 기업이 진입을 꺼리는 경향이 여전하다.

인도의 노동조합이 강성이라고?

인도에서 노동조합이 처음 만들어진 것이 1918년이니 그 역사가 무려 200년이 넘었다. 처음에는 민족운동이 활발하게 벌어지는 시대적 상황에서 노동자 투쟁보다는 반영 투쟁에 방점을 찍은 정치단체에 가까웠다. 1920년 라즈빠뜨 라이Lala Lajpat Rai가 주도한 전인도노동조합회의AITUC: All India Trade Union Congress가 결성되었다. 전인도노동조합회의는 민족주의자, 사회주의자, 공산주의자들 사이에서 노선 갈등을 겪으며 분열을 거듭하다가, 1945년 인도공산당 산하 조직으로 연계되어 오늘에 이른다. 현재 전국 단위의 중앙 노동조합이 12개 있는데, 대부분이 특정 정당과 산하 조직으로 활동한다. 독립 후 집권당이 된 인도국민회의가 공산당 노조에 대항하여 조직한 인도민족노동조합회의INTUC: Indian National Trade Union Congress, 1990년대부터 본격적으로 세를 불려 일약 인도국민회의와 더불어 양대 정당이 된 우익 힌두민족주의 정당인 인도국민당 산하의 인도노동자단BMS: Bharatiya Mazdoor Sangh, 인도공산당 계열의 인도노동자중심CITU: Centre of Indian Trade Unions 등이 있다.

독립 전에는 공산당 노조가 가장 큰 세력이었으나, 노동자보다 농민이 훨씬 많이 조합원으로 참여하였다. 그러니 인도의 노동조합은 산업화한 나라의 노동조합과 성격이 크게 다르다. 인도에서는 아직도 임금 농업노동자가 많기 때문에 농민도 노동자 부류에 속하고, 그래서 노동조합 조합원이 되는 것이다. 전반적으로 사회 전체에서 노동자계급의 비중이 크지 않기 때문에 독자적인 노동운동의 영향력도 크지 않은 편이다. 현재 조합원 수로 볼 때 인도국민당 계열의 인도노동자단이 가장 큰 단체다. 이 단체가 순수 노동조합이라기보다 일종의 극우 세력 조직임을 볼 때 인도 노동조합의 실상을 알 수 있다. 이외에 각 주에 있는 여러 주 정당과 연계된 상급 노조들도 있다. 정당이 파편화되어 있는 만큼 노조도 파편화되어 있고, 정당끼리의 정쟁이 심해지는 만큼 노조 간의 갈등도 첨예하다. 그러면서 노조는 노동자로부터 멀어지고 외면당하는 실정이다.

인도는 독립 이후 국가 주도의 계획경제정책을 실행했기 때문에 공기업이 산업 대부분을 차지했고, 이에 따라 노조도 공기업 중심으로 결성되었다. 노조 지도부의 절반을 외부 인사로 영입할 수 있었기 때문에 정치인들이 주요 공기업의 노조 간부직을 맡는 경우가 많았다. 따라서 이들의 정치적 목적에 따라 노동조합이 움직이는 경향이 강했다. 인도 사법부는 전통적으로 약자의 손을 들어 주는 경향이 컸기 때문에, 재판으로 가면 노동자에게 유리한 판결이 많이 나왔다. 노사 갈등이 생겨 원만하게 타결되지 않으면

재판으로 이어지는 경우가 많았고, 재판에서 노조가 많이 승리했다. 그래서 인도의 노조는 상당히 강성인 편이었다. 이처럼 인도의 노동조합은 크게 두 가지 성격을 가지고 있는데, 하나는 정당과의 연계가 강하고, 다른 하나는 강성이라는 것이다.

하지만 이런 성격도 2000년대 이전 신자유주의 경제개혁이 본격화하기 전의 일이다. 노조가 정당과 깊은 연계 속에서 정당의 일방 지시를 따르는, 즉 노조의 정치지향적인 성격은 1982년 뭄바이에서 일어난 노동자 총파업 이후 서서히 바뀌었다. 당시 뭄바이 최대 산업인 섬유산업 공장노동자들이 일으킨 이 총파업은 50여 개 공장에서 25만 명의 노동자가 참여하였다. 총파업이 강경하게 전개되면서 사업장 80여 개가 폐쇄되었고, 약 15만 명의 노동자가 실업 상태가 되어 뭄바이의 섬유산업은 심대한 타격을 받았다. 이때 집권 여당은 노동자 권익은 아랑곳하지 않고 적자 상태의 공장을 폐쇄하는 데에 그쳤다. 그 과정에서 각 노조 지부를 총괄하는 상급 노총 지도부도 자신들의 정치적 입지만 강화하려 했을 뿐 현장 노동자의 목소리를 대변하지 않았다. 그러자 노조 평조합원들 사이에서 불만이 터져 나왔다. 이후 노조는 정당의 입김에서 벗어나 노동자의 경제적 문제 해결을 위한 독자적 저항에 나섰다.

그러나 1991년 IMF 외환위기를 맞이하면서 인도도 자유화 · 민영화 · 글로벌화로 경제 기조가 바뀌고, 노동자의 대량 해고가 일상화되었다. 민간 부문의 노조 조직화 노력은 정부와 기업의 거센 반발에 부딪혔고, 노동자 수는 크게 줄어들었고, 노동자에 대한 국가 지원마저 거의 철회되면서 노동자들의 협상력은 더욱 약화하였다. 정당과의 연계에서 벗어나기도 전에 조직 자체의 힘이 크게 약화된 것이다. 결국 노조의 탈정치적 독자 행보 시도는 신자유주의라는 괴물 앞에서 좌절당했다.

공기업의 민영화가 급속하게 진행되면서 노조원 수가 크게 줄어들었고, 민영화한 기업은 경영 합리화를 구실로 구조조정과 대량 해고를 일상화하기 시작했다. 비정규직, 특히 여성 인력을 대거 채용하면서 노동 유연화가 대세로 자리 잡았다. 정규직을 줄이고, 협력 업체나 파견근무 혹은 대체인력과 같은 다양한 비정규직 고용을 늘렸다. 임금이 낮거나 노조가 조직되지 않은 다른 주로 공장 설비를 이전하는 일도 많다. 이러한 현상은 자연스럽게 노조 활동을 크게 위축시켰다. 노조는 비조직화 부문 노동자를 통해 조직률을 높이려 했으나 크게 달라지지 않았다. 경기침체와 일자리 축소에 대한 두려움 때문에 조합원들의 참여도가 과거에 비해 현저하게 낮아졌고, 강경 일변도의 파업에 시민 여론도 등을 돌렸다. 새로운 투쟁 방법을 찾지 못한 노동운동은 급격하게 활기를 잃어 갔다. 강성 노조 때문에 인도에서는 기업 하기 어렵다는 말은 옛날 옛적 호랑이 담배 피우던 시절의 일이다.

이러한 현상은 비단 인도만의 일이 아니다. 신자유주의를 이겨낸 노동운동은 세계 어디에도 없다. 과거 노동조합의 힘이 막강했던 인도인지라 지금 약해진 노동조합의 모습이 때로 생경하기도 하다.

일본은 어떻게 모디 정부의 파트너가 되었나?

고대에는 한국이 일본보다 인도와 더 활발히 접촉했다. 한국이 일본보다 뛰어난 불교 학승을 더 많이 배출했기 때문이다. 그런데 근대 이후 한국은 이렇다 할 만한 접촉이 없었으나, 일본은 중요한 접촉이 있었다. 제2차 세계대전 중 인도의 민족운동가 수하시 짠드라 보스가 영국과 적대국이던 일본의 힘을 빌려 일본에서 인도국민군을 조직해 영국과 무력 전쟁을 벌일 계획을 하였다. 한국은 1950년 한국전쟁 시 인도가 의무부대를 파병한 일이 있었으나 수교는 1973년에야 이루어진다. 당시 인도는 남북한과 동시에 수교했다. 인도는 냉전 시기까지 소련과 가까운 관계를 유지하였기 때문에 북한과 더 가까웠고, 일본과는 매우 가까운 경제적 관계를 유지했다.

그러다가 1998년 라자스탄주의 포크란에서 실시한 핵실험으로 미국이 주도하는 경제제재에 일본이 동참함으로써 인도와 일본 사이가 처음으로 불편해졌다. 하지만 제재는 3년 후 해제되었고, 인도가 NPT(핵확산금지조약)에 서명하지 않자, 일본은 '원자력의 평화적 사용에 관한 협력 협정'을 체결하여 인도의 민감한 '핵' 문제를 해결하였다. 이후 두 나라 관계는 계속해서 최고점을 향해 달리는 중이다. '핵'문제를 간접적으로 해결한 후 인도는 일본 회사가 소유 또는 지분을 소유한 미국과 프랑스의 원자력 기업과 거래할 수 있게 되었다. 한국은 그때까지도 인도와 이렇다 할 관계를 맺지 못했다.

2014년 수상으로 취임한 나렌드라 모디는 첫 방문지로 일본을 택했다. 일본은 이미 인도의 최고 파트너가 되어 있었다. 모디는 구자라뜨 주 수상 재임 시절부터 일본 수상 아베 신조와 긴밀한 관계를 유지하고 있었다. 2014년 아베 신조가 인도를 방문했을 때 양국의 관계를 '특별 전략적 동반자 관계'로 격상하기로 합의한 것은 그동안 다져 온 노력의 자연스러운 결과다. 아베는 인도, 미국, 호주와 함께 중국을 포위하는 쿼드 체제를 만들어 내기도 했다. 트럼프의 미국우선주의 전술에 맞춰, 미국이 인도의 뛰어난 해군력을 일본과 묶어 중국을 견제하는 전술로 사용하면서 일본과 인도의 관계가 더욱 중요해졌다. 여기에 일본은 안다만-니코바르 군도에 투자하여, 미국이 원하는 중국 견제 전술에 인도를 적극적으로 활용하였다. 안다만-니코바르 전술은 자연스럽게 말라카해협까지 이어졌고, 이는 미국의 인도-태평양 전술에 크게 활용되었다.

이러한 일본과 인도의 전략적 파트너십의 신장은 2006년 12월에 만모한 싱 인도 수상이 일본을 방문하여 '일본-인도 전략적 글로벌 파트너십을 향한 공동 성명서'에 서명하면서 절정에 달했다. 그리하여 2007년 일본 자위대와 인도 해군은 인도양에서 호주, 싱가포르, 미국까지 참여한 인도 서부 해안 말라바르 2007 합동 해군 훈련에 참여했고, 2008년에는 안보 조약까지 체결했다. 그 외에도 양국은 아시아 태평양과 인도양의 항로 보안 유지와 국제범죄, 테러리즘, 해적, 대량살상무기 확산 방지를 위한 협력 등에 공동의 이해관계 아래 상호 협력하면서 합동 군사훈련을 자주 개최하고 기술 협력을 꾸준히 했다.

이후 일본은 이후 메이크 인 인디아, 디지털 인디아, 스타트업 인디아, 스마트시티 인디아 사업 등에 대거 투자하는 여러 계약을 체결하였다. 2+2 외교부 장관 회담과 군수 지원 협정, 국방 장비 및 기술이전 협정 등 경제적 · 정치적 · 전략적 부문의 다양한 협력이 봇물 터지듯 했다. 모디의 '동방 정책' 역시 동남아도 중요한 파트너지만 더 궁극적으로는 일본을 핵심 파트너로 삼는 것이다. 모디는 2016년 11월 수상 자격으로 한 차례 더 일본을 방문한다. 그리고 양국은 일본이 인도에 원자로, 연료 및 기술을 공급하는 획기적인 민간 원자력 협정인 '원자력의 평화적 이용을 위한 협력 협정'에 서명한다. 양국은 또한 인도의 제조산업 기술 개발, 우주, 지구과학, 농림수산, 교통 및 도시개발 협력에 관한 협정에도 서명했다. 2008년 10월에 일본은 델리와 뭄바이를 잇는 철도 프로젝트 건설을 위해 인도에 45억 달러 상당의 저금리 대출을 제공하는 계약을 체결했다. 일본이 자금을 지원하는 해외 프로젝트 중 가장 큰 규모였다. 인도와 일본은 2015년 12월 일본의 신칸센 기술을 사용하여 뭄바이와 아흐메다바드 간 초고속 열차 노선을 건설하기로 합의하고, 일본으로부터 120억 파운드의 차관을 제공받았다.

일본과 인도의 두 나라 관계가 진행되는 걸 보면, 일본과 인도는 서로 필요한 것을 주고받고 있음을 알 수 있다. 일본은 인도가 얼마나 실리에 밝은지, 무엇이 우선 필요한지를 알아차렸다. 반면에 한국은 그것을 알지 못했거나 설사 알았더라도 실천할 능력이 없었다. 인도가 원한 것은 단순히 무역수지 개선 같은 작은 경제적 이익이 아니다. 그들은 한국 정부에 여러 차례 그들이 원하는 것은 전략적 파트너십임을 주지시켰다. 그런데 한국은 인도가 원하는 바를 들어줄 수 없었다. 단순히 중국과의 관계 때문만은 아니다. 기업이 우수한 제품 만들어서 인도에 수출하여 이익을 내는 것은 잘못이 아니다. 문제는 정부다.

민간기업이 꾀하는 경제적 관계 증진과 관계없이 인도가 원하는 전략적 파트너십을 키워야 하는데, 중국에 갇혀서 어떠한 관계 증진도 하지 못했다. 이렇게 된 가장 큰 원인은 인도라는 나라가 얼마나 중요한 파트너인지, 향후 인도가 국제 무대에서 얼마만큼 비중 있는 나라가 될지를 몰라서다. 오로지 미국-일본-중국 외에는 거들떠보지도 않는 태도, 제대로 된 인도 전문가 하나 없는 나라라서 그렇다. 일본의 굴지 연구소를 가 보라. 얼마나 많은 인도 연구자가 있고 교수가 있는지, 지인파 인도 외교관과 정치인까지 있다. 그리고 한국의 실태를 보라. 얼마나 처참한지.

VIII

인도를 통해 새로운 세계질서를 보다

남아시아 국제관계의 뿌리는 무엇인가?

카슈미르는 1947년 인도-파키스탄 분리 독립 이후 70년 넘게 분쟁이 끊이지 않는 남아시아 지역의 화약고다. 1947년 영국의 식민 통치로부터 인도와 파키스탄으로 분리 독립하는 과정에서 그 소속 문제가 제대로 해결되지 않아 한쪽은 인도로, 또 다른 쪽은 파키스탄으로 나뉘고, 그 중간에 통제선이 그어져 유엔 평화유지군에 의해 임시로 강제 휴전 중이다. 인도-파키스탄 분리 독립 당시 주민의 대부분인 무슬림은 당연히 파키스탄으로 가자고 요구했으나, 왕권을 가진 국왕이 힌두였기에 인도를 고집하면서 갈등이 일어나 인도와 파키스탄 사이에 군사 충돌이 발발했다.

인도령 카슈미르는 또 다른 문화권 잠무와 함께, 그리고 또 다른 문화권인 라다크를 포함한 잠무-카슈미르주로 설치되었다. 여기서도 카슈미르 지역이 인구가 가장 많아, 헌법상 하나의 주인 잠무-카슈미르주는 인도 연방에서 무슬림이 다수인 유일한 주였다. 힌두교도가 대부분인 잠무 지역은 늘 인도와 통합되길 바랐고, 불교 신자가 대다수인 라다크는 잠무-카슈미르주에서 분리시켜 달라고 요구해 왔다. 이런 상황에서 파키스탄령 카슈미르 무슬림 세력은 인도령 카슈미르의 분리를 부추기며 테러를 일삼았고, 인도 정부는 이를 핑계로 카슈미르 지역의 무슬림을 학살했다.

1962년 중국과의 전쟁이 터져 카슈미르 동부 지역 악사이친을 두고 국경분쟁이 벌어졌다. 여기서 인도는 처참하게 패하고 국가적 수모를 당했다. 그리고 2년 뒤인 1964년 중국은 핵실험에 성공한다. 이를 보면서 네루는 핵 개발을 다짐했으나, 그해 별안간 사망한다. 이후 인도는 파키스탄과 두 차례 더 전쟁을 벌였으나, 1971년 제3차 인도-파키스탄 전쟁 이후 전면전으로 비화한 건 없다. 그렇지만 인도나 파키스탄이나 모두 카슈미르 지역에 군사력을 집중시켜 군사적 긴장이 끊어진 적이 없다. 그중 가장 크고 심각한 문제가 핵무기 개발이다.

인도는 적어도 국가 건설 초기에는 핵과 무관한 것처럼 행동했다. 인도 초대 수상 네루는 국제 반핵운동 지도자 가운데 한 사람이었다. 그러나 실용주의자 네루는 핵무기 개발 인력의 양성은 소홀히 하지 않았다. 그는 고급 두뇌를 외국으로 유학시켜 핵 전문가를 키우고, 핵 위원회를 만들고 대규모 핵 연구 단지를 조성했다. 그리고 1956년 이러한 성과를 바탕으로 첫 원자로를 가동시켰지만, 이러한 사실을 철저히 비밀에 부쳤다. 1964년 중국이 핵무기 보유국이 되면서 인도가 큰 충격에 빠졌을 때, 이번에는 파키스탄이 카슈미르를 침공한다. 1965년의 일이다. 이 전쟁에서 인도가 승리하긴 했지만, 이를 계기로 인도는 국가안보에 대해 심각한 고민에 빠진다. 이에 인도가 내린 결정은 '핵무장은 하지 않되, 핵 선택권을 보유한다'였다.

이후 인도는 본격적으로 핵 개발에 착수하여 1974년 'Smiling Buddha' 프로젝트에 성공한다. 이로써 인도는 파키스탄은 말할 것도 없고, 중국에 대해 굳건한 안보 태세를 갖추게 된다. 라자스탄(포크란) 핵실험 이후 실질적인 핵무기 보유국이 된 인도는 이후에도 미사일 같은 핵탄두 운반 수단을 속속 개발했다. 인도는 남아시아의 실질적인 맹주로 등장했고, 아울러 방글라데시 · 네팔 · 스리랑카를 실질적인 영향권 아래 두었다. 그러자 파키스탄의 수상 부토Zulfikar Ali Bhutto도 핵무기 개발에 박차를 가했다. "풀을 뜯어 먹고 살더라도 핵무기를 가져야 한다"는 그의 말은 이때 나온 말이다. 그러자 미국은 1976년 프랑스에서 핵폐기물 재처리 시설을 들여오려는 파키스탄에 제재를 가했다. 그리고 파키스탄에 헨리 키신저를 급파하지만, 파키스탄은 더 이상 미국을 신뢰하지 않았다. 파키스탄은 미국 대신에 적(인도)의 적, 곧 중국과 손을 잡는다. 그리고 미국과는 적대적 관계로 바뀐다.

인도의 핵무기 개발은 정권교체와 관계없이 진행된다. 1998년 5월 11일, 라오 수상 이후 바즈빠이Atal Bihari Vajpayee가 정권교체를 이룬 후 다시 핵실험을 실시한다. 사실, 정권이 바뀌기 전에 인도국민회의 라오 수상이 핵실험을 준비했으나, 1996년 총선으로 정권을 빼앗겨 핵무기 개발 성과도 바즈빠이가 이끄는 민족민주동맹NDA: National Democratic Alliance 연립정부에 넘어갔다. 이제 인도는 명실상부한 핵무기 보유국이 되었고, 이를 완성한 인도국민당은 이후 승승장구하는 중이다.

힌두민족주의자이면서 국가주의자인 모디 수상은 2019년 헌법을 개정하고 잠무-카슈미르 재조직법을 제정해 라다크를 잠무-카슈미르주에서 연방직할지로 분리한다고 선언했다. 라다크는 카슈미르 국경 문제와 크게 관계없는 지역이니 아예 분리시키겠다는 뜻이다. 그리고 카슈미르 지역도 주에서 연방직할지로 격하시켜 연방정부에서 직접 통제하는 체제로 바꾸었다. 국가 건설 당시 헌법으로 보장했던 이 지역의 특별 지위를 폐지한 것이다. 야당의 격한 반대를 무릅쓰고 모디가 이렇게 한 이유는 무엇인가? 모디 정부는 중앙정부의 대규모 투자 개발을 청사진으로 제시하고 있으나, 실제로는 테러의 본산으로 변한 이 지역 문제를 이참에 뿌리 뽑겠다는 의지로 해석하는 것이 대부분이다.

그러자 파키스탄은 격렬히 반발하며, 인도와의 모든 관계를 단절하고 카슈미르 문제 해결에 수단과 방법을 가리지 않겠다고 위협했다. 파키스탄은 카슈미르 문제의 국제분쟁화에 온 힘을 쏟고 있다. 반면에 인도는 카슈미르는 내부 문제이며 국제기구나 국제사회가 할 역할은 없다며, 미국을 비롯한 제3국의 중재 가능성을 단호히 거부했다. 여기서 놀라운 점은, UAE나 사우디아라비아 및 주요 무슬림 국가가 카슈미르 문제에서 파키스탄 편을 들지 않는다는 사실이다. 이슬람회의기구OIC: Organization of Islamic Conference 또한 카슈미르에 큰 관심을 보이지 않으며 중립을 지켰다. 과연 모디의 승부수가 테러를 뿌리 뽑고 남아시아 지역의 평화를 밀어붙일 수 있을까?

인도와 중국의 관계는 어떻게 바뀌었는가?

1950년대 네루는 미국과 소련 양강의 냉전체제 아래 중국과 손잡고 비동맹외교를 펼쳤다. 그러나 1959년 중국이 티베트를 무력 병합하고 달라이라마가 인도로 피난했을 때 네루가 환대하며 그에게 거처를 마련해 주면서 중국과 인도의 관계는 급속도로 냉각되고, 급기야 중국이 인도를 침략하기에 이르렀다.

1962년 10월, 중국은 카슈미르 악사이친 지역과 인도 동북부 히마짤 쁘라데시 지역, 즉 히말라야의 동서 양쪽을 통해 인도를 침략했다. 인도군은 속수무책으로 당할 뿐 중국군을 전혀 저지하지 못했다. 중국은 특히 동북부에서 파죽지세로 밀고 들어와, 곧 수도 델리까지 함락될지 모른다는 풍문이 삽시간에 전국을 강타했다. 개전 전에는 보급로 문제에서 인도가 더 유리할 거라고 낙관한 사람들도 있었으나, 전황은 전혀 그렇지 않았다. 인도는 공군 대응만 검토할 뿐 실행에 옮기지 않았고, 일방적으로 밀리기만 했다. 중국은 1950년 한국전쟁에 참전하여 세계 최강 미국과 싸운 군사력을 그대로 보유하고 있었지만, 인도는 식민지 시기 이후 변변한 전쟁 한 번 치르지 못한 채 군사력 증강도 없어 세계 최강 중국의 상대가 되지 못했다. 중국은 파죽지세로 승리를 거둔 후 일방적으로 휴전을 선언하고 앗삼고원에서만 철수하였다. 카슈미르 악사이친 지역에서는 철수하지 않았으나, 인도는 어떤 대응도 하지 못한 채 현재에 이른다.

이후 인도 사회에는 여러 가지 극심한 변화가 생긴다. 그 가운데 가장 큰 것은 애국심 고취와 중국에 대한 적대감 상승이다. 반중 정서가 확산하며 중국 상품 불매운동이 일어났다. 종전 직후인 1962년 12월, 인도 국방법을 통과시켜 적성국 중국 출신으로 의심되는 사람은 체포와 구금을 허용했는데, 단순히 중국인 혈통이거나 중국인 이름을 쓰거나 중국인 배우자를 둔 사람도 그 대상에 포함되었다. 정부는 그들을 라자스탄주 데올리에 있는 수용소에 수년간 재판 없이 감금했다. 그들은 재산을 강제로 빼앗겼고, 많은 사람이 해외로 피난했다. 그들은 1990년대 중반까지 자유롭게 여행할 수도 없었다. 애국심 아래 펼쳐진 야만적인 인권탄압이었다. 그 애국심은 민주주의와 인권을 파괴했고, 그 대신에 이 일을 계기로 그때까지 제대로 서지 못했던 국가/민족의식이 커졌다. 인도인들은 파키스탄과 충돌하고 중국과 전쟁을 치르면서 '인도'와 '인도인'이라는 의식을 강하게 갖기 시작했다.

이보다 더 큰 변화는 네루의 비현실적인 평화주의 원칙이 실질적으로 폐기된 것이다. 네루는 국민국가를 건설하면서 산업화된 부국을 꿈꾸었을 뿐 군사 대국에는 별 관심이 없었다. 간디의 촌락자치 이상주의의 영향을 받기도 했지만, 중국의 마오쩌둥과 인도네시아의 수카르노와 함께한 미국과 소련의 조정자 역할을 너무 과대평가하고 있었다. 그러한 이상주의 속에서 네루는 1954년 중국과 평화공존 5원칙Panchsheel을 체결했고, 이후 '인도인과 중국인은 형제'라는 슬로건 아래 중국을 마냥 우호적인 친구로만 생각했다. 전쟁에서 참패한 뒤에야 네루의 평화주의 노선은 심하게 비판받았다. 철학자였던 라다크리슈난Sarvepalli Radhakrishnan 인도 대통령은 네루가 순진하고 게을렀다고 비판했고, 네루는 자신이 자기만의 세계에 푹 빠져 있었다고 반성했다. 이후 인도는 비동맹 외교정책을 사실상 폐기하였다. 중국과 손잡고 미 · 소에 저항하는 강력한 블록을 세운다는 꿈도 폐기되었다.

가장 직접적인 변화는 군사력 증강과 현대화이다. 인도는 영국 식민 지배 시기의 군대를 거의 그대로 이어받은 상태였고, 파키스탄과 갈등 중이었다고 해도 파키스탄의 군사력도 마찬가지여서 군사력 증강 필요성을 느끼지 못했다. 군사력보다는 가능한 한 평화주의에 입각한 외교로 해결하려 했다. 인도는 전쟁 이후 국가 예산에서 국방예산을 크게 늘렸는데, 그 대부분은 경제개발 예산이었다. 전쟁이 끝나고 2년 뒤인 1964년 10월에 중국이 첫 번째 핵무기 실험에 성공하고, 인도도 핵무기 개발을 서두르게 되었다. 중국은 인도를 견제하기 위해 파키스탄을 동맹국으로 삼아 인도를 압박하였고, 결국 1965년 파키스탄이 잠무와 카슈미르에 침투하여 인도-파키스탄 전쟁이 발발했다. 이 전쟁에서 중국이 파키스탄을 노골적으로 지지하자, 이를 계기로 인도는 미국과 가까워졌다. 이후 인도는 미국에서 무기를 대량 수입하여 군대 현대화에 박차를 가했다. 미국과의 긴밀한 관계로 군사력을 강화한 후 권토중래를 꿈꾸던 인도는 1971년 8월, 인디라 간디 수상이 소련과 평화우호 협력조약을 체결한다. 그리고 파키스탄과의 세 번째 전쟁을 치르면서 파키스탄을 찢어 버리고 방글라데시를 독립시키는 것으로 파키스탄과 중국에 복수한다.

1971년 전쟁에서 중국은 인도를 강력히 비난했지만, 비난으로만 그쳤다. 인도가 방글라데시 해방전쟁에 개입하듯, 중국도 개입할 수 있었으나 은밀하게 위협만 가했다. 이는 중국이 유엔에서 대만을 대체해 중국의 대표 국가로 서게 된 것과 무관하지 않을 것이라고 분석하는 사람들이 많다. 중국은 네루의 당을 이끌던 인디라 간디 수상이 정권을 내놓고 정권교체가 되자 관계 개선을 시도했다. 1978년 새로운 여당 자나따당Janata Party(국민당)의 인도 외무부 장관 바즈빠이Atal Bihari Vajpayee가 베이징을 방문하고, 1979년 공식적으로 외교관계를 재개함으로써 17년 전의 전쟁으로 악화된 양국 관계는 공식적으로 봉합되었다. 이후 두 나라는 소규모 국경분쟁은 여러 차례 치렀어도 크게 비화시키지는 않은 채 때로는 갈등 관계를, 때로는 우호 관계를 맺고 있다.

인도는 친미 반중인가?

2023년에 인도와 미국에서 두 가지 아주 상반된 일이 벌어졌다. 하나는 모디 수상이 백악관 초청으로 미국에 갔는데 처칠이나 만델라 급으로 환대받은 사실이고, 다른 하나는 인도가 러시아-우크라이나 전쟁에서 러시아를 제재하는 미국의 편을 들지 않았다는 사실이다. 인도와 중국의 관계도 마찬가지다. 최근 5년간 하루가 멀다 하고 국경 충돌이 일어났는데, 최근 5년간 두 나라의 무역 규모는 역대 최대치를 갱신하고, 시진핑 주석이 인도를 방문하기까지 했다. 전체적으로 볼 때, 현재 인도는 친미-반중에 가깝다고들 말한다. 과연 그러한가?

중국은 미국에 대항하는 차원에서 소프트 밸런싱soft-balancing을 이루기 위해 인도와 협력-제휴 관계를 맺고자 한다. 그런데 인도는 중국이 패권국으로 팽창하는 것을 저지하려 한다. 양국 관계에는 미국이 깊이 관여되어 있다. 패권국 미국은 소프트 밸런싱을 원하는 두 강대국이 한 지역에서 긴장 상태를 유지하도록 유도한다. 이른바 울타리를 치면서 위험을 분산하는 헤징hedging 전략이다. 이러한 복잡한 삼각관계에서 모디는 때로는 중국과 함께 소프트 밸런싱 전략을, 때로는 미국과 함께 중국을 헤징하는 전략을 사용한다. 그는 이를 '전략적 자율성'이라 부른다. 인도 외무장관 자이샹까르Subrahmanyam Jaishankar는 인도는 강대국들과의 관계에서 균형을 유지하기 위해 미국과 관여하고, 중국을 관리하며, 유럽과는 돈독하게 하고, 러시아는 안심시키고, 일본이 역할을 할 수 있도록 해야 한다고 말한 바 있다.

복잡한 삼각관계의 근간은 중국의 일대일로一帶一路 정책에 있다. 그 가운데 첫 번째로 중요한 것은 중국-파키스탄 '경제 회랑'이다. 중국의 신장 카슈에서 남으로 연결하여 파키스탄의 과다르항에 이르는 무역 · 산업 · 에너지 · 교통 네트워크를 형성하는 것이다. 여기에서 과다르항은 중동과 인도양 지역으로 바로 연결된다. 이에 인도와 미국은 크게 반발하고 있다. 인도는 분쟁지역인 카슈미르를 중국 철도가 지나간다는 전략상 문제를 들어 반발하고, 미국도 자국이 추진하는 신新실크로드 계획에 상당한 타격을 주고, 특히 파키스탄에 대한 미국의 통제력을 더 약화시킬 것이라고 반발한다. 이 회랑이 완성되면 남아시아에 대한 미국의 영향력이 줄어들 것이니, 미국으로서는 실제적인 남아시아 패권국 인도와 더욱 밀접한 관계를 유지하려 한다. 결국 인도의 몸값이 더 올라갈 수밖에 없다.

중국으로서는 미국의 견제가 더 시급하고, 그런 차원에서 인도만 자기 쪽으로 끌어당길 수 있으면 그만이다. 그래서 중국도 인도와의 관계를 매우 중시한다. 두 나라는 경제적 차원에서 상호보완의 공동 이익을 추구하는 관계를 돈독히 하고자 한다. 인도로서는 정치적으로 중국과의 경쟁 구도를 유지하겠지만, 경제적으로는 모디 수상이 중국식 발전모델을 지향한다는 사실에서도 알 수 있듯 미국의 희망과 달리 중국과 경제적 협력관계를 맺고자 한다. 이러한 점에서 중국의 일대일로 프로젝트에서 제시된 6개 경제 회랑 중 하나인 방글라데시-중국-인도-미얀마 경제 회랑은 중국이 중국-파키스탄 회랑에 대한 인도의 불만을 잠재우려려는 보상책으로 제시한 것이 분명해 보이고, 인도도 처음에는 이를 긍정적으로 받아들였다. 그러나 인도와 중국의 국경분쟁으로 이 프로젝트는 폐기되었다. 결국, 중국이 중국-파키스탄 경제 회랑을 추진하는 한 인도가 일대일로에 참여할 가능성은 없다고 봐야 한다. 모디 정부 2기의 최우선 기조가 국가안보이기 때문이다.

2023년 인도 뉴델리에서 열린 G20 정상회의에서 바이든 미 대통령은 글로벌 사우스를 대거 포섭해 다국적 개발 협력체를 구성하였다. 이는 중국이 신흥 경제 5개국 브릭스BRICS를 통해 미국을 견제하는 신흥 개발국 연대를 구축하는 데에 대한 일종의 대항마 역할을 하겠지만, 미국도 인도가 미국의 전선에 동참해 줄 거라고 섣불리 기대하지는 않을 것이다. 러시아-우크라이나 전쟁에서 보여 준 인도의 '꿩 먹고 알 먹는' 전략이 미-중 대결 전선에서도 다르지 않을 것이라는 예측이 미국에서도 자주 나온다. 그렇지만 인도를 가까이 두려는 노력을 하지 않을 수 없고, 이는 중국도 마찬가지여서 인도의 전략적 줄타기 외교정책이 적어도 당분간은 상당히 빛을 발휘할 가능성이 크다.

이 때문에 모디 정부가 지난 9년간 거둔 성과 가운데 외교적 성과가 가장 크다는 평가가 압도적이다. 모디 정부는 과거의 '비동맹non-aligned' 원칙을 단호하게 걷어 내고 '다자동맹multi-aligned' 외교정책을 본격 가동했다. 공동의 이해관계를 공유하는 나라들과 적극적인 협력관계를 수립하는 다자동맹 외교정책은 인도 외교의 외연을 효과적으로 확대하는 역할을 한다. 특히 불편한 미중 경쟁 체제에서 어느 한쪽 편을 들지 않고 손익에 기반한 대외정책을 펼친다. 가장 큰 줄기는 미국의 틀에 따르되, 중국을 봉쇄하는 인도-태평양 전략을 내놓고 적극 동참하지는 않는 식이다. 특히 인도-태평양 전략에서 미국의 대중국 합동작전을 의미하는 상호작전 같은 사안에서 인도는 결코 미국의 편을 들지 않는다. 그래서 호주와 일본은 미국과 동맹관계지만 인도는 '동반자 관계'라는 평가가 미국 내부에서 나온다.

미국으로서는 전략적 관계에서 인도의 협조를 확신할 수 없지만, 적어도 경제 분야에서는 인도가 남아시아에서 중국의 영향력을 봉쇄해 주기를 바란다. 그래야 인도와 남아시아를 중심으로 인도-중동-유럽을 연결하는 철도와 항구 등 인프라를 연결하는 구상을 구체화할 수 있기 때문이다. 현재 미국은 인도, 사우디아라비아, 아랍에미리트, 프랑스, 독일, 이탈리아와 유럽연합을 연결하는 '인도-중동-유럽 경제회랑IMEC: India-Middle East-Europe

Economic Corridor' 설립을 위해 인도 등 G20와 양해각서MOU를 체결한 상태다. 지금은 냉전시대의 유산인 다자주의가 약화하고, 다양한 문제에 유연하게 대처하는 소小다자주의가 대세다. 이러한 소다자 협력에 가장 적극적인 나라가 인도다. 인도는 미국-인도-일본-호주로 구성된 인도태평양 쿼드 협의체에 이어, 최근 인도-이스라엘-미국-아랍에미리트로 구성된 서아시아판 쿼드인 I2U2India-Israel-US-UAE 4개국 협의체도 결성에도 미국과 함께 주도적인 역할을 하는 중이다. 인도가 줄타기 외교를 하기에 안성맞춤인 시대이다.

방글라데시는 왜 인도를 싫어할까?

방글라데시는 1971년 인도가 파키스탄과 전쟁을 치르면서 독립에 결정적인 도움을 주어 탄생한 나라다. 게다가 방글라데시 사람들은 벵갈리어를 사용하고 벵갈 문화에 자부심이 큰 나라여서, 이슬람과 힌두교라는 종교 차이보다 방글라데시 사람이 서벵갈주 사람들과 같은 벵갈인이라는 동질감을 더 많이 느낀다고 알려져 왔다. 그러니 인도에 대해 우호적이었고, 인도도 그런 방글라데시와 오랫동안 우호적인 관계를 유지해 왔다.

2015년에는 인도의 모디 수상이 방글라데시를 방문하였고, 2017년에는 셰이크 하시나Sheikh Hasina 방글라데시 수상이 인도를 답방한 후로 두 나라 사이는 주목할 만큼 발전하였다. 2015년 6월 6일 역사적인 국경협정이 체결되어 수십 년간의 국경분쟁이 해결되었고, 양국 국경을 넘는 강물을 공유하는 협상이 진행 중이지만, 그리 심각한 상태는 아니다. 두 나라는 첨단기술 분야를 포함하여 90개 이상 분야에서 상호협정을 체결하였고, 전자 · 사이버 보안 · 우주 · 정보기술 · 민간 원자력 등 첨단기술 분야의 교역량도 크게 늘었다.

그런데 최근 들어 인도에 대한 방글라데시 사람들의 감정이 상당히 악화되었다고 알려진다. 2019년 모디 정부가 무슬림에게는 시민권을 주지 않는 시민권 개정 법안을 강행하자, 방글라데시 장관들이 예정됐던 인도 방문을 전격 취소했다. 2021년 모디 인도 수상의 방글라데시 국빈 방문 때에는 대규모 반대 시위가 일어나 진압 과정에서 최소 14명이 사망하기도 했다. 그 10년 전인 2011년에 이미 만모한 싱 수상은 방글라데시 국민의 25퍼센트 정도가 반인도 감정이 있다고 말한 적이 있다. 이후 그 기류가 상승 중이라는 기사가 많은데, 여기에 이견이 거의 없다. 방글라데시 사람들이 인도를 싫어하는 이유가 뭘까?

인도는 오랫동안 방글라데시 정치에 상당히 간섭해 왔다. 하지만 인도가 전쟁까지 불사하며 자기 나라를 독립시켜 줬기 때문에 방글라데시 건국 초기에는 인도의 정치적 간섭에 대해 국민감정이 그리 나쁘지 않았다. 방글라데시는 1971년 독립 후 세속주의·민족주의·사회주의·민주주의를 헌법의 기초로 삼아 국가를 건설했다. 그리고 벵갈 민족주의와 세속주의를 기치로 내건 아와미연맹Awami League이 선거를 통해 집권했으나, 1978년 방글라데시 민족주의당Bangladesh Nationalist Party이 권력을 잡으면서 이슬람기반 정당이 허용되는 등 세속주의가 약화하고 종교적 색채가 짙어졌다. 이후 두 당은 극심한 부정부패와 정치 보복의 혼란을 겪으면서 정권을 주고받다가, 2008년 아와미연맹이 총선에서 압승하여 현재까지 집권 중이다. 그런데 2008년 이후 군대에서 하급 군인들이 반란을 일으키고, 경제를 떠받들던 의류산업이 불안해지고, 주식시장이 요동치면서 민심이 크게 이반했다. 2014년 총선에서 아와미연맹은 거국 중립 정부를 세워 총선을 치르겠다고 선언했으나, 야당인 방글라데시민족주의당이 선거를 거부하였다. 아와미연맹은 선거를 강행했고, 이를 반대하는 대규모 시민 세력을 정부가 진압하면서 21명이 사망하였다. 야당과 그 지지자들은 부정선거 무효를 외쳤지만, 수십 명의 야당 지도자와 의원들이 체포 구금되었다. 2018년 총선도 부정선거 시비에 휘말렸다. 부패한 선관위 위원들은 심각한 위법행위를 거리낌 없이 자행했다. 그러자 저명한 교수들을 비롯한 재야 인사들이 선거관리위원회의 선거 부정부패를 조사할 최고사법위원회 구성을 촉구했지만, 아직까지 아무런 조치도 취해지지 않았다.

이렇게 민심에서 멀어진 정권을 인도는 2009년 이후 지금까지 14년간 적극적으로 지지하고 있다. 남아시아 패권국인 인도가 인도국민회의나 인도국민당 정부 모두 방글라데시의 하시나 정부를 적극 지지하면서 두 나라의 관계는 공식적으로는 '황금시대'이다. 그렇다면 인도는 왜 부패하고 민심에서 멀어진 정부를 지지하는 것일까? 그 답은 부패한 정권에 있다. 국민들의 거센 비난을 받을지라도 그 부패한 권력을 통해 많은 이득을 취할 수 있기 때문이다. 경제적으로 이익을 취한 것은 물론이고, 인도의 숙원이던 국경 문제도 풀었다. 그뿐인가? 인도는 동북부 지역의 분리주의 소요를 근절하는 데에 방글라데시의 많은 협조를 얻었고, 방글라데시를 통한 운송로도 확보하였고, 벵갈만에 있는 두 개 주요 항구에 대한 영구적인 접근권도 확보하였다.

방글라데시가 가장 높은 가격으로 인도의 전력을 구매하도록 보장하는 에너지 계약도 체결했다. 그러면서 두 국가 간의 무역수지는 갈수록 인도에 유리해졌다. 인도는 인도가 꾸시야라강에 대한 통제권을 갖는 물 공유 계약을 완료하고는, 방글라데시가 요청한 띠스따강 물 공유 계약은 무시했다. 인도-방글라데시 국경에서는 인도 국경수비대BSF가 끊임없이 방글라데시인을 학살하였다. 방글라데시는 로힝야 난민 위기 때 인도로부터 어떤 지원도 받지 못했다.

2018년 인도 정부는 내부적으로 아와미연맹이 민주적 규범과 제도를 전복시켰기 때문에 총선에서 다시 정권을 잡을 것으로 분석했다. 그래서 끝까지 아와미연맹을 지원했다. 아와미연맹의 하시나 정부도 인도의 지지에 필사적이다. 2022년에는 외무장관이 어떤 대가를 치르더라도 하시나 정부의 생존을 보장해 달라고 인도에 요청하기까지 했다. 그런데 2024년 총선을 앞두고 미국이 방글라데시 정부에 자유롭고 공정한 선거를 치르라는 압력을 가하면서 인도가 난처해졌다. 인도는 어떻게 할 것인가?

트럼프가 미국 대통령이 되더라도 인도는 변함없이 패권국가의 위치를 구가하며 자국의 이익을 최대한 확보할 것이다. 그렇게 되면 방글라데시 국민이 인도에 대해 갖는 반감은 더욱 커질 것이다. 인도는 어떤 선택을 할 것인가? 미국과의 조율을 통해 결정되겠지만, 이런 경우 지역의 패권국, 즉 인도의 결정이 더 우선이다.

인도는 왜 파키스탄에 보복하지 않았을까?

2008년 11월 26일부터 29일까지, 무장 테러리스트 10명이 아라비아해를 통해 뭄바이로 잠입한 뒤 5개 조로 나뉘어 시내 전역에서 인도 시민들을 무차별 살상하는 상상 초월의 사건이 벌어졌다. 이 나흘간의 백주 테러 장면은 전 세계로 전파되어 세계인들에게 충격을 주었다. 뭄바이의 가장 번화가인 따즈 팰리스 호텔을 비롯해 기차역, 호텔, 병원, 유대인 센터, 영화관, 언론사, 대학 등에서 무차별 테러가 자행됐다. 뭄바이 경찰과 보안군은 11월 28일 이른 아침이 되어서야 따즈 팰리스 호텔을 제외한 모든 장소를 장악하였다. 호텔에 갇힌 테러리스트들은 투숙객들을 인질 삼아 대치하다가 29일 인도 국가보안군에게 최종 제거되었다. 한 명 생포에 전원 사살이었다. 테러 결과는 사망자 195명, 부상자 350명이었다. 범인들이 파키스탄 테러 집단이라는 사실이 밝혀지면서 두 나라의 대립은 극한 상황으로 치달았다.

인도 당국은 파키스탄 당국에 신속한 진상 규명을 요구하였으나, 파키스탄 당국은 정부와 관련이 없다며 비협조적 태도를 보였다. 결국 주모자인 하피즈 사이드를 체포했으나 다시 석방해 주고는, 2019년 새 수상 이므란 칸Imran Khan의 미국 방문을 앞두고서야 다시 체포하여 유죄판결을 내렸다. 생포된 주범 사이드는 자신들은 카슈미르에서 훈련받았고, 그 지역은 파키스탄 정부가 통제하는 곳이라고 실토했다. 이 정도면 인도 정부가 테러 집단인 LeT 본부나 카슈미르에 있는 훈련 캠프 정도는 즉각 공습하는 군사행동을 취할 것이라는 예측 혹은 희망이 많았다. 그러나 인도 정부는 끝내 정밀 타격이라는 군사행동을 취하지 않았다. 왜 그랬을까? 이후 2019년 모디는 파키스탄의 카슈미르에 있는 테러 훈련 캠프를 공습했다. 파키스탄도 인도 전투기를 격추하면서 핵전쟁 발발을 경고했으나, 두 나라는 확전하지 않았다. 2008년과 2019년의 정치 환경이 다르기에 어느 쪽이 옳은지는 판단할 수 없다. 일단 2008년의 상황만 판단해 보자.

당시 인도의 대체적인 여론은 LeT 본부나 파키스탄이 점령한 카슈미르 내 훈련 캠프에 대한 공개적인 공습을 바랐다. 그러나 만모한 싱 정부는 냉정하게 외교적 방식으로 문제를 해결하고자 했다. 결과적으로, 군사적 보복을 하지 않고 외교적으로 은밀하게 문제 해결에 집중하기로 한 결정은 인도에 좋은 결과를 낸 것으로 보인다. 이렇게 보는 가장 큰 이유는, 만일 인도가 파키스탄을 공격했다면 파키스탄이 군사적 대응을 했을 것이고, 그건 곧 분쟁의 시작이기 때문이다. 세계의 모든 분쟁지역이 다 그렇듯, 전쟁이 터지면 원인과 책임은 밝혀지지 않고 유엔 중재를 통한 휴전만

바라게 된다. 유엔 안전보장이사회라는 곳은 정략적 판단을 통해 침략자와 피해자를 동일하게 취급하고 휴전 선포를 종용한다. 즉, 유엔 안보리가 개입했다면 인도는 아무런 이득도 없이 무승부로 내몰렸을 것이다. 실제로 인도의 공격 당시 파키스탄이 보인 첫 번째 반응은, 인도가 핵무기 보유국 간의 전쟁을 일으키지 않도록 자제시켜 달라고 미국과 영국에 요청하는 것이었다. 인도가 군사적으로 공격하면 실질적으로 테러를 지원한 파키스탄 정부의 잘못은 가려지게 된다.

외교적 해결이 인도에 유리했다고 보는 또 다른 이유는, 파키스탄에 대한 공격은 막 집권한 파키스탄 민간 정부를 약화시키고 군부를 강화하는 결과를 가져올 수 있었기 때문이다. 당시 파키스탄 정부는 인도와의 관계를 개선하고자 한 민간 정부였다. 반면에 입지를 잃은 파키스탄 군부는 전쟁의 공포 혹은 전쟁 자체를 바랐을 것이다. 북한이 2010년 연평도 포격으로 한반도를 일촉즉발의 위기로 내몬 것은, 김대중 정부의 평화 프로세스로 북한 군부 강경파의 입지가 약화됐기 때문이라고 보는 분석이 설득력 있는 것과 같은 이치다.

공습이 갖는 실효성도 문제였다. 미국은 1998년 8월 케냐와 탄자니아 주재 미국 대사관 폭격에 대한 보복으로 아프가니스탄에 있는 알카에다 은둔지를 미사일로 공습했다. 그런데 그 은둔지라는 게 타격을 입을 만한 시설물도 아니었고, 실제로 조직이 타격을 입지도 않았다. LeT 본부와 카슈미르의 LeT 캠프도 마찬가지였다. 캠프라고 해 봤자 양철 창고와 오두막이 전부였다. 더군다나 LeT 본부 건물은 일부러 민간 병원과 학교 옆에 지어 놓았기 때문에 민간인 피해를 피하기 어려웠고, 그렇지 않더라도 테러 조직과 연계된 파키스탄 정보부(ISI)가 일부러 폭파해 인도 공습으로 민간인이 학살됐다고 문제를 키울 수 있었다. 팔레스타인 가자지구 폭격에서 볼 수 있듯, 폭격이 자작극인지 오폭인지의 여부는 전시에 쉽게 판별하기 어렵다. 게다가, 인도가 공습을 감행하면 테러리스트들이 법의 심판을 받을 가능성이 사라진다는 점도 고려되었을 것으로 보인다. 길게 법의 심판대에 올려 파키스탄 정부의 연루 가능성을 세계에 알리고 파키스탄을 테러 지원국으로 몰고 가는 것이 인도 정부에 더 이익이라고 판단했을 것이다.

2008년은 인도 경제가 한창 좋아질 때다. 그런데 11월 세계경제가 전례 없는 금융위기에 빠져 대공황으로 이어질 수 있다는 염려가 커지는 상황이었다. 전쟁 혹은 국지전을 벌여 설사 이기더라도 그에 따른 비용이 막대하고, 종국에는 인도 경제의 발전을 가로막는 요인으로 작동했을 것이다. 인도 특유의 실리에 도움이 되지 않는 것이다. 실제로 인도는 파키스탄을 공격하지 않음으로써 모든 합법적이고 은밀한 수단을 동원하여 가해자들을 법의 심판대에 세우고, 국제사회가 단결하여 파키스탄이 대가를 치르게 하고, 다시는 그러한 공격이 일어나지 않도록 하는 목표를 달성할 수 있었다. 이보다 더 큰 실리는 없다.

힌두 왕국 네팔이 공산당 집권 국가?

네팔은 히말라야산맥 안에서 인도, 중국 티베트에 둘러싸여 있고, 방글라데시와는 실리구리 회랑과 살짝 떨어져 있는 전형적인 산악 내륙 국가다. 세계에서 1인당 국민소득이 가장 낮은 나라 중 하나다. 오랫동안 힌두 왕국이었지만 1950년대부터 민주주의를 염원하던 세력과 국왕 사이의 각축이 벌어졌고, 1990년 네팔 인민들은 봉기를 일으켜 왕정을 무너뜨렸다. 이후 내전이 벌어지던 2005년 11월 22일 모든 주요 정당들이 12개 조항에 합의하여 그 합의를 기반으로 2008년 5월 28일 왕정 폐지, 다당제를 기반으로 하는 민주연방공화국을 표방하는 총선거를 치렀다. 그러나 그 후로도 내전은 지속되었고, 네팔공산당(마오주의자, 이하 M)은 진체 국토의 80퍼센트 정도를 차지하는 전과를 올렸지만, 유혈혁명 완수를 눈앞에 두고 투표를 통해 권력을 잡겠다고 선언하여 2008년 제헌의회 구성에 참여하기로 했다. 그리고 제헌의회 선거에서 공산당(M)이 주도하는 연립 정당이 과반 지지로 정권을 장악하였다. 2015년에 2007년의 임시 헌법을 대체하는 제헌헌법이 만들어져 세계 최초로 투표를 통해 공산당 정부를 꾸린 나라가 되었다.

이 대목에서 한 가지 의아한 점을 발견하게 된다. 2006년 평화협약이 체결되기 전까지 전 국토의 80퍼센트를 점령했던 공산당(M)이 왜 무력으로 권력을 장악하지 않고 선거를 통해 권력을 잡겠다고 노선을 틀었을까? 네팔의 공산당(M)은 자본주의를 부인하지 않는 정당이다. 유혈혁명을 통해 기존의 국왕 권력을 쫓아내기는 했어도 공산 사회 건설 같은 것에는 관심이 없다. 그보다는 연방제 국가를 정상적으로 유지하기 위해 지역이나 카스트 등의 차원에서 소수자 위치에 있던 사람들의 평등한 처우를 위한 싸움에 더 몰두하였다.

이는 네팔의 마오주의 공산주의가 처음에는 동부 네팔을 통해 인도의 마오주의 공산주의자의 영향을 받아 강력한 토지개혁 등 농민운동의 영향을 많이 받았지만, 시간이 가면서 서부 네팔을 중심으로 종족 중심의 평등성을 더 중시하는 집단이 세력을 키워 다수가 되었기 때문이다. 결국 공산당(M)이 선거를 통해 집권하는 전략을 택한 것은 바로 이러한 네팔 다민족 사회의 성격 때문이다. 사회경제적 이념을 통해 만든 계급이라는 것으로는 여러 정체성 집단을 포용하기 어렵다는 사실을 깨달은 것이다. 지주를 중심으로 하는 봉건 세력이 굳건하게 자리 잡고 있고, 그 봉건 문화는 총칼로 다 죽이지 않는 한 뿌리 뽑을 수 없다고 판단했기 때문에 그들을 설득하여 연립정부를 세우는 것이 가장 합리적이라 여긴 것이다.

네팔이 이렇게 오랫동안 내분을 겪는 것은 오랫동안 만연한 빈곤과 불평등이라는 사회경제적 요인 탓이 크다. 그 가운데 극심한 빈곤이 가장 크고, 힌두교 카스트 체계에 기반한 사회경제적 불평등이 만연하여 인민의 불만이 팽배해 있다. 대부분의 권력과 부富는 종족과 카스트에 따라 소수에게 집중된다. 그 집중은 마헨드라 왕이 도입한 빤짜야뜨panchayat 체계로 더욱 강화되었다. 빤짜야뜨는 '한 국왕, 한 나라, 한 언어, 한 의복'을 표방하는 전형적인 국가주의 독재를 표방하는 정치기구로, 의회와 내각을 압도하는 국왕 직속 기구였다. 마헨드라 국왕은 카스트, 지역, 여성, 언어, 종교 등에서 소수자 위치를 차지하는 집단에서 엘리트를 뽑아 관료로 임명하거나 우대하는 정책을 폈다. 전형적인 분리통치 기술이었다. 그런데 그 분리통치술이라는 것은 항상 시간이 지나면 그 집단의 대표로 뽑힌 엘리트가 자각하게 되고, 이 자각을 바탕으로 더 큰 저항 집단을 만든다는 것이 역사적 사실이다. 마헨드라 국왕은 이 점을 간과했고, 자각한 엘리트들은 저항하기 시작했다.

1990년의 일이었고, 저항 세력을 모으는 일을 한 사람들이 바로 공산주의자였다. 민주주의를 향한 여성에서 카스트, 종족, 성性, 언어 등의 차원에서 억압받던 사람들의 요구가 봇물 터지듯 터져 나왔다. 그런데 선거를 통해 양대 정당으로 성장한 네팔국민회의Nepali National Congress와 네팔공산당(통합마르크스레닌주의자, 이하 ML)은 그런 소수자 문제에 거의 관심을 두지 않았다. 네팔 사회의 근본 문제는 토지를 둘러싼 수탈과 빈곤 문제 그리고 소수집단(종족) 배제 문제인데, 공산당(ML)은 전자에 관심을 두면서 점신적 개량을 주장한 반면에 공산당(M)은 두 가지 측면 모두에서 일대 변혁을 기도하며 무장 혁명을 주장하였다.

네팔의 민주화 과정에서 가장 특이한 사실은, 공산당이 유혈 무장 내전을 거치고도 협상 끝에 의회 선거에 참여하여 집권하였다는 점이다. 이는 세계사에서 찾아보기 어려운, 투표를 통한 공산당 정권의 탄생이다. 하지만 공산당을 중심으로 구성된 연립정부는 반군을 정규군으로 전환하는 문제를 둘러싸고 갈등을 벌이다 분열되었고, 결국 내각이 총사퇴하며 정권을 내주게 되었다. 이후 헌법 제정 노력이 지속되어, 여러 정치적 우여곡절 끝에 2013년에 드디어 헌법 반포를 위한 제2대 총선이 열렸고, 여기서 네팔인도국민회의가 1당, 네팔공산당(ML)이 2당, 네팔공산당(M)이 3당을 차지했다. 이들은 1년 이내에 헌법을 제정하기로 합의했다. 네팔인도국민회의의 꼬이랄라Sushil Koirala가 초대 수상이 되었고, 여당에 네팔공산당(ML)이 참여하였다. 그 후 꼬이랄라 내각이 해산되고 합의를 보지 못해 의회 내 선거에서 제2당인 네팔공산당(ML)의 총재인 샤르마 올리K. P. Sharma Oli가 수상으로 당선되었다. 이어 명목상 정부를 대표하는 대통령 선출을 위한 의회 선거에서 인도공산당(ML)의 부총재인 비디야 데위 반다리Vidya Devi Bhandari가 선출되었다. 2015년 9월 20일 새 헌법이 공포되어 네팔이 7개 지방으로 분할된 연방민주공화국임을 밝혔다. 현재는 2022년 총선에서 89석을 차지하여 다수당이 된 네팔국민회의가 집권 중이다.

인도-네팔 국경은 왜 봉쇄되었는가?

인도에 대한 오해 중 하나가 인도는 비동맹 국가로 패권을 추구하지 않는 국가라는 것이다. 그런데 역사를 보면, 인도는 남아시아에서 패권국가로서 오랫동안 갑질을 행사해 왔다. 파키스탄을 분리하기 위해 방글라데시 독립전쟁을 일으켰고, 스리랑카 반군을 소탕하기 위해 정부군을 파견했으며, 몰디브에도 군사력을 파견해 내정간섭을 한 적이 있다. 부탄은 현재도 인도의 외교 속국이다. 그런 나라 가운데 하나가 네팔이다. 네팔은 1천 년 넘게 왕정을 유지하면서 세계에서 가장 낙후되고 가난한 국왕 독재국가였다. 변변한 산업 하나가 없고 오로지 히말라야 관광 수입으로 먹고사는 나라로, 거의 모든 면에서 인도에 의존하는 가난한 나라다. 1990년 초부터 봉기가 몇 차례 일어나 왕정을 갈아엎고, 공산당(M)과 공산당(ML)이 두 번이나 권력을 잡은 어엿한 공산당 집권 국가다. 2015년에 드디어 헌법도 공포하고, 그 위에서 총선까지 치른 완전한 민주공화국이 되었다.

그런데 공산당의 영향력이 커지고 헌법을 반포하기 직전부터 인도가 네팔의 내정에 적극적으로 간섭하기 시작했다. 형식적으로는 네팔 남부의 평야 지역인 따라이 지역에서 봉기가 끊이지 않아 인도가 피해를 보니 헌법 공포를 늦춰 달라는 것이었지만, 실제로는 헌법을 공포하지 말라는, 즉 주권국가 성립을 막으려 한 것이다. 국가 경계로는 네팔에 속하지만 사회문화적으로는 인도와 훨씬 가까운 관계를 유지하면서 실질적으로 인도 정부의 영향력 아래 있는 따라이 지역 토착 부족인 마데시족과 타루족은 인도 정부 편을 들었다. 헌법에서 지리적으로 영토를 분할하고 연방 단위를 구분하는 것은 자치제도의 권리를 박탈하는 것이며, 차별을 조장해 자신들의 정치적 입지를 악화시킨다고 주장했다. 실제로 이 주민들은 경제적으로나 사회적으로 카트만두 쪽보다는 인도의 웃따르 쁘라데시와 훨씬 교류가 많아서 실질적으로 인도의 한 주라 해도 과언이 아니기 때문에 인도와의 관계가 약해진 헌법에 반대하는 것이다.

네팔과 인도는 국경이 개방되어 있어 사람들의 이동이 자유롭고 종교, 문화, 결혼 관계도 자유롭다. 네팔인은 인도에서 재산을 소유할 수 있고, 인도인은 네팔에서 자유롭게 거주하고 일할 수 있을 정도로 양국 간의 관계가 깊다. 하지만 경제적으로 네팔은 인도에 거의 종속되어 있다고 해도 과언이 아니다. 그런 상황에서 마데시주 주민들이 공포된 헌법에 항의하며 국경 부근에서 물자 공급을 차단하는 시위를 일으켜 네팔-인도 간 국경이 봉쇄된 것이다. 인도 정부는 자신들과는 무관하다 주장하지만, 인도 정부가 그들 뒤에 서 있다는 것은 누구나 쉽게 짐작할 수 있다.

네팔은 바다가 없는 전형적인 내륙 산악 국가인 데다, 대부분의 교역이 인도와 통하는 국토의 남부를 통해 이루어진다. 따라서 인도의 국경 봉쇄는 네팔의 생필품 수급에 엄청난 타격을 입힌다. 이곳에 거주하는 마데시족은 자신들의 요구 사항이 충족될 때까지 횃불 행진 등 헌법 내용에 반대하는 시위를 지속할 것이라고 발표하고 봉쇄에 들어갔다. 국경이 봉쇄된 마홋따리 지구는 인도-네팔 교역량의 3분의 2 이상을 차지하는 중요한 지역이다. 2015년 9월 국경 봉쇄로 네팔의 대(對)인도 교역량은 50퍼센트 이상 급감해 약 95.2억 달러의 경제적 손실이 발생했다. 인도에서 전량 수입하던 석유 공급이 중단되었으며, 가스와 식품 및 의약품 등 기타 물자의 수송도 중단됐다. 이 때문에 기존 3천 루피(한화 약 3만 원)였던 가스 가격이 1만 루피(한화 약 10만 원)이 됐고, 1리터에 104루피(한화 약 1,040원) 하던 석유 가격도 250루피(한화 약 2,500원)로 올라 주민들의 어려움이 컸다. 국경 봉쇄 5개월간 네팔 경제는 거의 마비되었다. 네팔 정부는 경제적 타격을 최소화하기 위해 중국에 협력을 요청하였으나 별다른 성과를 보지 못했다.

마데시족의 이러한 행보에 결국 네팔 정부는 그들의 요구 사항을 일부 수용하여 헌법에 이를 반영하여 의석 배분에 비례대표제를 도입하기로 하였다. 이에 봉쇄 5개월 만에 마홋따리 국경 지역 내에 주둔하고 있던 마데시 연합이 시위를 중단하고 철수하면서 봉쇄되었던 국경이 다시 열려 통행이 재개됐다. 2016년 1월 14일

12대의 물자 수송 트럭과 석유 탱크가 마훗따리 지구의 국경을 넘어 네팔로 진입했다. 인도는 앞으로도 남아시아에서 자신들의 영향력에 타격을 줄 일이 벌어지면 머뭇거리지 않을 것이다. 인도는 과거나 현재나 미래에도 남아시아의 패권국가 자리를 포기하지 않을 것이다.

인도는 향후 G3의 위치를 구가하기 위해 경제문제가 아닌 전략관계나 외교 문제에서도 지역 패권국의 지위를 지키기 위해 안간힘을 다하는 중이다. 중국이 이 지역에 대한 영향력을 확대하려는 움직임이 커지면서 인도의 행보도 노골화하고 있다. 친중국의 파키스탄과는 여전히 적대적 관계이고, 방글라데시와 스리랑카 그리고 몰디브에 대한 중국의 영향력이 더욱 커지면서, 인도의 집안 단속도 더 심해졌다. 인도의 패권국 갑질이 가장 적나라하게 드러난 것이 2015년 네팔에 대한 노골적인 압박이다. 이를 다른 말로 하면, 이제 남아시아에서 중국의 영향력을 더 직접적으로 차단하겠다는 의지의 표명이다. 인도양에서의 인도 패권을 지원하면서 중국의 일대일로 전략을 봉쇄하려는 미국의 입장이 인도와 미국 간의 전략 및 경제협력에 힘을 실어 주면서, 앞으로 남아시아 지역에서 인도의 패권질은 더욱 기승을 부릴 것이다. 2015년 네팔 국경 봉쇄는 이러한 국제질서의 흐름을 보여 주는 좋은 예다.

인도가 스리랑카에 공을 들이는 까닭은?

스리랑카는 인도아대륙에 거의 붙어 있는 섬나라이다. 동남아시아와 서아시아 및 아프리카를 잇는 해상 루트의 한가운데 있으니 전략적 요충지다. 당연히 글로벌 네트워크 일대일로一帶一路를 추진하는 중국으로서는 스리랑카에 투자를 아끼지 않을 것이고, 인도는 이를 용납하려 하지 않을 것이다. 스리랑카는 1983년에 발발하여 2009년에 종식된 26년간의 내전으로 나라가 크게 침체하였고, 그새 제대로 된 인프라나 산업을 성장시키는 데에 실패하였다. 관광 수입과 해외에 나간 노동자가 보내 준 외환으로 근근이 사는 가난한 나라가 되어 버렸다. 내전이 끝나고 인프라를 개발하기 위해 여러 나라로부터 빚을 졌는데, 그 가운데 가장 큰 빚을 진 나라가 중국이다. 그런데 2019년 부활절에 ISIS가 서방 세계 사람들을 대상으로 연쇄 폭탄테러를 일으켰고, 2020년에는 코로나19 팬데믹이 터져 관광산업마저 큰 타격을 받았다. 스리랑카 정부는 2021년에 식량위기를 선언하고, 2022년 4월에는 빚을 갚을 수 없다는 채무불이행defualt을 선언한다. 그리고 2023년 3월 20일, 국가

부도를 선언한 지 1년여 만에 IMF가 구제금융을 승인한다.

국가부도 위기에 가장 먼저 행동을 개시한 나라는 중국이다. 중국은 2017년부터 스리랑카 남부의 함반토타 항구 개발 프로젝트에 착수했다. 마힌다 라자팍사Mahinda Rajapaksa 당시 스리랑카 대통령이 2010년 사업비 15억 달러 대부분을 중국에서 빌려 자신의 정치적 근거지인 함반토타 항구를 개발한 것이다. 그런데 항구 이용 실적이 매우 낮아 수익을 올릴 수 없었고, 그 빚을 갚기 어렵게 되자 중국 국영 항만기업이 99년 기한으로 함반토타항의 항만 운영권을 가져가 버렸다. 이외에도 중국은 콜롬보-카투나야케 고속도로, 마탈라 국제공항, 남부 고속도로 등 여러 주요 인프라 프로젝트에 엄청난 대출을 해 주었고, 결국 스리랑카는 완전히 중국의 채무국이 되었다.

함반토타항은 개항 초기부터 중국의 '부채 함정 외교'의 전형이라고 비판받았다. 이러한 중국의 전방위적인 공세에 가장 먼저 대항적 행보에 들어간 나라는 당연히 인도다. 스리랑카가 디폴트를 선언하자, 자이샹까르 인도 외교부 장관은 채무에 시달리는 스리랑카를 위해 인도가 적극 투자에 나서겠다고 강조했다. 인도는 스리랑카에 40억 달러 규모의 자금 지원을 약속하고, 무엇보다 위중한 문제인 식량을 긴급 지원했다. 함반토타항 개발에 대해서는 미국, 일본과 연대하여 중국의 세력 확장을 막아서고 나섰다. 중국 해군이 함반토타항을 통해 남아시아, 중동, 아프리카 등 인도양 지역에서 군사력을 확장하면 함반토타가 중국의 군사 전략지가 될 것이라는 우려 때문이다.

인도와 미국은 중국 정부가 파견한 '원망 5호'를 중국 해군 함정으로 일종의 간첩선이라 비난하였고, 중국은 순수하게 과학 조사용 선박이라고 대응하였다. 인도 일간지 《인디언 익스프레스》는 원망 5의 레이더 추적 범위가 750킬로미터에 달하는 것으로 알려져 있는데, 이는 인도 남부 께랄라와 따밀나두를 넘어 안드라 쁘라데시까지 미친다고 보도했다. 인도는 2022년 3월 중국을 밀어내고 팔크해협에 있는 몇몇 섬에 풍력발전 단지 건설을 시작했다. 이 단지는 애초에 중국이 아시아개발은행ADB 등의 자금을 동원해 건설하기로 한 것인데, 단지가 인도 해변과 가까워 국가안보에 위협을 줄 수 있다는 이유로 인도가 강력 반대하면서 결국 중국이 건설을 포기했다. 중국에 대한 인도의 전략적 승리로 본다.

일각에서는 중국의 함반토타항 개발을 영국의 홍콩 조차에 빗대어 스리랑카의 주권 포기라고 비판하지만, 이는 과한 해석이다. 스리랑카 항만청과 해군, 국방부, 외교부의 승인 없이는 어떠한 상선이나 해군 선박도 정박할 수 없는 건 분명하다. 스리랑카가 항구를 중국에 99년간 임대하기로 결정한 것은 절묘한 줄타기라고 보는 편이 더 합리적이다. 인도는 안보 차원에서 문제가 된다고 깊은 우려를 표하지만, 돈이 부족한 스리랑카로서는 99년이라는 긴 임대 기간을 지렛대로 중국을 끌어들임으로써 인도에 끌려다니지 않고 오직 국익만을 위한 비즈니스를 하겠다는 실리외교의 줄타기를 한 것으로 보인다. 자국의 이익을 추구하는 대원칙

아래 지역 패권 세력인 인도의 우려를 잠재우고 새로운 강사인 중국을 끌어들여, 당분간은 수익도 발생하지 않는 항구를 건설한 건 스리랑카로서는 최선의 외교였다고 봐야 한다.

이와 유사한 사례가 '콜롬보 포트 시티 프로젝트'다. 중국 기업이 자금을 지원하는 이 프로젝트는 269헥타아르의 바다 매립 프로젝트다. 인도의 바로 턱밑인 실질적인 수도 콜롬보에 중국 자금이 들어오는 이 프로젝트에 인도는 민감한 반응을 보였다. 일부에서는 콜롬보가 중국 땅이 되었다는 주장까지 한다. 법령을 숙지하지 못해 발생한 오해다. 프로젝트를 추진하는 도시 프로젝트 위원회가 콜롬보 항구도시 건설 권한을 위임받았지만, 위원장을 포함한 위원의 과반수가 스리랑카인이어야 한다고 법으로 명시되어 있다. 결국, 콜롬보 포트 시티 프로젝트도 함반토타항 개발임대와 마찬가지로 가난한 나라가 취할 수 있는 절묘한 줄타기 외교이다.

2016년 인도의 외교관 쉬브샹까르 메논Shivshankar Menon은 인도 대외무역의 90퍼센트 이상과 에너지 공급 대부분이 스리랑카를 지나는 항로로 이루어지기 때문에 스리랑카를 중국의 영향력 아래 둘 수 없다고 발언했다. "스리랑카는 인도 해안에서 14마일 떨어진 곳에 정박한 항공모함"이라는 어느 외교관의 말 안에 모든 게 함축되어 있다. 인도는 남아시아에서 전형적인 패권국가이고, 이 위치를 지키기 위해 모든 힘을 다해 중국의 영향력을 줄이려 한다. 미국과 일본도 인도 편을 들 수밖에 없다는 자신감도 엿보인다. 중국과 인도가 스리랑카에서 충돌할 수밖에 없는 이유다.

모디는 왜 파키스탄을 공습했을까?

모디는 국경분쟁 중인 파키스탄과 중국에 대해 매우 단호한 것으로 알려져 있다. 이전의 인도국민회의 정권의 전략적 외교적 해결 방식과는 다르다는 것이다. 과연 그러한가?

2016년 9월 18일 잠무-카슈미르주 안에 있는 인도군 초소를 4명의 무장 세력이 공격하여 19명의 군인을 살해한 사건이 발생했다. 모디는 주저하지 않고 즉각 공습을 가했다. 사건 발생 후 열흘 만의 일이다. 2016년 9월 29일, 인도군 특공대원들이 통제선을 넘어 파키스탄이 점령한 카슈미르 영토 내로 들어가 최대 1킬로미터 떨어진 목표물을 공격했다. 양측 주장이 어긋나지만, 적어도 복수의 사상자가 생긴 것만은 분명하다. 모디 정부는 군사 캠프를 '외과적 타격'으로 도려냈다고 주장했으나, 군사 전문가들은 인도군이 전투기로 공격하지 않았으니 어떤 전투기도 파키스탄 영토 깊숙이 침투하지 않았다고 지적한다. 인도 언론들도 '외과적 타격'이라는 용어가 인도 대중에게 사건을 민족주의적 시각으로 이해하도록 사용되었을 뿐 실체는 아니라고 비판했다. 실제로는 전투기로 공습하지 않았으면서도 마치 그런 것처럼 TV 뉴스 등을 통해 가상 이미지를 줄기차게 틀어 국민의 눈을 현혹했다는 주장이다.

그런데 2019년 2월, 실제로 공습이 벌어졌다. 그것도 파키스탄 발라꼬뜨 지역의 테러리스트 훈련 캠프에 대한 정밀 타격 공습이었다. 분쟁지역인 카슈미르가 아닌 엄연한 파키스탄 영토를 공격했다는 점은 충격적일 정도로 과감했다. 1971년 인도-파키스탄 전쟁 이후 양국의 전투기가 통제선을 넘은 것도 처음이고, 양국이 핵보유국이 된 이후에는 더더욱 처음이었다. 모디의 단호함을 알 수 있다. 그런데 위성사진을 보면 어떤 목표물도 큰 손실을 입지 않은 것으로 나타났다. 다음 날인 2월 27일, 파키스탄은 보복 공습을 감행했다. 인도 전투기 한 대가 격추되고, 조종사는 파키스탄군 포로로 잡혔다가 3월 1일 귀환했다. 왜 모디는 이런 위험천만한 공습을 감행했을까?

의심할 바 없이 국내 정치용이다. 선거를 앞두고 벌인 전형적인 포퓰리즘 정치다. 그런데 그동안 모디가 해 온 반反이슬람 차원의 힌두주의와는 결이 다르다. 파키스탄 공습은 테러리즘에 대한 응징, 즉 국민과 국가가 침해당하면 무슨 일이 있더라도 반드시 응징하고 발본색원하겠다는 국가주의 변형 포퓰리즘이다. 동시에 독립 후 유지해 온 네루식의 평화공존 외교정책을 더는 유지하지 않겠다는 선언과 다름없었다. 모디는 강한 국가 인도의 면모를 국내외에 제대로 과시하였고, 인도 국민은 강한 국가를 이끌어 가는 모디와 모디 정부에 열광하였다. 실제로 이 공습은 엄청난 애국심을 불러일으켰고, 두 달 후 4월 총선에서 모디의 인도국민당이 압승하는 데에 큰 역할을 했다.

발라꼬뜨 공습 이후 모디는 총선에서 압승을 거두었고, 공습의 연장선에서 카슈미르를 연방직할지로 삼도록 헌법 370조를 수정했다. 파키스탄과의 갈등을 증폭시킬 수 있는 강경책이었지만, 테러리즘을 본원적으로 차단하겠다는 의지를 표명한 것이다. 헌법 수정은 국경 너머에서 지상의 테러리스트들에게 유입되는 자금을 봉쇄하는 효과를 냈고, 이후 이 지역에서 테러와 소요가 크게 줄어들었다는 분석이 다수다. 무엇보다도, 이러한 일련의 대對파키스탄 강경책을 통해 모디는 기존 정부들이 취해 온 카슈미르 문제에 대한 온건 외교정책에서 벗어나 인도 국민의 민족적 자긍심을 높였다는 평가를 받는다.

모디가 채택하는 강한 국가 전술은 중국과의 국경분쟁 문제에서도 분명하게 나타났다. 2017년 6월 인도군과 중국군은 중국-부탄-인도 삼중 접경 지역인 도클람에서 도로 건설 문제로 충돌하였다. 모디 정부는 이른바 '주니퍼 작전Operation Juniper'을 전개하여 무장군인 300명과 두 대의 불도저를 시킴 쪽 국경 너머 도클람으로 진입시켜 중국군의 도로 건설을 저지했다. 이후 몇 주간 벌어진 외교협상 끝에, 2017년 8월 28일 인도와 중국 모두 군대를 철수했다. 대체로 인도 국민들은 과거 1962년 네루 집권기에 중국에 당한 수모를 갚았다고 평가하며, 모디 정부의 외교적 승리라고 자찬하였다.

중국과의 국경분쟁은 2020년 5월 판공초 난투극, 6월 갈완 계곡 집단 난투극으로 계속 이어졌다. 9월에는 북부 국경분쟁지인 라다크 인근 지역에서 45년 만에 총기가 사용된 무력 충돌이 벌어지기도 했다. 모디 정부는 이번에도 단호히 대응하였다. 인도군은 라다크에서 중국군과 몇 달 동안 대치하면서 무력 충돌도 불사할 태세를 유지했다. 이 사건으로 국내에서 애국심이 크게 고조된 것은 두말할 필요가 없다. 비록 길게 가지는 못했지만, 인도 국내에서 반중 감정이 타올라 중국산 제품 퇴출 운동이 크게 일어났다. 목적은 중국산 제품 퇴출이 아닌 반중 정서 확산을 통한 국가주의 포퓰리즘이었으니, 모디의 외교는 큰 성공을 거둔 셈이다. 모디는 국가의 자존심을 세운 지도자로 호명되었고, 이러한 외교적 성과는 국내 정치에서 지지율 상승과 여러 선거에서의 압도적인 승리로 이어졌다.

모디의 실리 외교란 무엇인가?

모디 정부는 중국에 강경한 자세를 취한 것과는 달리, 미국에 대해서는 우호적인 협력관계를 변함없이 유지해 왔다. 2016년에는 모디와 오바마의 정상회담이 워싱턴에서 열렸는데, 여기서 인도는 역사상 처음으로 미국의 '주요 국방 파트너Major Defence Partner'로 지위가 격상되었다. 인도로서는 엄청난 국익이었다. 오바마 이후 모디와 그 지지자들은 미국 대통령선거에 적극 결합하여 도널드 트럼프를 공개적으로 지지했다. 2020년 미 대선 당시 모디가 자신의 정치적 기반인 구자라뜨주 아흐메다바드에서 트럼프 지지 캠페인을 벌였을 정도다. 모디의 트럼프 지지는 노골적이었다. 그런데 트럼프가 당선되면서 트럼프 재임 기간 미국과 인도는 사상 초유의 긴밀한 밀월 관계를 유지했다.

바이든의 대통령 취임 후부터는 모디와 미국의 관계가 다소 불안정하게 바뀌었다. 바이든 대통령은 취임 후 4자 간 안보 대화Quad에 인도의 조기 참여를 적극 고려했으나, 바이든 정부가 자유민주주의적 가치 수호를 외교정책의 중심으로 삼으면서 인도를 예전만큼 중요한 파트너로 대접하지 않게 되었다. 이러한 상황에서 인도가 러시아-우크라이나 전쟁에서 러시아의 우크라이나 침공을 규탄하는 목소리를 내지 않았고, 바이든 행정부는 인도가 미국 정부에 대한 지지를 거부한다고 인식하였다. 모디 재임 기간에 인도의 국익에 가장 도움이 되는 우방은 미국이라는 여론이 인도 사회에 널리 퍼졌다. 실리를 위해 미국과 더욱 가까운 관계를 유지해야 한다는 모디의 실리 중심 외교를 국민들이 적극 지지하는 것이다.

모디의 실리 외교가 두드러진 사건은 러시아의 우크라이나 침공에 대해 전략적으로 모호한 태도를 취한 것이다. 러시아의 침공에 대해 모디 정부는 미국 및 유럽과 우호적인 관계를 유지하는 것보다 실질적으로 국익이 증진되는 방향으로 외교를 펼쳤다. 러시아를 비난하거나 적대시하지 않는다는 것을 러시아에 확실하게 보여 줌으로써 러시아로부터 큰 선물 보따리를 받았다. 러시아의 우크라이나 침공 이후 미국과 유럽 각국이 러시아를 제재하는 와중에 인도는 대폭 할인된 러시아산 석유를 대거 사들였다. 2021년의 일이다. 우크라이나 침공 이전에 비해 수입량이 두 배 이상 증가한 사실을 보면, 대對러시아 외교가 인도의 국익에 도움이 되었음을 알 수 있다. 국내에서 인플레이션 조짐이 보이고 석유 가격이 사상 최고치를 경신하는 상황에서, 모디 정부는 서방 세계의 노골적인 압력에도 불구하고 러시아를 지지함으로써 러시아산 석유를 가장 좋은 가격으로 사들이는 최고의 실리 외교를 펼친 것이다. 인도는 미국과의 관계가 우호적일 때에도 최신 무기는 대부분 러시아에서 사들였다. 이를 통해 인도는 네루 이후 인도국민회의 정부가 집권하는 오랜 기간에도 러시아가 가장 신뢰하는 국방 파트너로 자리매김했다. 더 중요한 것은, 이를 통해 인도의 외교정책이 미국과 서방의 명분이나 진영에 끌려다니는 게 아니라 국익을 위해 언제든 변화할 수 있는 전형적인 실리 외교 전통에 뿌리를 두고 있음을 보여 준 것이다.

모디의 이스라엘 및 중동 이슬람 국가들과의 관계 개선 또한 전형적인 실리 외교다. 모디는 이스라엘과의 관계를 강화하기 위해 인도 수상으로는 처음으로 2017년 7월 4일 이스라엘을 방문했다. 그런데 다음 해 2월 18일에는 팔레스타인을 방문하여 팔레스타인 독립을 지지했다. 모디의 이스라엘 방문은, 한편으로 영국 식민지배 시기에 모디가 속한 진영의 선배 지도자들인 초기 힌두민족주의 지도자들이 중동의 이슬람 국가들보다 이스라엘과 더 강한 관계를 맺었던 기본 틀에서 벗어나지 않는 것이다. 반이슬람이니 친이스라엘로 가는 게 자연스럽다. 그런데 그 이스라엘 앞에서 팔레스타인 독립을 지지하기도 한다. 이스라엘 입장에서는 난감한 일이지만, 모디의 외교 방향이 이념보다는 실리에 있음을 받아들일 수밖에 없다. 모디는 카타르 · 아랍에미리트 · 사우디아라비아 등 서아시아 이슬람 국가도 방문하였는데, 이 또한 실리 외교 행보였다. 그가 이 나라들을 방문한 가장 큰 이유는 이 나라들이 인도 노동자를 이주노동자로 받아들여 주고, 인도에 에너지자원을 수출해 주기 때문이다. 이슬람이냐 힌두냐는 국내 정치에서나 중요하지 국제관계에서는 상관없음을 분명히 한 것이다.

모디의 국가주의 외교는 화폐에는 국적이 없다고 선언하는 자유시장 지지와 민족에는 국적이 없다고 선언하는 민족주의 신봉이 하나로 통합된 형태다. 실리를 위해서라면 외국자본을 얼마든지 끌어당기겠다는 강력한 의지는 현 인도국민당BJP 정부의 가장 중요한 주력 사업인 '메이크 인 인디아' 정책에서도 잘 나타난다. '메이크 인 인디아'는 과거 네루식의 인도 자국 산업 보호가 아니라 외국인투자를 적극 환영한다는 의미다. 외자 유치를 통해 자국 산업의 경쟁력을 키우는 것보다 더 중요한 민족주의, 국가주의가 어디 있느냐는 반론인 셈이다. 과거 영국 식민 지배 시기의 민족주의자들은 스와데시swadesi·自國 개념으로 반反외세 애국애족을 중심으로 활동했지만, 모디는 이를 국가 실리주의를 축으로 하는 국제주의 외교정책으로 발전시킨 것이다. 흑묘든 백묘든 쥐만 잡으면 된다는 덩샤오핑의 길을 걷고 있는 것이다.

모디와 동지적 관계에 있는 민족주의 성향의 민족의용단RSS은 지금도 모디 정부의 외자 유치 및 자유시장 경제정책에 비판적이지만, 모디는 아랑곳하지 않고 오로지 국가의 실리만을 외교 기준으로 삼는다. 민족의용단은 민족주의를 이념으로 삼지만, 모디는 민족주의를 실리의 방편으로 삼을 뿐이다.

인도-파키스탄이 세계정세의 새로운 '핫플'?

팔레스타인-이스라엘 전쟁 혹은 러시아-우크라이나 전쟁 이후 인도-파키스탄이 새로운 '핫플레이스'로 등장하지 않을까 생각해 본다. '아메리카 퍼스트'를 외친 트럼프 이후 미국의 중동 장악력이 예전만 못한 데다가, 더는 다른 나라의 대리전을 치르면 안 된다는 미국 내 여론이 드세지다 보니, 이제는 이스라엘조차 미국 말만 들으려 하지 않는다는 게 눈에 보인다. 여기에 네타냐후같이 정권 유지 차원에서 전쟁을 밀어붙이는 경향이 더해져, 노골적으로 미국 대통령의 청을 거부한다. 그렇다고 이란이 이 무의미한 뻘밭에 개입할 것 같지는 않은데, 반이란 극단주의자들이 자꾸 이란에 시비를 걸어 문제를 키우려 드니 이란은 미사일 공격으로 본때를 보이려 한다. 시리아도 때렸고, 파키스탄도 때렸다.

파키스탄에 대한 이란의 미사일 공격을 두고 남아시아로 전장이 확산되는 게 아니냐는 예측이 있었는데, 엄밀히 말해 이란은 파키스탄이 아니라 파키스탄에 있는 반국가(이란) 극단주의자들을 응징한 것이다. 이런 판에 무엇보다 중요한 것은 미국의 판단일 것이다. 차기 대통령으로 유력한 트럼프는 아메리카 퍼스트를 외치며 중동에서 손을 뗄 것이 유력하다. 바이든도 크게 다르지 않아 보인다. 사실 이런 낌새는 오래전부터 감지되었으나, 바이든보다 트럼프가 더 자극적으로 아메리카 퍼스트를 밀어붙이는 것으로 본다. 이런 추세는 2001년 9월 뉴욕 테러가 일어나고, 미국이 아프간을 침공했다가 실패하면서 본격화하였다. 아프간 전쟁 당시, 미국은 인도와 파키스탄에 협력하라는 압박을 가했다. 이를 계기로 미국은 핵무기 개발에 대한 제재를 풀어 주었고, 인도와 파키스탄는 우여곡절 끝에 비공식 핵무기 보유국이 되었다. 이때 리처드 아미티지 미 차관보가 파키스탄 정보부 수장에게 전화를 걸어 만약 (핵무기를 가진 너희들이) 테러리스트 편을 들면 파키스탄을 폭격해 석기시대로 만들어 버리겠다고 협박했다는 말이 항간에 널리 퍼졌다. 그래서 파키스탄은 어쩔 수 없이 미국에 협조하겠다고 했다. 적극적 협조가 아닌 표면적 협조였다.

아프가니스탄의 탈리반 정권은 파키스탄 유학생들이 구성한 세력으로, 파키스탄과 오랫동안 우호적인 관계를 유지해 왔다. 인도가 남쪽을 틀어막고 있는 이상 파키스탄으로서는 사실상 파키스탄의 유일한 탈출구이자 외부 통로인 아프간 정부와 친밀한 관계를 유지해야 한다. 만에 하나라도 아프가니스탄이 인도와 우호적인 관계로 돌아서면, 파키스탄은 동쪽과 서쪽 양쪽에서 엄청난 압박을 받을 수밖에 없다. 그래서 미국은 탈리반과 알카에다를 다 몰아내기 위해 파키스탄에 테러리즘 배후 지원을 중단하라고 했지만, 파키스탄은 미국의 요구를 들어줄 수 없었다.

이러한 복잡한 관계 안에서 미군은 파키스탄을 배제하고 독자적으로 작전을 수행하였고, 오사마 빈 라덴을 아보타바드라는 곳에서 찾아내어 사살한다. 2011년 5월 2일의 일이다. 파키스탄은 미국이 파키스탄의 주권을 유린했다고 비판했으나, 사실상 미군의 공격을 용인한 셈이었으니 더 큰 갈등은 없었다. 적극적으로 미국을 지원하지도 않고, 그렇다고 미국의 청을 거절하지도 않은 고도의 외교술인 것이다. 미국은 아프가니스탄에서 소기의 목적을 달성하지 못한 채 2020년 5월 1일 트럼프 행정부가 미군 철수를 발표하고, 바이든 정부가 철군을 완료한다. 트럼프와 바이든 모두 '아메리카 퍼스트' 정책을 구체화한 것이다. 이후에도 미국은 더는 세계 경찰 노릇을 할 의사가 없음을 여러 번 밝혔다. 아프가니스탄뿐 아니라 중동에서도 군사적으로 개입할 의사가 없음을 분명하게 밝혔다.

미국은 이를 위해 사전 작업으로 사우디와 이스라엘 관계를 개선하는 일에 앞장섰다. 상당한 진척을 이룬 것으로 알려져 있다. 이보다 더 중요한 것은 이란과 사우디의 친선 관계를 돈독히 해 두는 일이다. 그런데 미국과 이란의 관계가 너무 안 좋으니, 둘을 이어 줄 중매 역할로 인도가 최적격이다. 이란 사람들은 알려져 있다시피 반미 정서가 매우 심하다. 그렇지만 최근 팔레스타인-이스라엘 전쟁을 기점으로 나온 말들을 종합해 보면, 1979년 이슬람혁명 이후 끊어진 미국과의 외교관계를 복원하고 싶어 하는 것으로 알려진다. 언제까지 미국과 적대 관계를 유지하면서 국익을 팽개치고 살 수만은 없다는 게 이란 쪽 정서라는 분석이다. 그렇다면 이런 분위기에서 미국이 물밑에서라도 이란과의 관계 개선에 나서지 않을까?

미국이 중동 문제에서 일정 부분 빠진다면 그 역할을 누가 해야 할까? 인도가 적격이다. 인도는 이란과 대체로 좋은 관계를 유지하고 있다. 지금도 중국의 파키스탄 경제 회랑을 견제하기 위해 이란의 차바하르항을 개발하는 등 두 나라의 관계는 좋다. 인도로서는 미국을 대리하면서 동시에 중국의 파키스탄 쪽 진출을 저지할 수 있으니 마다할 이유가 없다. 그뿐인가? 미국으로서도 중앙아시아와 아프가니스탄을 우군으로 확보하여 중국의 팽창을 막고, 그 에너지 수송로를 중앙아시아에서부터 이란을 거쳐 유럽으로 연결하려면 인도가 큰 역할을 해 줘야 한다. 이 지역에서 러시아, 중국과 버거운 세력 경쟁을 벌이고 있는 미국으로서는 인도가 미국을 도와준다면 훨씬 유리할 것이다. 그러려면 러시아와 중국의 양자택일 처지에 놓여 있는 중앙아시아 국가들 사이에 인도가 끼어들어 그들이 취할 대외적 조건을 다각화해 줘야 한다. 현재 인도는 그 관문으로서 아프가니스탄과의 관계를 잘 유지하고 있다.

그런 뒤에야 미국은 중국과의 경제전쟁에 집중할 것이다. 세계의 화약고 중동을 포함하여 아프간-파키스탄의 남아시아까지 포함한 아시아 문제는 인도가 대리하게 하고, 중국과의 경제전쟁에 전력을 쏟을 것이다. 결국 미국으로서는 인도가 결정적인 지렛대이고, 인도-파키스탄-아프가니스탄은 그야말로 새로운 '핫플'이 될 가능성이 크다.

IX

모디의 나라는 어디로 가는가?

모디 정부는 왜 무갈제국을 지우려 하는가?

한국처럼 인도에도 역사 교과서 문제가 있다. 한국의 역사왜곡은 두 가지로 나눌 수 있다. 하나는 일본 식민 지배를 긍정하는 차원에서 벌어지는 정치적인 문제로, 나름 학문적 틀을 갖춘다. 문제는 두 번째다. 과도한 국수주의에 빠져 백제가 중국을 지배했다거나 고조선의 영토가 아시아 전체를 덮었다거나 중국의 황허문명이 우리 것이라든가 하는 소위 국뽕이다. 더 심각한 것은, 그런 주장을 인정하지 않으면 친일 사학으로 매도하고 정상적인 역사학을 강단 사학이라 분류하면서 강단 사학이 친일 사학에 물들어 있다는 식으로 대중을 현혹하는 사이비 역사학이다. 이와 비슷하지만 성격은 상당히 다른 역사왜곡 및 역사 교과서 문제가 인도에도 있다. 굳이 따지자면 한국의 전자와 비슷하지만, 후자의 성격도 상당 부분 띤다. 역사 교과서 논쟁은 학교교육과 직결된다는 점에서 사회정의와 관련이 있다.

인도에서는 민족주의 정당인 국민당Janata Party과 인도국민당Bharatiya Janata Party이 집권한 1977년과 1998년 이후 역사 교과서 문제가 큰 사회적 문제로 대두하였다. 정권은 과거의 역사 교과서를 공산주의, 즉 우리로 치면 '빨갱이' 역사왜곡이라 규정하고 국립교육연수원NCERT의 교과서를 새로 집필하였다. 검인정 체제이지만, 국립교육연수원 발행 교과서가 가장 큰 영향력을 행사한다는 점에서 새로운 역사 교과서 집필은 큰 사회적 이슈가 되었다. 인도의 역사 교과서 논쟁은 우익 정치집단이 정권을 잡으면서 역사를 통한 이데올로기를 획책하고 그것을 교과서를 통해 교육하는 것만이 가장 효율적인 장기 집권의 길을 열어 줄 것이라고 믿는 정치적인 문제라는 점에서, 그리고 그 논쟁이 학계에서 벌어졌다는 점에서 한국의 전자 경우와 비슷하다. 두 경우 다 본질적으로는 역사학이 정치권력의 이데올로기로 작동했다는 점에서 동일하다.

인도의 역사 교과서 논쟁은 몇 가지 특색이 있다. 좌파는 역사를 사회과학의 하나로 보는 반면에, 우파는 역사를 신화와 같은 것, 즉 문학의 하나로 본다. 따라서 역사적 사실과는 거리가 먼 힌두 신화에 나오는 라마나 끄리슈나 같은 신의 행적이 후자에서는 인정된다. 우파, 즉 신화를 역사의 일부로 보는 사람들은 신 라마나 끄리슈나가 행한 신화 속 이야기를 증명하고자 고고학적 발굴까지 시도하지만 성공한 적은 없다. 다만, 그 자체가 대중에게 엄청난 영향을 끼친다. 결국 신화적 역사관은 학문이냐 신앙이냐의 문제로 귀결된다.

우파의 역사는 힌두교 우월주의를 넘어 다른 종교 공동체를 부정하는 등 상당한 파시즘적 이데올로기로 많은 학교에서 교육됐다. 이러한 역사 교육을 받은 사람들은 다원복합 사회를 부인하고 신성 국가를 주창하면서 사회갈등을 야기한다. 1992년 아요디야 사태나 2002년 구자라뜨 학살은 우파의 역사 교과서, 즉 무슬림 역사를 지우고 힌두 역사를 다시 세워야 한다는 담론으로 촉발되었다는 점은 의심할 수 없는 사실이다. 결국 인도 우익의 역사 교과서 기술은 역사가 과거를 설명하거나 분석하는 담론에 머물지 않고 정치적 최전선에서 무기 역할을 한다는 사실을 여실히 보여 준다.

2002년 힌두민족주의 정당 인도국민당이 주도하는 연립정부는 새로운 국가 교육과정을 짜고 정부에서 발행하는 NCERT 역사 교과서를 변경하려고 했다. 힌두만 인도 국민이 될 자격이 있고, 무슬림은 국민 자격을 박탈해야 한다는 힌두 우월주의 파시스트 이데올로기인 힌두뜨와를 구체화한 것이었다. 그들은 NCERT 역사 교과서를 재정비하여 공산주의의 영향으로 왜곡된 역사 교과서를 바로잡고, 좌파의 이념적 통제와 패권으로부터 나라를 해방하는 것이 목표라고 밝혔다. 그래서 좌파 공산당 이데올로기에 경시당하는 베다 학문과 고대 신화를 당당한 학문 및 역사 영역에 포함시켜 더 정확한 역사를 국민에게 제시하겠다고 했다.

2023년 모디 정부의 NCERT가 학교교육 정책을 발표했다. 그들은 12학년 역사 교과서에서 무갈제국에 관한 일부 내용을 삭제하기로 했다고 발표했다. 이 발표가 나오자마자, 웃따르 쁘라데시 주정부는 다음 새 학기부터 무갈제국 부분을 삭제한 새로운

NCERT 12학년 역사 교과서를 공립학교에서 채택한다고 발표했다. 웃따르 쁘라데시는 힌두뜨와를 이끄는 힌두교 승려가 주 수상이고, 그 우익 세력이 집권하는 인도 최대의 주다. 2022년에 그들은 이미 '실라버스syllabus 합리화' 작업이라는 명목으로 이러한 만행을 준비해 왔다. 이 작업에서 그들은 문제의 부분들이 다른 교과서 내용과 중복되거나 관련 없다는 평가를 내리고 바로 삭제하였다. 이러한 만행의 근거는 무갈제국은 이슬람 세력이고 이슬람은 힌두 전통과 문화를 파괴한 세력으로 인도 국민이 될 수 없으므로 그들의 역사를 축소해야 한다는 파시스트적 세계관이다. 무갈제국은 외부에서 들어온 이슬람 세력이 여러 토착 세력과 갈등하고 조화하면서 통합 인도를 이루어 현재 인도의 근간이 된 곳이다. 그런데 비록 일부더라도 그 역사를 삭제하려 하는 것이다.

우파의 역사 교과서 문제에 대해 대부분의 역사학자는 당파의 이익에 따른 협소한 왜곡이라며 크게 반발하지만, 힌두민족주의에 기운 대중들은 지지를 보낸다. 인도도 한국과 마찬가지로 전문 역사학자의 참여는 거의 없고 대중 선동만 난무할 뿐이다. 두 나라 모두 종교에 기반한 비이성적인 자료로 진실을 왜곡하고, 정치적 의제를 밀어붙이는 데에 역사를 이용하고 있다. 역사학의 문제라고 할 수는 없고, 정치인이나 '폴리페서'의 문제이다. 다만, 인도는 한국과 달리 이러한 역사왜곡이 힌두와 무슬림 종교 공동체 간 갈등의 담론적 토대가 되어 학살과 테러의 악순환을 일으키고 있다는 점에서 더 심각하다.

힌두 우익은 왜 '아디와시'를 재개종하는가?

아디와시adivasi는 인도아대륙 거의 전역에 걸쳐 산간 오지에 거주하는 원주민을 가리킨다. 그런데 인도 헌법에서는 '아디와시'라는 단어를 사용하지 않고 부족tribe이라고 하는데, 그 가운데 일부를 보호 쿼터로 지정하여 '지정부족Sheduled Tribe'이라 한다. 아디와시가 많이 거주하는 곳은 아대륙의 동부인데, 뗄랑가나 · 안드라 쁘라데시 · 찻띠스가르 · 오디샤 · 자르칸드에 많다. 잠무-카슈미르 · 라다크에도 상당수 있고, 구자라뜨 · 마디야 쁘라데시 · 마하라슈뜨라 · 라자스탄 · 서벵갈 · 안다만 니코바르 제도 등 중부와 서부에도 상당히 있다. 그 가운데 대체로 앗삼 포함 동북부 일곱 개 주의 주민은 부족이라고 하지 아디와시라고는 하지 않는다.

아디와시는 가치중립적인 말이 아니기 때문이다. '아디'라는 말에 오래전부터 거주하던 고대의 선주민이라는 뜻이 포함되어 있어서 그렇다. 그 오래전이라는 게 언제인지 정확하지는 않지만, 적어도 동북부 일곱 개 주의 부족은 (소수) 부족이긴 해도 오래전부터 거주한 사람들은 아니라는 의미다. 아디와시가 언제부터 어떻게 거주하게 되었는지는 정확하게 알 수 없고, 기원도 다 다르다. 인구수로는 전체 인구의 8퍼센트쯤 된다. 동북부의 아루나짤 쁘라데시, 메갈라야, 미조람, 나갈랜드는 전체 인구의 90퍼센트가 부족이다. 그러나 같은 동북부일지라도 앗삼, 마니뿌르, 뜨리뿌라, 시킴에서는 부족이 전체 인구의 20~30퍼센트를 차지하는 정도다.

아디와시는 1871~1941년 인구조사에서는 힌두로 간주되었다. 그런데 영국 식민 지배기에 기독교로 개종한 아디와시가 많이 생겼다. 그 대표적인 경우가 동북부다. 그럼 기독교로 개종하지 않은 아디와시의 종교는 힌두교인가? 그들의 신앙은 대체로 정령신앙이다. 그런데 같은 정령신앙이더라도 구체적으로 보면 부족마다 다르다. 힌두교의 정령신앙과도 비슷한 점이 있지만 같다고 할 수는 없다. 가장 중요한 것은, 아디와시 사회에는 카스트 체계가 없다는 것이다. 그러니 그들의 종교를 힌두교라 보기 어렵다는 게 중론이다. 하지만 일부 사회인류학자는 아디와시가 인도 영토 내에서 생겼고, 대체로 일원론적 토대를 가지며, 이슬람이나 기독교 같은 다른 종교로 개종하지 않았기 때문에 그들을 넓은 의미의 힌두로 봐야 한다고 주장하기도 한다. 그래서 '아디와시', 즉 '원래 주민'이라는 용어는 인도 사회를 이간질하려는 영국 식민 지배자의 분리통치 전술이기 때문에 사용하지 말아야 한다는 것이다. 아디와시 대신에 '반와시vanvasi', 즉 '숲 거주자'라고 부르자고 한다.

아디와시가 인도 사회에서 문제가 되는 것은 힌두뜨와 세력의 주요 일원인 세계힌두협회가 기독교로 개종한 아디와시들을 다시 힌두로 재개종시키겠다고 나서면서부터다. 힌두대회의Hindu Mahasabha와 아리아 사마즈Arya Samaj 같은 극우 힌두주의 세력은 식민 시기에 아디와시가 대거 기독교로 개종한다는 사실을 알고 그 때부터 그들을 힌두로 복귀시키는 일을 진행했다. 그들은 아디와시를 '슈디shuddhi'(정화) 의례를 통해 재개종시켰다. 자신들이 추진하는 재개종은 개종이 아니라 정화라고 주장했다. 그리고 정부가 개종금지법을 제정하여 힌두가 기독교나 이슬람으로 개종하는 것을 금지하는 것을 헌법에 명기해야 한다고 주장한다. 하지만 아무리 같은 진영에 속하는 모디 정부라 할지라도 헌법에 명기된 '세속국가'의 정체성을 무시하고 이에 반하는 법안을 제정할 수는 없다. 인도는 종교의 자유가 있는 나라인 것이다. 다만, 웃따르 쁘라데시 등 몇몇 주에서는 본인의 자유로운 의사가 보장되지 않는 환경에서라는 단서를 달아 개종은 금한다는 주법州法을 만들어 시행 중이다.

힌두 우익 세력의 만형 격인 민족의용단은 아디와시가 역사적으로 중세 무슬림 침략 때 무슬림의 강제 개종을 피해 숲으로 피신한 사람들이라면서, 그들은 숲으로 피신하기 전에 분명 힌두였기 때문에 반드시 힌두로 돌아와야 한다고 주장한다. 물론 이 주장은 역사적 사실이 아닌 가설일 뿐이다. 그들은 이 가설에 근거해 이슬람은 폭력적이고, 아디와시가 원주민이라는 주장은 허구이며 원래는 힌두였다고 주장한다. 힌두 우익 세력은 원주민 지역에 꾸준히 종교 모임을 만들어 그들을 힌두로 키워 냈다. 지역에 따라서는 힌두교 축제를 성대하게 준비해 원주민들이 참여시키고, 성사聖絲(힌두 재생자 카스트가 몸에 두르는 실) 꼬기(이 책 417쪽 참조) 등 힌두교 전통을 교육했다. 그러다 보니 원주민 고유의 자연과 조상신에 대한 경외심이 힌두교 사원 중심의 신 숭배와 자연스럽게 섞이게 되었다. 무엇보다도 힌두 우익 세력은 초등교육에 힘쓰고, 보건 의료, 법률, 식량, 기술 교육 등에 폭넓게 투자했다. 과거 식민 시대에 영국 기독교 선교사들이 했던 방식을 그대로 따라 한 것이다.

힌두 우익 세력의 힌두 교육은 전통 힌두교가 아닌 정치이데올로기화한 힌두뜨와에 의거한 것이다. 그들은 반反무슬림 반反기독교 전사 양성을 목표로 힌두 신화를 역사로 왜곡하여 가르친다. 물론 이러한 교화 방식에는 반드시 폭력이 따라붙는다. 2007년과 2008년 오디샤의 깐다말과 풀와니 지역에서 발생한 폭력이 그 좋은 예다. 2007년 12월 24일 크리스마스 이브 날부터 나흘간 의용단일가 행동대원들이 교회 100군데 이상, 가옥 700군데 이상을 불태웠고, 기독교인 세 명을 살해했다. 2008년에도 크리스마스 때 기독교도 여성을 몽둥이로 두들겨 패고 불에 태워 죽였다. 역시 교회 395군데, 가옥 5,600채, 교육기관 13곳이 파괴되고 불에 탔다.

1990년대 이후 힌두뜨와 세력이 성장하면서 본격화한 이러한 폭력으로 기독교 활동이 크게 위축되었다. 비록 중세 때 무슬림으로 개종한 불가촉천민을 다시 힌두로 재개종시키는 운동은 아무런 결실을 내지 못했으나, 기독교도의 힌두화는 상당한 진척을 보았다. 그들 가운데 많은 청년들이 힌두뜨와의 전위대로 차출되어 정치 일선에 나서게 되었다.

개종금지법이 왜 문제인가?

종교 때문에 나라가 두 동강 난 이후 인도공화국은 종교에 매우 민감하다. 독립 후 인도 헌법이 준비되면서 제헌의회의 기본권 자문위원회는 '강압 또는 부당한 영향력'에 의한 개종 금지 조항을 제안했지만 거부되었다. 그리고 1954년과 1967년에 힌두교도들이 다른 종교로 개종하는 것을 막는 또 다른 법안들이 발의되었다. 이 역시 부결되었다. 종교의 자유가 보장되는 세속 국가지만, 개종 문제는 매우 민감하고 복합적인 문제로 오랫동안 사회불안의 화근으로 잠복해 있었다.

가장 최근의 움직임으로, 2015년 연방정부는 개종금지법을 입법할 수 없으며 개종에 관한 법 제정은 주의회의 권한에 속한다고 발표했다. 그래서 현재 인도에는 개종을 규제하는 연방법은 없다. 다만, 2023년 현재 찻띠스가르, 구자라뜨, 하리야나, 히마짤 쁘라데시, 자르칸드, 까르나따까, 마디야 쁘라데시, 오디샤, 웃따라칸드의 9개 주에서 대체로 강제 또는 유도에 의한 개종을 인정하지 않고, 강제 개종을 금지하며, 종교가 다른 사람끼리 결혼하는 것을 금하는 법안, 대체로 '종교자유법Freedom of Religions Act'이라 부르는 것을 제정했다. 물론 그 내용은 주마다 조금씩 다르지만, 대체로 여성과 미성년자 그리고 지정카스트와 지정부족에 대한 강제 개종은 엄격히 금하고, 이를 어기는 사람은 벌금을 부과한다. 찻띠스가르, 히마짤 쁘라데시, 오디샤는 모디 집권이 시작되기 전부터 이 법이 제정되었고, 구자라뜨주는 2003년 모디가 주 수상일 때 제정했고, 나머지는 인도국민당BJP이 2014년부터 정부를 장악한 후 '힌두국가 만들기'라는 큰 틀 안에서 추진한 것이다.

이 법들의 가장 큰 문제는, 국가가 관여할 필요가 없는 사인私人들의 사적 행위인 개종에 대해 과도하게 공권력의 사전 허가를 취하도록 규정한다는 점이다. 또한 이 법들은 여성, 불가촉천민 등이 취약하고 보호가 필요하며, 자기 삶에서 중요한 결정을 스스로 내릴 수 없다고 가정하고 판단한다. 카스트 사회문화를 토대로 가부장적 사회의 위계를 인정하고 강화하는 것이다. 총체적으로 대단한 악법이 아닐 수 없다. 위헌의 소지가 다분한 이런 본질적인 문제가 있어서 연방정부에서 법을 제정하지 못하는 것이다.

무엇보다도, 인도에서도 종교의 자유는 인도 헌법 제25~28조로 보장되는 기본권이다. 1976년 개정된 헌법 전문에는 인도가 세속국가임을 명시되어 있다. 따라서 개종금지법이 종교의 자유를 침해하는 법임은 너무나 명백하다. 힌두민족주의자들은 특히 종교가 다른 사람들의 결혼을 '사랑의 지하드'라고 악담하면서 종교의 자유뿐 아니라 생명권 및 개인의 자유 등 다른 헌법적 권리도 침해한다. 명백한 위헌인데도 힌두주의 우익 세력은 폭력적으로 밀어붙인다. 인도국민회의를 비롯한 야당들과 시민사회, 기독교 공동체가 반발하는 것은 당연하다. 현재는 이 민감한 갈등이 잠복한 상태라고 보아야 한다.

사실, 개종만 따지고 보면 기독교나 이슬람에서 힌두교로 개종한 예도 많다. 2014년에는 아그라에서 무슬림 가족 57명이 힌두교로 개종했고, 2021년에는 하리야나주에서는 300명의 무슬림이 힌두교로 개종했다. 그런데 종교자유법은 이런 힌두교로의 개종은 '귀가歸家(ghar wapasi)'이지 개종이라고 보지 않는다. 법원이라고 힌두민족주의 분위기에서 자유스러운 건 아니다. 2002년 찻띠스가르의 라이가르 법원은 22명을 강제 개종시킨 혐의로 두 명의 신부와 한 명의 수녀에게 유죄판결을 내렸다. 개종자들이 자유의지로 신앙을 바꿨다고 증언했는데도, 법원은 이를 받아들이지 않았다. 개종자들은 성경을 읽고 감화받았다는 탄원서까지 제출했지만, 법원은 강제 개종 혐의로 세 사람에게 유죄를 선고하고 징역형에 처했다. 2021년 웃따르 쁘라데시 주에서만 개종금지법 위반으로 189명이 체포되고 72명이 유죄판결을 받았다. 2022년 9월에는 26세 무슬림 남성이 결혼을 약속한 힌두 미성년자 여성과 도피한 후 2021년에 그를 개종시켰다는 혐의로 재판을 받았는데, 법원이 이 남성에게 징역 5년과 벌금 4만 루피를 선고했다. 이런 종류의 불평등한 법원 판결이 전국적으로 끊이질 않는다.

이런 강압은 독립 전부터 존재하긴 했다. 독립 전 전국의 여러 토후국에서 이런 종류의 개종금지법 혹은 종교자유법이 발효되어 있었고, 독립 후에도 모디의 힌두뜨와 세력이 권력을 잡기 전부터 몇몇 주에서 발효되기도 했다. 모디 집권 전부터 오디샤(1967), 마디야 쁘라데시(1968), 아루나짤 쁘라데시(1978)에 이런 종류의 법이 있었다. 하지만 모디 정부가 들어선 이후로 이런 법이 더 활발하게 만들어지고, 이를 토대로 소수 종교인에 대한 폭력이 갈수록 심해진다는 게 문제다. 2019년 휴먼라이츠워치Human Rights Watch와 2020년 미국국제종교자유위원회USCIRF: US Commission on International Religious Freedom는 인도에서 종교 소수자에 대한 살인 사건이 수십 건에 달하는데도 법원에서 이를 처벌하지 않고 방관한다고 비판하였다. 종교자유위원회는 종교의 자유를 기준으로 인도를 세계에서 최하위 등급인 '특별 우려국'으로 지정할 것을 권고했다. 2022년 미국의 한 하원의원은 무슬림, 기독교인, 시크교도, 달리뜨, 아디와시 및 기타 종교적 · 문화적 소수자를 대상으로 한 인권침해와 인도 내 종교의 자유 침해를 규탄하는 결의안까지 발의했다.

급기야 2023년 2월, 시카고에 본부를 둔 인권 단체인 모두를위한정의Justice For All는 '인도의 나치화'라는 제목의 보고서를 발표하여 나치 독일과 BJP-RSS 정권의 인도를 일대일로 비교하기에 이르렀다. 하지만 이런 국제적 비판에도 모디 정부는 꿈쩍도 하지 않는다.

모디는 왜 시민권 개정을 강행했는가?

모디 수상이 이끄는 인도국민당BJP이 주도하여 만든 시민권 개정 법안Citizenship Amendment Act이 2019년 말 인도 사회에 평지풍파를 일으켰다. 12월 초부터 논란이 이는 와중에 연방하원과 상원을 잇달아 통과하자, 그에 대한 반대 시위가 전국적으로 벌어졌다. 동북부의 앗삼에서 시작된 시위는 인도에서 가장 큰 주인 북부의 웃따르 쁘라데시 주에서 가장 격렬하게 벌어졌다. 급기야 2020년 델리에서 힌두 폭도들이 시민권 개정에 반대하는 무슬림들을 집단 폭행하여 무슬림 50여 명이 살해되었다. 1984년 인디라 간디 암살 사건 직후 터진 시크 학살 이후 한 나라 수도에서 일어난 최악의 종교 공동체 폭력이었다. 시민법 개정안이 도대체 무엇이기에 이렇게 심한 갈등이 일어났는가? 모디 정부가 이 개정안을 강행하는 이유는 무엇인가?

모디의 시민권 개정 법안은 남아시아 여덟 개 나라에서 무슬림이 다수를 차지하는 파키스탄과 아프가니스탄, 방글라데시에서 종교를 이유로 박해받아 인도로 이주해 온 힌두교도, 시크교도, 불교도, 자이나교도, 파르시교도, 기독교도 중 2014년 12월 31일 이전에 도착한 이들에게만 인도 시민권 신청 자격을 부여한다는 것이다. 즉, 2014년 이전에 인도에 들어왔다 할지라도 무슬림들에게는 시민권을 부여하지 않는다는 것이 핵심이다. 정부는 남아시아 이웃 나라에서 종교 박해를 받는 소수집단을 보호하기 위해 불법이민자에게도 시민권을 부여하도록 법을 개정한다고 밝혔지만, 왜 그 대상에서 유독 무슬림을 제외했는지는 설명하지 않았다. 그래서 시민권 개정 법안이 겉보기에는 불법이민자에 대한 관용 정책이지만, 실제로는 무슬림을 배제한 힌두국가 건설로 한 발 더 나아가는 행보인 것이다. 이 법안이 모든 종교를 평등하게 대한다는 세속주의를 표방하는 인도 헌법을 심각하게 위배한다는 사실을 누구도 부인하지 못한다. 연방제, 의원내각제 등과 함께 인도라는 국민국가를 지탱하는 가장 중요한 기둥인 세속주의를 송두리째 흔든 것이다.

현재 인도에 거주하지 않는 인도 사람 혹은 인도에 거주하는 비시민권자는 세 부류로 나눌 수 있다. 첫째, 엔알아이NRI: Non-Resident Indian라고 규징되는 사람들이다. 인도 시민권자로 유학이나 취업 때문에 일시적으로 해외에 체류하는 사람이다. 이 부류는 아무런 문제가 되지 않는다. 다음으로는 조상이 인도인이지만 분단 이전에 해외로 나가 인도 시민권이 없는 사람이다. 시민권은 없어도 그에 버금가는 여러 혜택을 누릴 수 있는 경우다. 피아이오PIO: Person of Indian Origin라고 분류된다. 인도 정부는 4세대 이하 인도인 혈통이 인정되는 외국인에게 피아이오 지위를 부여하는데, 피지 · 남아공 · 모리셔스 · 말레이시아 등 식민지 시절에 건너간 인도인 조상의 후손들만 해당하고, 아프가니스탄 · 방글라데시 · 부탄 · 네팔 · 파키스탄 등의 인접 국가들과 중국 · 이란 국적자 등은 여기에 해당하지 않는다. 이 또한 별 문제가 아니니다.

문제는 세 번째 경우이다. 1947년 8월 15일 정부 수립 선포 후 현재까지 파키스탄(당시 동파키스탄, 추후 방글라데시 포함)에서 이주해 온 사람들의 경우로, 보통 말하는 난민이다. 인도에는 여러 난민이 있는데, 주로 문제가 되는 건 인접 국가에서 들어온 난민들 가운데 인구가 많고 나라가 가난해 인도로 대거 불법이주해 온 방글라데시 난민들이다. 1971년 방글라데시 해방전쟁 이래로 꼴까따로 유입된 난민들의 수가 엄청나게 많았고, 그로 인해 꼴까따 경제가 크게 타격을 받았다. 현 연방정부 여당인 인도국민당은 그들이 전국 각지로 이주하면서 그 지역의 노동시장에 악영향을 끼쳤으니 추방해야 한다는 주장을 오랫동안 해 왔다.

모디 정부는 2014년 연방정부 여당이 된 후 5년 동안 진행한 '힌두국가 만들기' 프로젝트의 일환으로 앗삼주를 위시한 인도 동북부를 문제의 진앙으로 택했다. 앗삼주는 2022년 12월에 국가등록시민NRC: National Register Citizens 절차를 실시하여 무슬림 2백만 명을 순식간에 추방했다. 그로 인해 엄청난 소용돌이가 일어났다. 앗삼주의 문제는 미얀마에서 로힝야 사람들을 박해하여 추방한 것과 비슷하다. 미얀마는 1982년 법을 개정하여 '국가인종national race'이라는 개념을 적용하여 시민을 3등급으로 나누고 주민증을 교체하면서 로힝야에게는 새 주민증을 주지 않아 그들을 합법적으로 내쫓았다. 모디 정부도 앗삼을 비롯한 동북부 지역에 거주하는 무슬림 불법이주민들을 인도 땅에서 쫓아내려 한 것이다.

이 시민권 개정 법안은 모디와 인도국민당이 2019년 총선 압승 후 당분간 큰 선거가 없는 틈을 타 벌인 힌두국가 만들기 차원의 정치 전술이다. 시위가 맨 먼저 일어난 앗삼 지역 사람들은 경제적·문화적 이유를 들어 이 시위에 반대했다. 난민을 받아들이면 그들에게 자신들의 일자리와 재산과 땅을 빼앗길 뿐만 아니라, 자신들의 문화적 정체성마저 흔들린다는 논리다. 2019년 총선에서 현재 연방정부 집권당인 인도국민당이 승리한 후 이 지역에서는 무슬림 불법이민자 추방과 탄압 물결이 거셌다. 엄연한 인도 시민권자 무슬림들도 그 영향을 받을 정도였다. 반反이슬람의 혐오정치가 강력하게 퍼지는 상황에서 이를 부추긴 셈이다.

항상 그렇지만 다수를 차지하는 힌두 정체성을 가지고 소수 무슬림을 혐오하고 핍박하는 힌두민족주의 기반의 힌두국가 건설 전술은 모디와 인도국민당에게는 최고의 정치적 꽃놀이패다.

인도에서 무슬림은 어떻게 핍박받는가?

인도는 헌법적으로도 그렇고 실질적으로도 힌두의 나라는 아니다. 힌두가 다수인 건 분명하지만, 2억 명이 넘는 무슬림이 인도에 산다. 2억 명의 무슬림이 한 나라에서 소수 종족의 위치에 있으니, 인도의 상황이 얼마나 어려울지 짐작할 수 있다.

이슬람 공동체의 중심은 유일신 알라에 대한 믿음이다. 그들 세계에서 인간이라는 존재는 개개인이 각자의 자질과 운명을 갖고 신에 의해 창조되었기 때문에, 힌두 공동체에서 중요한 카스트나 혈통 같은 귀속적 집단의식이 희박하다. 개인이 자신에게 주어진 세상의 모든 일을 전지전능한 신의 뜻을 받아 노력하여 바꿀 수 있으면 현재 높은 위치를 차지한 자도 언제든지 낮은 위치로 떨어질 수 있고, 반대의 경우도 얼마든지 성립할 수 있다. 이를 다른 말로 해석하면, 한쪽으로는 평등주의이면서 다른 쪽으로는 무슬림은 모두 형제라는 의미가 된다. 그래서 이슬람은 국가나 민족이 다르더라도 알라 안에서 모두가 다 하나라는 사해동포주의가 절대적이다. 팔레스타인에서 무슬림이 핍박받으면 국적이 다른 무슬림이 나서서 연대하는 이유이다. 미국이 아프가니스탄을 공습하여 전쟁을 벌이던 2002년 직후, 런던에서 영국 시민권자 그것도 이민자가 아닌 백인 무슬림이 지하철 테러를 시도한 것은 이러한 무슬림의 태도를 잘 보여 주는 예다.

인도의 무슬림들은 대체로 고용, 교육, 주택, 의료, 복지의 여러 분야에서 차별을 겪는다고 말한다. 이런 문제를 해결하고자 정치적 권력화를 시도하면 문제는 더 어려워진다. 2019년 총선 이후 무슬림이 의회에서 차지하는 의석은 5퍼센트에 불과하다. 힌두 정당을 표방하는 인도국민당이 압도적으로 집권 여당을 연달아 차지하는 상황이다. 인구수로는 15퍼센트 가까이 되는데, 정치권력으로는 5퍼센트 정도이니 공동체의 불만이 크다. 큰 정치권력의 문제가 아니다. 일상의 어려움은 경찰과 같은 작은 권력에서 비롯된다. 혐오와 편견을 가진 경찰이 무슬림 보호를 실질적으로 거부하거나 태만히 하는 상황이 벌어지고, 무슬림을 공격하는 힌두가 처벌은커녕 오히려 보호받을 때 무슬림이 느낄 두려움과 분노가 어떻겠는가? 여기에 문화적 정체성까지 더해지면 무슬림은 설 자리가 없어진다. 각 주에서 개종 반대법 통과가 늘어나고, 그에 따라 학교에서 머리 스카프 착용을 금지하는 등 무슬림의 종교적 자유를 제한하는 상황에서 무슬림의 불만이 클 수밖에 없다.

무슬림에 대한 핍박 중 가장 무서운 것은 힌두 폭도들의 무슬림 집단살해다. 1992년 아요디야의 바브리 마스지드 파괴와 2002년 구자라뜨 학살 이후 최근 10년간에도 힌두 폭도들의 무슬림 학살은 끊이질 않았다. 2013년에는 웃따르 쁘라데시의 무자파르나가르 폭동이 터졌다. 무자파르나가르시 인근 마을에서 두 명의 힌두교 남성이 무슬림 남성과 말다툼을 벌이다 살해당했는데, 개인적인 다툼이 종교 공동체 간의 싸움으로 커지면서 심각한 충돌이 발생해 무슬림 42명을 포함해 60명 이상이 죽었다. 당시 무슬림 약 5만 명이 폭력을 피해 몇 달간 구호 캠프에 피신했다.

이러한 반反무슬림 폭력은 2014년 모디가 연방정부의 수상이 되면서 더욱 기승을 부리고 있다. 인도 대법원이 힌두의 무슬림 공격이 '뉴 노멀'이 될 수 있다고 경고할 정도다. 반무슬림 폭력의 가장 흔한 형태 중 하나는 소 도축 때문에 벌어진다. 각 주마다 여러 형태로 존재하는, 법적으로 어떠한 권리도 없는 임의 조직인 자경단自警團이 폭력의 주체이다. 2019년 휴먼라이츠워치 보고서에 따르면, 무슬림 최소 44명이 소 도축 문제로 자경단에게 살해됐다.

심각한 폭력은 또 있다. 소위 '사랑의 지하드'라는 것이다. 인도에서도 무슬림 남성과 힌두 여성의 사랑이 얼마든지 있을 수 있다. 그런데 그런 남성들을 사랑을 이용해 이슬람을 전파할 목적으로 힌두 여성을 개종시킨다고 뒤집어씌워 공격하는 일이 잦다. 개종금지법을 어겼다고 기소하는 것이다. 해마다 개종금지법 위반 혐의로 수백 명의 무슬림 남성이 체포된다. 항상 그렇듯이, 무슬림에 대한 폭력은 인도국민당과 그 방계 세력의 정치인들이 사주하고 조종함으로써 일어난다. 그 과정에서 힌두 폭력 정치인의 통제 아래 있는 경찰이 무슬림의 피해에는 눈감고 힌두의 피해는 앞장서서 막는 건 지난 수십 년간 변하지 않는 문법이다.

인도에서 인구수 2억, 전체 인구의 15퍼센트에 가까운 무슬림이 작은 일상부터 큰 폭력에 이르기까지 모든 일에서 일방적으로 피해를 당하는 것이 어제오늘 일은 아니다. 그들은 가난하고 교육받지 못하고, 무엇보다 소수라서 권력으로부터 배제당하는데, 그런 구조가 100년 이상 악순환했다. 여기에 분단 이후, 특히 힌두국가를 노골적으로 주창한 정치세력이 권력을 잡으면서 더욱 심해지고 노골화되었다. 이런 핍박과 폭력을 부추기고 조종하는 정치인도 문제지만, 가장 큰 책임은 무슬림을 무조건 싫어하고 거리낌없이 폭력을 행사하는 힌두 대중에 있다.

코로나 시기에 모디는 민주주의를 어떻게 망가뜨렸는가?

코로나19 초기, 중국과 유럽 전역에 전염병이 확산하던 때 인도는 세계 여러 나라에 백신을 제공하여 큰 주목을 받았다. 2021년 1월 다보스 연례회의에서 나렌드라 모디 수상은 세계 최대 백신 생산국인 인도가 기존 백신 외에도 더 많은 백신을 제공할 것이라고 공언하고, 백신 공급을 통한 외교적 영향력 상승을 국가적 어젠다로 추진하였다. 그리고 UN 지원 COVAX 프로그램에 따라 '백신 마이뜨리Vaccine Maitri'라는 COVID-19 백신 제공 추진 프로그램을 통해 2021년 1월 20일부터 몽골, 오만, 미얀마, 필리핀, 바레인, 몰디브, 모리셔스, 부탄, 아프가니스탄, 네팔, 방글라데시, 세이셸 등 저소득국가에 20억 도즈의 백신을 제공하였다. 인도는 백신 제조 역량을 활용하여 기록적인 시간에 자체 백신을 개발하고, 서방에서 개발한 백신을 제조하는 능력을 확장했다. 이로써 인도는 '세계의 약국'이라는 영광스러운 별명을 얻었다. 그런데 2021년 4월에 코로나19 2차 유행이 시작되면서 인도의 일일 확진자 수가 40만 명, 사망자 수가 5천 명에 육박했다. 왜 이렇게 갑자기 상황이

나빠졌을까?

그 이유는 모디 수상이 코로나마저 정치 수단으로 전락시켰기 때문이다. 국가를 이끌어 가는 수상으로서 시민의 안전에 관심을 두지 않고, 일개 정파의 수장으로서 선거 승리에만 혈안이 된 결과다. 2021년 인도 정치의 중간평가라 할 인도 주의회 선거가 서벵갈, 앗삼, 께랄라, 뿌두쩨리, 따밀나두의 5개 주에서 실시되었다. 선거 기간 동안 모디는 힌두교를 정치에 적극 끌어들였다. 코로나19 1차 유행기이던 2020년에는 하리드와르 꿈브멜라 개최지를 봉쇄했는데, 2차 유행 때에는 꿈브멜라 축제를 기간만 줄이고 집회를 허용했다. 수백만 명이 모이는 세계 최대 규모의 종교 축제를 강행한 것이다. 모디는 대중 연설에 강한 정치인이고, 그의 당은 대중 자극과 선동에 특화된 정당이다. 이들은 축제 외에도 선거 유세를 위해 대규모 집회를 개최하였다. 모디가 유세를 할 때마다 엄청난 인파가 마스크도 쓰지 않고 집회에 참여했다. 이후 엄청난 코로나19 2차 유행이 시작되었다. 이전과 달리 코로나가 중산층에까지 확산하였다. 이로써 모디의 지지 기반이 심하게 침식되었고, 그 결과 인도국민당은 5개 지역 주의회 선거에서 참패하고, 코로나19는 세계 최악의 상황으로 전락하였다.

코로나19 2년 동안 무엇보다도 거버넌스의 투명성 부재가 두드러졌다. 2020년 3월 24일 저녁, 모디 수상은 21일간의 국가 봉쇄를 시작한다고 발표했다. 봉쇄는 가혹하였고, 모든 교통편이 완전히 금지되었다. 해외 및 국내 여행, 학교, 비필수 상점, 집회, 행사

등이 아무런 사전 조치 없이 발표 4시간 후 완전히 폐쇄되었다. 모든 피해는 고스란히 국민들에게 떠넘겨졌다. 특히 일용노동자, 장애인, 빈곤층, 노숙자 등 취약계층이 극심한 타격을 받았다. 일자리를 잃은 이주노동자는 타고 갈 운송수단이 없어 수백 수천 킬로미터를 걸어서 고향으로 돌아가다가 기아와 피로로 사망했다. 40도가 넘는 뜨거운 여름에 고향으로 걸어가다 죽는 사람들이 쏟아지는데, 국가는 그 자리에 없었다.

코로나 팬데믹 시기에 모디 정부가 보인 두 번째 특징은 행정부의 집행 독점이었다. 인도 헌법은 전쟁이나 반란 외의 긴급사태를 인정하지 않는다. 법적으로는 정부가 언론을 통제할 방법도 없어 코로나19 같은 특수 긴급사태에 대처할 입법이 필요했다. 그런데 모디 정부는 이러한 입법 절차 없이 행정부가 독점적으로 권력을 행사했다. 그 결과, 인도가 오랫동안 지켜 온 삼권분립 체계가 흔들렸다. 입법부와 사법부는 팬데믹 기간에 행정부에 밀려나고, 행정부가 우위에 서서 권력을 행사하였다. 행정부의 지침, 조례, 명령을 통해 과다하게 시민권을 제한하고, 그 과정에서 전례 없는 경찰 폭력을 자행했다. 그 의사결정 과정에서 주정부의 자율성은 허용되지 않았다.

코로나19 재난과 관련해 모디 정부의 권위주의 통치가 보인 세 번째 특징이자 가장 심각한 문제는 언론통제였다. 모디 정부는 저명한 신문사의 편집자들에게 사임을 강요했고, 정권에 부정적인 기사를 게재한 언론사 사무실을 급습하거나 폐쇄하기도 했다. 언론인에 대한 물리적 공격이 일상화되어, 대낮에 집 앞에서 총에 맞아 사망한 언론인도 있었다. 2020년 3월, 모디 정부는 언론인들이 정권이 승인하지 않은 코로나19 정보를 보도하지 못하게 해 달라고 대법원에 요청했다. 대법원은 요청을 기각했지만, 모디는 코로나19 상황에 대해 정부의 공식 발표 내용만 기사화하라고 모든 언론사에 지시했다. 그리고 정부의 부실 관리를 보도한 수십 명의 언론인을 기소하고 체포했다. 디지털 언론에 관한 새로운 규칙을 발표하여 기사를 차단하거나 전체 웹사이트를 폐쇄할 수 있는 권한을 공무원에게 부여하고, 페이스북 · 인스타그램 · 트위터와 같은 소셜미디어 플랫폼에 정부를 비판하는 게시물을 삭제하도록 압력을 가하기도 했다.

모디는 언론을 탄압하고 전염병이 어떻게 확산되고 있는지에 대한 정보를 차단, 인도 시민들의 공공의식을 둔화시켜 바이러스 확산에 결정적인 역할을 하였다. 이런 점에서 모디는 일종의 '슈퍼 전파자'였던 셈이다.

세계에서 가장 키 큰 동상의 주인공은?

2018년 10월 31일, 높이 182미터의 세계에서 가장 키 큰 동상 제막식이 모디 수상의 고향 구자라뜨주 어느 작은 섬에서 열렸다. 나르마다강에 건설된 세계 최대 규모의 댐인 사르다르 사로와르 댐이 보이는 장소였다. 모디가 집권하자마자 착공한 이 동상의 건립에는 5년 가까운 시간이 걸렸고, 5천억 원의 비용이 들었다. 그런데 이 동상의 주인공은 인도의 아버지라 불리는 간디도 아니고, 초대 수상 네루도 아니고, 힌두교 최고 신 쉬바도 아니다. 동상의 주인공은 '사르다르sardar'(귀인)라는 별명으로 알려진 간디의 오랜 동지이자 인도 정부 초대 내무부장관과 부수상을 역임한 발랍바이 빠뗄Vallabhbhai Patel이다. 왜 빠뗄일까?

빠뗄은 초대 내각에서 인도 연방정부를 구성하는 소위 '국민국가 건설nation-builing'의 책임자였다. 영국에서 권력을 이양받을 당시 인도에는 565개의 토후국이 있었다. 이 토후국들은 실질적으로는 영국 정부에 속해 있었지만, 형식적으로는 독립을 유지한 일종의 괴뢰국이었다. 그들은 인도에 속할지 파키스탄에 속할지 아니면 독립국 상태를 유지할지 결정해야 했다. 인도와 파키스탄 접경지대의 토후국은 어떻게든 선택을 했고 인위적 대이동을 겪었지만, 라자스탄과 구자라뜨 그리고 데칸 지역에 산재해 있던 많은 토후국 가운데 무슬림이 왕인 나라들은 파키스탄으로도 갈 수 없고 인도 연방에 속하는 것도 거부하던 상태였다. 이때 그들을 설득하여 인도 연방에 편입시키거나 무력으로 진압해 강제로 귀속시켜 국가 건설을 완성한 이가 빠뗄이다.

간디는 반反서구 문명에 기반을 둔 농촌 중심의 힌두-무슬림 공동체를 복원해야 한다는 전통 농촌사회주의자이고, 네루는 친서구 산업화 사회주의자이면서 반공산주의 의회민주주의자로서 국가를 위해 무슬림과 함께 가야 한다고 생각한 철저히 세속적인 세계관의 민족주의자다. 이에 반해, 빠뗄은 파키스탄을 '병든 다리'에 비유하면서 국가와 민족을 위해 그 다리를 절단해야 한다고 주장한 전형적인 힌두 중심의 민족주의자다. 그래서 수상 네루는 그에게 무슬림 토후국을 강경 진압하여 하나의 연방제 국가를 완성하라는 책무를 맡겼다.

분단 이후 파키스탄에서 내려온 '우리' 힌두에 대한 동포애가 강했던 힌두민족주의자들은 동포를 쫓아낸 무슬림에 대한 적개심을 키우며 점차 극우 힌두민족주의자로 변하기 시작했다. 난민 캠프에서는 하루가 멀다 하고 힌두와 무슬림 간 폭력 충돌과 난동이 벌어졌다. 그 난동을 주도하고 조직한 세력은 극우 힌두민족주의자 민족의용단이었다. 그들은 겉으로는 난동을 부인하면서 자작극 등 온갖 방법을 동원해 난동을 사주하고 실행에 옮겼다. 낮에는 인도주의자이고 밤에는 테러 집단이었다. 현 수상 모디가 이 단체 출신이다. 그러다 마하뜨마 간디 암살 사건이 발생한다. 간디 암살 후 1948년 2월 조직의 대표들이 대거 체포되고, 조직 전체의 활동이 금지되었다. 민족의용단에게는 더할 수 없이 큰 치명타였다. 하지만 그들에 대한 사회적 분위기는 그렇게까지 최악은 아니었다. 비록 민족의 아버지로 추앙받는 간디를 암살한 것에 대해 거의 모든 국민이 비난했지만, 이미 불구대천의 원수가 된 무슬림에 대한 저항자로서 보이지 않는 지지를 받았다. 이미 굳어진 힌두라는 동류의식으로 상당한 동정 여론도 있었다.

이러한 분위기에서 민족의용단은 극우 힌두주의자들이고, 빠뗄은 인도국민회의 소속 정치인이었지만, 같은 민족주의자로서 상당한 친연성을 공유한 사이였다. 빠뗄은 네루에게 민족의용단 활동 금지를 해제하도록 종용하여 2년 만에 수상의 재가를 받아냈다. 빠뗄은 민족의용단이 인도의 헌법과 국기를 인정하고 폭력을 사용하지 않는다는 등을 명시한 내부 강령을 만들어야 한다는 단서 아래 활동 금지를 해제했으나, 사실은 민족의용단과 심정적 동지 관계였다고 보는 편이 더 옳다. 민족의용단으로서는 빠뗄이 구세주나 다름없었다. 그러니 이 극우 집단과 같은 진영에 속한 현 수상 모디가 가장 존경하는 이가 간디나 네루가 아니고 빠뗄인 것이다.

빠뗄의 동상은 모디가 구자라뜨주 수상으로 재직하던 2013년

10월 31일, 즉 총선 시작 6개월 전에 착공하여 몇 개월 후 집권하자마자 연방정부 업무로 격상시켰다. 준공식도 총선 6개월 전이다. 빠뗄의 생일이 10월 31일이기 때문에 동상 착공식과 준공식을 10월 말에 한다고도 볼 수 있으나, 이 택일 또한 매우 정치적이다. 인도 총선은 5년 만에 치러지니, 2019년 4월부터 두 달간이다. 상식적으로는 총선 끝나고 그해나 다음 해에 착공하고 준공하면 된다. 그러나 모디는 착공과 준공을 모두 총선 6개월 전에 했다. 역사적 인물을 동상으로 세운다는 것 자체가 정치적 메시지를 발신하는 고도의 정치 행위이기 때문이다.

모디는 집권하자마자 힌두 신정국가로 나아가는 길을 닦았다. 소 도축 문제를 정치적 어젠다로 끌어올렸고, 갠지스강 수질 개선과 정화 문제도 힌두교와 정치 문제로 연계시켰으며, 불가촉천민을 핍박하고 기독교인 재개종 문제를 본격적으로 꺼냈다. 모디와 같은 계열인 의용단 일가는 힌두 사회에도 속하지 않는 산간 오지 부족민 아디와시를 힌두로 개종하는 일을 벌이고 있다. 모디 정권에게 정치의 목표는 국가이고, 그 국가는 힌두국가이다. 빠뗄의 동상을 세계 최대 규모로 세운 이유이다. 그것도 세계 최대의 댐이 바라보이는 자리에. 전형적인 국가주의다.

인도국민당은 어떻게 신자유주의 첨병이 되었나?

인도국민당BJP의 경제정책은 창당 이후 상당히 변화했다. 원래부터 당내에 여러 경제 노선이 존재하였다. 1977년 연립 정당으로 첫 정권을 잡고, 1980년대에는 식민 시기 때부터 민족운동으로 사용해 온 스와데시(자국) 개념의 보호주의를 근간으로 삼았는데, 이는 인도국민회의가 국가 주도의 산업화와 사회주의로 방향을 잡은 데에 대한 반대의 입장이었다. 그들은 인도국민회의의 국가사회주의를 외세로 간주했고, 그래서 국가 주도가 아닌 개인 주도의 자본주의를 표방하였다. 인도국민당의 민족주의는 보호주의 민족주의가 아닌 국가주의를 의미하니, 경쟁에서 승리하는 최고 국가를 추구하는 것이 목표이다. 1991년 IMF 외환위기 이후 보호주의 경제정책을 폐기하고 과감한 경제개혁을 시도해야 한다는 분위기가 대세인 상황에서 나온 경제정책이다. 이것이 본격적인 개방경제가 시작된 2000년대 이후 국가주의의 세계화로 자리잡았다. 결국, 경제위기 상황에서 실용주의자들의 경제 노선이 전통주의자의 노선을 압도한 것이다.

1998년 바즈빠이 정부는 전임 인도국민회의 정권이 시행하던 경제자유화를 이어받아 더 가열차게 밀어붙였다. 첫 내각에서 연립 정당들에서 실용주의자와 경제개혁파 인물을 대거 입각시켰고, 기업인 CEO들의 영향력을 확대했다. 그러면서 그때까지 전통적 힌두민족주의 경제정책을 주장한 노장 정치인 아드와니L. K. Advani, 조시M. M. Joshi와 같은 실질적인 보호주의 민족주의 이데올로그의 영향력이 크게 퇴조하였다. 다만, 경제 밖의 힌두민족주의 운동은 전선 조직인 민족의용단RSS과 의용단일가Sangh Parivar가 확실히 조직을 다지도록 하였다. 정치에서는 만디르mandir(사원, 종교), 경제에서는 비까스vikas(발전, 경제)의 이원 분류 전술이다. 정체성에 기반을 두지 않는 정치는 흔들릴 수 있다는 생각 아래, 혹시라도 권력에 위기가 오면 다시 힌두민족주의를 불러일으킬 만반의 준비를 하고, 이를 바탕으로 경제 문제는 이데올로기에서 벗어나 철저히 '빵과 버터' 문제를 푸는 방향으로 가야 한다고 천명하였다. 정치는 전선 조직이 치르고 경제는 당이 치르는 이중 구조에서, 집권 여당은 엄격한 규율로 세력의 화합을 지켜 냈다.

이러한 이중 전술에 인도국민당 구성원들이 갈등하지 않은 것은, 오로지 선거에서 승리하여 권력을 쟁취해야 한다는 40년 넘은 '타는 목마름' 때문이었다. 선거에서 이기는 것보다 더 큰 선善은 없다는 최고의 정치 전술에 민족의용단과 의용단일가의 전선 조직이 승복했고, 그 위에서 지금의 모디 정부는 경제적 국가주의와 문화적 민족주의를 능숙하게 조합시켰다. 힌두민족주의자들이 대승적 차원에서 경제적 스와데시를 양보한 데에는 1998년 집권 직후 실시한 핵실험의 영향이 크다. 그들은 핵실험을 통해 민족주의에 대리만족을 느꼈다. 인도 국가의 힘을 과시하고 세계에서 지위를 확고히 했다는 사실에 민족적 자부심을 느낀 힌두민족주의자들은 실용주의자들의 신자유주의 수용을 묵인했다. 사회주의와 자본주의를 모두 외국 모델로 거부하던 전통은 완전히 사라지고, 그 자리에 실용주의적 자본주의가 강력하게 뿌리내렸다.

권력을 잡은 실용주의자들은 자유화를 지속하며 그 위에서 도시 중산층을 강화할 경제정책을 강력하게 실시했다. 1998년부터 2004년까지 인도국민당 중심 연정인 민족민주동맹NDA 정부 재임 동안 인허가제도 대폭 수정, 규제 대폭 완화, 민영화, 외자 유치 등을 강력히 실시한 결과, 외국계 기업이 대거 유입되었다. 그런데 NDA 정부는 2004년 선거에서 패배한다. 'India Shining'이라는 슬로건 아래 선거를 치른 게 역효과를 냈다는 분석이 많다. 정권이 세우려 한 도시 중산층이 아직 선거를 주도할 만큼 세력을 형성하지 못하고, 사회주의적 평등에 매달리는 가난한 사람들이 많은 상황에서 선거 슬로건이 그들의 감정을 해쳤다는 것이다. 한 마디로, 빈곤층과 농민 세력의 신자유주의에 대한 강력한 저항이 있었다.

2014년 선거에서 인도국민당은 다시 정권을 잡았다. 그들은 무슬림을 학살하는 힌두민족주의가 아닌 힌두국가를 세우는 전술로 힌두민족주의를 자랑스러운 조국의 콘셉트로 키워 나갔고, 무슬림에 대한 힌두 대중의 적대감을 유연하게 이용하였다. 그리고 다시 신자유주의 위에서 실용주의 경제정책을 강력하게 추진하였다. 무엇보다도, 구자라뜨 주지사 재임 시절 구자라뜨주에서 믿을 수 없을 정도의 경제발전을 이룬 것으로 알려진 나렌드라 모디를 수상 후보로 내세워 압승했다. 수상이 된 모디는 우선, 제조업 육성과 인프라 구축 그리고 서비스산업의 과감한 민영화와 노동 및 환경규제 철회를 밀어붙였다. 모디는 인도의 외국인직접투자 정책을 자유화하여 국방 및 철도를 포함한 여러 산업에 더 많은 외국인투자를 허용했다. 그리고 노동자들의 노조 결성을 더 어렵게 만들고, 고용주의 고용과 해고를 더 쉽게 만들었다.

모디의 개혁은 노동자·농민의 강력한 저항을 불러일으켰으나, 이번에는 과거보다 커진 중산층이 선거를 이끌고 나갔다. 그 위에서 모디는 농업, 복지, 노동 등에서 포퓰리즘적 정책을 펴서 지지를 끌어냈다. 세계를 이끌어 가는 강하고 부유한 인도 국가주의의 성공이었다.

X

현대 인도인의 일상

일상의 힌두교는 어떤 모습일까?

힌두교는 베다의 일원론을 토대로 한 다신교이다. 일원론이란 삶이 죽음이고 죽음이 삶인, 행이 불행이고 불행이 행인, 과거가 미래고 미래가 과거인 세계관이다. 구원도 중요하지만, 그것보다 자신에게 주어진 삶의 의무와 도리를 실천해야 하는 것을 첫 번째 종교적 의무로 삼는 재가 사회 중심의 물질과 기복의 종교이다. 여기에 기세棄世, 명상 등 여러 이질적인 성격들이 통합되어 있다. 크게 보면, 기독교와는 완전히 다르고, 사회윤리적 도리를 중시한다는 점에서는 유교와 비슷하고, 다신교와 기복신앙 차원에서 보면 불교와 비슷하다. 문제는 힌두교로 잘못 알려진 '힌두뜨와' 이데올로기다.(이 책 55쪽 참조)

힌두뜨와는 힌두교가 아닌 힌두교를 왜곡해서 만든 정치이데올로기다. 힌두뜨와에 빠져 있는 정치적 인사조차도 집이나 회사에서는 힌두교를 믿고 그에 따라 생활할 뿐 힌두뜨와와는 아무런 상관없는 종교 생활을 한다. 그가 누구를 미워하고 누구에게 표를 줄지는 정치적인 문제일 뿐, 종교와는 거리가 멀다는 말이다.

무슬림에 대한 적대감도 마찬가지다. 그것은 식민 지배와 인도-파키스탄 분단, 힌두 근본주의의 득세로 발생한 정치적 현상이지, 힌두교가 본질적으로 무슬림을 배척하거나 악으로 여겨 심판하려는 종교는 아니다.

일상 속 힌두교의 모습을 살펴보자. 물론 그 구체적인 모습은 지역마다, 카스트 그리고 집단마다 다르다. 힌두는 아침이면 세정洗淨 의례를 하고, 새 옷으로 갈아입고, 뿌자puja(예배)를 올리는 것으로 일상을 시작한다. 가족이라고 해서 모두 같은 신을 믿는 것이 아니니, 어머니는 친정 전통에 따라 끄리슈나를 섬기고 아버지는 쉬바를, 아들은 락슈미를, 딸은 가네샤를 섬기는 식의 모습은 아주 흔하다. 한 가족 내에서도 서로 다른 신에게 예배를 올리니, 신앙에 따른 갈등이 생겨날 소지가 없다. 여자가 시집을 갔다 해서 그 집안의 종교 전통을 따라야 할 의무도 없고, 자식이 부모의 신앙을 따라야 할 의무도 없다. 각자가 믿는 신이 딱히 정해진 것도 아니다. 기도하는 목적에 따라 그 기도를 받는 신이 달라진다. 지역마다 집안마다 예배를 드리는 신이 다르고, 그 형식이나 장소도 다르다. 그런 점에서 힌두교는 철저히 개인적인 종교다. 보통은 신에게 향을 태워 바치고 자신이 의지하는 경전의 일부 구절을 암송하면서 뭔가를 기원한다.

일상의 종교 행위 가운데 가장 중요한 것은 뿌자라 부르는 예배다. 뿌자는 신과 영적으로 교접하는 것이다. 그 접촉은 기독교처럼 특정하게 정해진 성소나 사원에서 하는 것이 아니고, 성소라고 정해진 것이 따로 있는 것도 아니다. 집 안의 어느 한 곳 혹은 집 밖 주변 어디든 괜찮다. 돌이나 나무나 꽃 혹은 그림 같은 것을 안치해 두고 성화 의례를 하면 그곳이 성소가 된다. 일단 상像이 성화되면 그 상은 신성한 권력을 갖게 되는데, 큰 사원은 매우 큰 성소가 된다.

신상神像은 아침마다 신성한 물이나 우유 등 여러 물질로 반복해서 씻어 내는데, 사원에서 신상은 세정 의식 후 반드시 사제가 제대로 의복을 갖춘 뒤 대중에게 공개된다. 도시, 특히 아파트 주거지 같은 곳에서는 성소가 유동적이어서 수시로 바뀔 수 있고 간이 시설이 되기도 한다. 가정 안에 차려진 성소는 어떤 형태도 괜찮다. 가난한 집은 아무 데나 사진 한 장을 두어도 괜찮고, 현대식 아파트 같은 곳에서는 벽 일부를 뚫어 성소를 설치해도 괜찮다. 만일 성소가 훼손되거나 사라지면, 다른 곳에 다른 돌이나 꽃을 모시고 의례를 통해 다시 성화하면 그곳이 다시 성소가 된다. 신이 현현된 것이 조각이든 단순한 돌이든 그림이든 사진이든, 안치된 신상만 있으면 된다. 무엇이든 경우에 맞게, 기도와 찬가가 포함된 의식을 길게 할 수도 있고 아주 짧게 할 수도 있다. 그 의식을 통해 경의를 바치고, 이를 통해 신에게 복을 기원한다. 신상은 그 자체로 본질적 가치가 있는 것이 아니고, 신에게 예배를 올리는 자가 신과 접촉하기 위해 사용하는 단순한 매개물일 뿐이다. 의례가 성소를 만들기 때문에 성소 자체보다는 의례가 중요하다.

뿌자는 기독교에서처럼 정해진 시간에, 회합하여 집단으로 하지 않는다. 주로 가족 단위로 하고, 반드시 사제가 인도할 것도 없고, 설교 같은 것도 필요치 않다. 가정에서 올리는 뿌자는 가족 구성원끼리 혹은 개인이 알아서 한다. 가정에서는 사원 예배에서 하듯 브라만이 반드시 주재할 필요가 없다. 사원을 가는 경우도 개인이 정하는 바에 따라 하면 된다. 사원에 갈 때에는 보통 코코넛이나 바나나, 꽃 등을 사서 신상 앞에 바친다. 신상을 알현하고 기도하면 브라만 사제가 신도들이 바친 것을 모아 신의 이름으로 나눠준다. 힌두는 그 음식으로 신의 축복과 가호를 받는다고 믿는다.

힌두교에는 기본적으로 악마를 처단해 달라거나, 적을 무찔러 공의를 행하여 달라거나, 심판의 날이 오면 주께서 알갱이와 쭉정이를 골라 쭉정이를 불에 태워 다 없앤다고 하는 그런 유의 심판과 처단 같은 개념이 아주 적다. 자신이 주어진 사회윤리를 잘 따르면 신이 악을 처단한다는 권선징악 정도랄까? 힌두교는 기본적으로 복을 더 많이 받게 해 달라는 물질과 기복 그리고 사회윤리 중심의 종교다. 힌두뜨와하고는 전적으로 다르다. 힌두뜨와에 미쳐 날뛰면 그건 힌두교 때문이 아니라 그 정치적 파시즘 이데올로기 때문이다. 인도와 인도인의 속성상 힌두교는 오래 지속될 수밖에 없고 그 변화도 활발하게 이루어지겠지만, 힌두뜨와는 그리 오래가지 않을 것이다. 일상과 아무 관계가 없고, 힌두교가 아니기 때문이다.

왜 인도인들은 교육에 올인하는가?

인도 뉴스 가운데 심심찮게 등장하는 게 학업과 성적 부담 때문에 자살하는 청소년의 슬픈 사연이다. 한 해 1만 3천 명 그러니까, 하루에 35명꼴로 공부 때문에 자살하는 것이다. 인도 도시의 학생들에게 가장 큰 스트레스가 뭐냐고 물어보면, 백이면 백 성적 스트레스라고 말한다. 입시 과열 문제가 학생 개인은 물론이고 그 가족 전체의 꿈이기 때문에, 과도한 공부 압박을 이겨 내지 못해 학생이 자살하는 것이 인도 사회에서 큰 문제가 된 지 오래다.

사회 분위기가 비슷하여 한국 사람들은 비교적 잘 이해할 수 있다. 돈이 별로 없는 집안에서도 논 팔고 밭 팔아서 아이에게 투자하는 경우가 부지기수다. 명문 대학에 들어가기 위해서 중고등 학교부터 명문 학교에 들어가야 하니, 중고등 입시부터 전 가족의 사활을 건 전쟁이 벌어진다. 그러니 국공립학교보다 엄청난 비용이 들어가는 사립학교가 최고 명문으로 자리 잡은 것은 당연한 일이다. 사립학교 가운데 최고 명문인 델리퍼블릭스쿨Delhi Public School은 전국에 207개의 분교가 있고, 심지어 캐나다 같은 해외에까지 분교가 있다.

대학 입시 때 학생들이 선망하는 전공은 소위 'STEM'이라 부르는 과학Science · 기술Technology · 공학Engineering · 수학Mathematics이다. 그 가운데 최고 목표는 인도공과대학IIT과 전인도의과대학AIIMS이다. 전국에 23개의 캠퍼스가 있는 IIT는 입학만 어려운 게 아니고, 그 안에서 우수한 성적으로 살아남기도 너무나 어렵다. 살아남아 그 대학을 졸업하면 세계 굴지의 다국적기업에 수억 대 연봉으로 스카우트되어 해외로 나가는 것은 두말할 필요가 없다. 그러니 세계적인 대학에 입학해서도 학생들 간의 과도한 경쟁으로 자살하는 예가 부지기수다. 과거 한국과 일본 사회가 그랬듯, 이 대학을 들어가기 위해 재수에 삼수, 사수까지 하는 학생이 부지기수다. 우스갯소리로 IIT에 떨어진 학생이 미국 MIT에 합격한다고 할 정도다. 그러니 단번에 들어가는 학생보다 몇 년 재수해서 들어가는 경우가 훨씬 많다. 재수생들은 몇 년 동안 기숙 재수학원에 들어가서 올인한다. 자연스럽게 입시학원이 크게 성황을 이루어 전국적으로 그 비즈니스의 규모가 엄청나다. 그 가운데 라자스탄주 꼬따라는 도시가 있다. 한국 언론에도 몇 번 나온 이곳에서 매년 15만 명 이상의 학생들이 기숙하며 입시를 준비한다. 연간 약 4억 루피의 비즈니스가 창출되어 도시 전체가 이 산업에 의존하고 있다고 해도 과언이 아니다.

인도의 교육열은 왜 이렇게 뜨거울까? 여러 가지 이유가 있겠지만, 그 가운데 가장 우선적인 것은 카스트 제도가 사라지는 것과 관련이 있다. 영국의 식민 지배로 근대화가 시작되고, 그로 인해 직업의 자유가 만연하면서 새로운 자본주의 직업, 그중에서도 돈을 많이 벌 수 있는 직업을 차지하려는 열망이 폭발적으로 커졌다. 돈을 많이 벌면 사적 공간에서는 여전히 영향을 끼치는 카스트 차별을 이겨 낼 수 있다고 인식해서일 것이다. 여기에 독립 후 국민국가 건설 과정에서 초대 수상인 네루가 나라를 이끌어 갈 공무원을 적극 육성하고 그들에게 과할 정도로 많은 권한을 줌으로써 정치사회경제적으로 그들의 힘이 막강해졌다. 그런 공무원이 되는 시험에 합격하기만 하면 대대손손 가문의 운명이 바뀐다. 그러니 시험으로 운명을 바꾸려는 분위기가 형성되었다. 이뿐만 아니다. 네루는 산업 입국의 기치 아래 전국에 IIT를 많이 세웠고, 그들에 대한 지원을 아끼지 않았다. 공업 기술력이 국가의 근간이라는 생각에 기술력 발전에 국가의 명운을 걸었다.

최근의 사회 변화도 교육 열풍의 원인으로 작동한다. 90년대 이후 인도는 신자유주의로 국가의 기조를 바꿔 과거 국가자본주의의 기조를 완전히 벗어던졌다. 그 과정에서 STEM 분야의 고급 인력은 보통 원어민 수준의 영어 구사 능력을 갖추고 있는 터라 미국 등 해외시장에 불티나게 팔려 나갔고, 그 대우는 인도 현지에서는 상상도 못 할 정도이다. 미국 등 세계시장으로 스카우트되어 나간 인재들은 다국적기업에 취업 후 인도인 특유의 능력을 발휘하여 세계적인 전문 인력으로 성장하니, 인도 학생들에게 더 큰 자극제가 된다. 이러한 교육 열풍은 도시화가 확대되고 여성의 사회 진출이 활발해진 최근에는 조기교육 열풍으로 연결되면서 더욱 뜨거워지는 중이다.

그러나 교육열과 교육시장의 성장 이면에는 높은 실업률이라는 어두운 면이 있다. 세계 최대 인구 국가로 부상하였지만, 제조업 수준이 아주 떨어져 청년 실업률이 25퍼센트에 이를 정도로 심각하다. 그러니 이제는 입시가 아닌 취업 분야의 교육 비즈니스도 덩달아 활발해지고 있다. 인도가 앞서가는 IT산업과 연계하여 디지털 기술을 활용한 이러닝이나 온라인 교육시장이 매우 빠른 속도로 커 나가는 중이다. 여기에 정부가 적극적으로 추진하는 100 스마트시티 조성 같은 거대 산업 프로젝트로 정보통신 기술 계통의 일자리가 점점 더 늘어나는 현상도 인도의 교육 비즈니스를 떠받치고 있다.

인도의 교육 열풍과 그 비즈니스의 팽창은 이러한 여러 가지 사회현상이 복합적으로 작동하여 만들어진 것이다. 인도 사회가 제조업을 발전시켜 국내에 질 좋은 일자리를 보급하고 청년 실업률을 높이지 않는 한, 이 열풍은 계속될 것으로 보인다.

'니르바야 사건'이 던지는 의미는?

2012년 12월 델리에서 세계적으로도 유사한 사례를 찾아보기 어려울 정도의 끔찍한 강간 사건이 일어났다. 12월 겨울 밤, 버스에 타고 있던 6명의 남자들이 한 여성을 버스 안에서 집단 윤간하고 발가벗긴 채 길가로 내던졌다. 피해 여성은 새벽에야 행인에게 발견되어 큰 병원으로 이송되었지만 결국 사망했다. 범인 중 한 명이 쇠몽둥이로 피해자의 질과 항문을 찔러 내장까지 꺼내는 바람에 싱가포르까지 가서 장기이식수술까지 했으나 피해자를 살리지 못했다. 그런데 이 사건보다 더 충격적인 것이 일부 인도 남성들의 여성관이다. 사건의 주범은 이렇게 말했다.

"인도 사회의 법에는 여성을 위한 자리는 없다. 여성이 미풍양속을 어기고 돌아다니니 내가 나서서라도 잘못된 행위를 바로잡아야 한다. 그런데 그 여자는 꾸짖고 가르치는 나에게 달려들고 대들었다. 조용히 당했으면 이렇게 처참하게 죽일 생각은 없었다."

비단 주범만이 아니다. 워낙에 충격적인 사건이라 입 달린 사람이면 모두 한 마디씩 했는데, 그 가운데 사회 지도자급이라고 하는 정치인들이 상상을 초월할 정도의 막말을 쏟아 냈다.

"피해자도 가해자만큼 잘못이 크다. '오빠'라고 부르면서 신에게 살려 달라고 빌었어야지."

"남녀 사이의 일은 자기들끼리 알아서 하는 자유 관계다. 다른 사람이 옳다 그르다 말하기 어렵다."

"우리 어렸을 땐 둘이 손만 잡고 가도 부모에게 혼났다. 지금 그 혼이 난 것이다."

"강간은 도시에서 일어나니, 시골 같은 곳에서는 친척 남자 손을 잡고 다녀야 한다."

"이게 다 서양식 문화에 젖어 서양식 옷을 입고 다녀서 그러는 거다."

"그래서 유아 결혼을 해야 이런 문제가 해결된다."

"여자가 꼭 밤 11시까지 남자랑 영화를 보러 갔어야 했을까?"

이 막말들을 쏟아 낸 인사들은 현재 인도 연방정부 집권당의 가장 큰 방계 조직인 민족의용단의 대표부터 서벵갈 주지사, 집권 여당의 연대 세력인 정당의 대표 같은 거물급 인사도 있고, 꽤 알아준다는 영적 스승도 있다.

주범은 이미 사형당했지만, 아직도 여성은 남성이 원하면 강간당해야 할 운명이라 믿는 인도인들은 셀 수 없을 정도로 많다. 여성이 조용히 집에 머무르지 않고 늦은 밤에 돌아다니면, 특히 몸이 다 드러나는 서양 옷을 입고 돌아다니면, 그 자체가 남자를 자극하는 빌미가 된다고 믿는 인도 사람은 남녀 불문 셀 수 없이 많다. 당시 만모한 싱 수상의 처신도 문제였다. 싱 수상은 만신창이가 된 피해자를 싱가포르 병원까지 6시간이나 걸려 이송 보냈다. 정치인들은 이 사건을 다가올 총선용 이슈로 만들었다고 비난했고, 황색언론은 가짜 뉴스를 뿌려 온 나라가 시끄러웠다. 그 결과, 인도는 명실상부한 강간 왕국으로 전 세계에 각인되었다.

이 사건의 공식 명칭은 '니르바야Nirbhaya 사건'이다. 인도 형법상 강간 피해자의 이름을 공개할 수 없어서 이렇게 부르는 것이다. '니르바야'는 '두려움 없음'이다. 피해자 여성의 저항과 죽음은 인도뿐 아니라 전 세계 여성들의 저항의 상징이 되었다. 델리를 중심으로 대학생과 청년들이 거리로 쏟아져 나와 'Rape Me', 즉 나를 강간하라는 피켓을 들고 격렬하게 시위를 벌였고, 여성들의 저항은 전국적으로 번졌다. 인도 여성들은 남성 중심의 사회문화에 대한 저항운동을 일으켰고, 범인들을 사형시켜 정의를 지키라는 요구가 빗발쳤다. 이 시위는 인도를 넘어 파키스탄, 방글라데시, 네팔, 스리랑카 등 여성의 처지가 비슷한 남아시아는 물론이고, 미국으로까지 퍼져 나갔다. 비단 젊은 여성들뿐만이 아니었다. 인권운동가는 말할 것도 없고, 요가 스승, 전 육군 장성까지 저항에 가세했다. 그 후 '강간방지법'이라는 형법이 만들어지고, 범인들은 미성년자 한 명을 제외하고 모두 사형에 처해졌다. 주범은 감옥 안에서 자살한 것으로 알려졌지만, 엄밀하게는 미궁에 빠졌다. 범인들에 대한 사형선고와 집행은 패스트트랙으로 속전속결 처리되었다. 그만큼 전 국민의 분노가 들끓었다는 의미다. 그 결과, 법은 또 한 보 전진했다.

그러나 이런 움직임이 있었다고 해서 인도가 쉬이 바뀐다고 생각하면 그건 오산이다. 당시 대통령이던 쁘라나브 무커르지Pranab Mukherji의 아들은 여성 시위대가 학생처럼 보이지 않는다는 말을 서슴지 않았다. 시위대 안에는 촛불을 켜고 행진하다가 끝나고 디스코텍에 가는 아름답게 치장한 여자들을 볼 수 있다는 말까지 했다. 물론 대통령 아들이 공인은 아니지만, 이를 통해 인도 사회에서 여성에 대한 인식이 쉽게 바뀌지 않으리라는 암울한 전망을 해볼 수 있다. 실제로 이 사건 이후에도 인도에서 강간 사건은 줄어들지 않고 있다.

홀리와 디왈리 명절은 어떻게 다른가?

인도는 명절의 나라라고 해도 과언이 아닐 정도로 명절이 많은 나라다. 그 많은 명절이 또 각 지역에 따라 다른 경우도 많다. 그 가운데 인도에서 가장 성대하게 쇠는 명절은 힌두력으로 여름이 시작되는 '홀리'와 여름 추수가 끝나는 '디왈리'다. 흔히 홀리는 물의 명절이고, 디왈리는 불의 명절이라고 한다. 틀린 건 아니지만, 꼭 그런 것은 아니다. 두 명절 다 불 모티프와 물 모티프를 중심으로 구성되어 있기 때문이다. 왜 불과 물일까?

홀리는 보름날 밤에 하는 불을 중심으로 하는 '태움'과 그 다음 날 물을 중심으로 하는 '물 뿌림'의 민속이 섞여 있는 이틀간의 명절이다. 보통 첫째 날은 마른 과일, 버터ghi, 연꽃 씨앗, 꽃 등을 함께 공물로 바치는 뿌자를 지내고, 밤이 되면 허수아비로 만든 악마 여신 상과 함께 짚과 장작 그리고 소똥 덩어리 등을 태우는데, 그때 녹두나 보리 등 곡식 알갱이를 불 속에던지거나 구워 먹는다. 다음 날에는 남녀나 카스트를 불문하고 모두 나와 형형색색의 물감을 아무에게나 뿌리며 논다. 끄리슈나 신이 그의 여자 친구들과 물 뿌리기를 하면서 놀았다는 신화에 기원한 놀이다. 그날은 방bhang이라는 환각제를 우유에 타 마시며 난장판을 벌인다. 하지만 이 난장판은 정오까지만 하고, 정오 이후에는 모든 무질서를 끝내고 정상적 사회로 복귀한다.

고대 이후로 첫째 날에 하는 불의 축제보다 둘째 날의 물 축제가 더 대중적으로 자리 잡았다. 기원은 불에 있지만, 물이 대중화되었다는 의미다. 또 다른 신화에 의하면, 홀리까라는 천연두를 뿌리면서 어린아이를 죽이는 일을 하는 악마 여신이 있었는데, 사람들이 쉬바의 가르침에 따라 동네 빈터에서 마른 장작을 모아 태우고 그 주변에 아이들을 불러 모아 노래하고 춤추게 한 데서 유래했다고 한다. 이때 아이들 목소리에 군침을 삼키며 달려온 홀리까가 악마를 퇴치하는 주문에 힘을 잃고 불에 빠져 죽는다 한다. 홀리까가 마왕의 고모로 나오는 신화도 있다. 마왕의 아들이 마왕을 숭배하는 명을 거역하고 라마를 숭배하자, 마왕이 홀리까를 시켜 어린 아들을 죽이려 하지만 결국 홀리까가 불타 죽는다. 그래서 홀리까를 나타내는 허수아비를 태우는 것이 홀리의 가장 중요한 의례가 되고, 홀리까라는 이름에서 명절 이름이 유래했다는 이야기가 있다. 끄리슈나와 관련된 기원 신화도 있다. 아이들을 죽이는 일을 하는 마왕 깐사가 아기 끄리슈나가 살아 있는 것을 보고 악마 여신을 보내어 독이 든 젖을 물리려 하나, 끄리슈나가 음모를 알아채고 그 젖을 완전히 다 빨아 마셔 생명의 뿌리까지 뽑아 죽게 한다. 사람들은 형체도 없이 사라져 버린 악마 여신의 몸을 허수아비로 만들어 태운다.

이 신화들은 모두 '태움'에 기반한다. 태운다는 것은 곧 악을 물리친다는 것을 의미한다. 그 악은 생명을 빼앗으려는 존재이기 때문에 태움은 생명을 보호하는, 즉 생산력을 추구하는 행위다. 그러니 태움 의례는 다음 날의 물 뿌림으로 연결된다. 물을 뿌린다는 것은 생산력을 상징한다. 홀리의 둘째 날 행하는 물 뿌리기 축제는 끄리슈나와 그의 연인 라다와 관련이 있다. 두 사람은 물가에서 함께 목욕하면서 끊임없이 애정 행각을 벌인다. 따라서 이들의 물 뿌리기 놀이에서 나온 홀리의 물 뿌리기는 근본적으로 육체적인 사랑 행위를 상징하는 것이고, 이는 곧 다산 추구를 의미한다. 이렇듯 불과 물이 함께 나타나는 또 하나의 명절이 인도 최고의 명절 가운데 하나인 디왈리다.

디왈리는 디삐dip라는 손바닥만 한 크기의 흙으로 빚은 기름 옹기에 불을 붙여 집의 여러 곳을 줄awali로 이어 밝히는 날이다. 불교에서는 탑 주변에 불을 밝히고 그 주위를 도는 탑돌이 의례로 변형되어 나타난다. 디왈리의 근저 신화는 락슈미 신화와 라마 신화이다. 락슈미는 어둡고 더러운 곳을 싫어하는데 반면, 그의 언니 지예슈타는 더럽고 후미지고 어두운 곳을 좋아한다. 따라서 락슈미는 재물과 복을 가져다주는 데에 반해, 지예슈타는 질병을 가져다주고 집안에 흉과 화를 일으킨다. 사람들은 락슈미를 환영하기 위해 락슈미에게 뿌자를 올리고 난 뒤 집 안팎을 깨끗이 청소하고 집 안의 중요한 곳에 불을 밝힌다. 또 다른 신화는 라마 신화이다. 라마는 모함을 받아 태자 직을 빼앗기고 유배를 떠나 마왕에게 고초를 겪지만, 마왕을 죽이고 14년간의 유배 생활을 청산하고 아요디야궁으로 돌아온다. 이때 모든 백성이 환영하는 마음으로 집 안 곳곳에 불을 밝힌다. 불은 주로 다섯 곳에 밝히는데, 집 입구, 곳간, 우물, 보리수나무, 부엌이다. 불은 손바닥만 한 옹기에 기름을 붓고 그 안에 심지를 놓아 붙인다. 온 사방을 청소하고, 마당이나 벽에다 상서로운 무늬를 그려 놓고 꽃으로 장식한다. 인도 사람들이 즐겨 그리는 무늬 가운데 하나가 스와스띠까(卍) 문양이다. 그리고 밤새도록 폭죽을 쏘아 올린다.

디왈리 명절이 물의 상징과 연계되는 것도 홀리와 같은 이치다. 디왈리는 해가 뜨기 전에 갠지스강이나 가까운 강에 가서 목욕재계하는 것으로 시작된다. 갠지스강은 인도에서 으뜸가는 성스러운 강으로, 다산 숭배의 대표적 대상이고 다른 강도 마찬가지다. 디왈리의 목욕재계는 불교를 통해 우리 민속에도 전해졌는데, 불교 이전 우리 고유의 민속에도 존재한 주요 모티프다. 요즘은 디왈리 날, 갖은 오일이나 허브를 탄 물로 몸을 마사지하거나 목욕한다. 결국 홀리든 디왈리든 힌두 사회 주요 명절의 가장 근원적인 의미는 다산을 기원하는 것, 즉 생명력을 찬양하는 것이다.

무슬림과 힌두의 결혼은 어떻게 다른가?

인도는 힌두의 나라가 아니다. 여러 작은 종교 공동체가 있는데, 그 가운데 무슬림 공동체는 상당히 크고 중요한 의미가 있다. 전체 인구 15억 가운데 무슬림 인구가 2억 정도 되니, 엄청난 인구다. 인도는 국가적으로 통일된 민법이 존재하지 않는 나라다. 가장 큰 이유는 힌두와 무슬림 공동체의 전통 민법이 너무나 달라서 공통의 민법을 만들 수 없어서 그렇다. 무슬림의 결혼과 가족은 힌두의 그것과 얼마나 다른가?

무슬림 사회는 힌두교도의 카스트와 같이 선천적으로 주어진 사회적 신분 같은 것이 없다. 그러한 범주 사이의 혼인을 금지하거나 그러한 혼인으로 태어난 자녀를 '오염'이라는 개념으로 배제하거나 같은 집단에서 추방하는 일도 당연히 없다. 또, 특정 범주에 정해진 직업도 없다. 그렇지만 인도 사회에서는 카스트가 워낙에 융합력이 강한 데다 종교 · 사회 · 문화 모든 방면에 깊게 연관되어 있어서, 무슬림 공동체가 그 영향력으로부터 완전히 자유롭기는 어렵다.

무슬림은 전통적으로 성욕은 신이 인간에게 내린 에너지이기 때문에 인간이 수행이나 다른 수단을 통해 조절할 수도 없고 그렇게 해서도 안 된다. 다만, 성욕은 너무나 강한 것이라 자유롭게 풀어놓으면 사회적 혼란을 일으키기 때문에 적당히 제어해야 한다고 본다. 그래서 불필요한 성적 흥분을 자제하고 사회를 안정되게 유지하려면 결혼이 필요하다. 욕망을 자제시켜야 하는 대상은 여성이다. 여자는 팜 파탈femme fatale이라는 것이다. 그래서 여성을 근친 가족 이외의 사람들로부터 격리하는, 즉 맨얼굴을 보여 주지 못하게 하는 걸 제도화한다. 이를 '빠르다parda'라고 하는데, 베일로 얼굴을 가리는 것이다. 아프가니스탄에서 주로 하는 부르카도 빠르다의 한 종류이고, 인도 북부의 힌두 사회도 이 빠르다를 널리 받아들여 지금은 힌두고 무슬림이고 간에 성인 여성은 외간 남자 앞에서 얼굴을 드러내지 않으려 한다.

남자도 안면이 없는 성인 여성을 만나면 여성에게 모습을 숨길 시간을 주어야 한다. 여자는 다른 사람 앞에 모습을 드러내지 않아야 하고, 외출할 때에는 히잡을 두르고 가족의 호위를 받으며 움직여야 한다. 최근까지도 파키스탄이나 방글라데시에는 도시에서도 버스가 여성 칸과 남성 칸이 분리되어 있고, 도시의 레스토랑이나 영화관에도 여성 좌석이 따로 마련되어 있는 경우가 많다. 빠르다 때문에 초경 이후의 여성은 교육받을 기회가 적어지고 조혼도 많다. 무슬림 여성의 사회 참여가 저조할 수밖에 없다. 빠르다는 힌두에게도 상당한 영향을 끼쳤다. 힌두의 빠르다는 무슬림의 그것과 약간 다르다. 뻰잡, 하리야나, 웃따르 쁘라데시 등 북부 인도 힌두 사회에서 시행되는 빠르다는 외간 남자에 대한 격리가 아니라 시아버지, 시숙 등 시가 남자 어른들에 대한 기피로 나타난다.

신체 건강한 성숙한 남녀가 결혼하는 것은 종교적 의무이기도 하다. 여자는 초경 후 이른 시기에 결혼하는 것이 바람직하다고 여겨지는데, 나이가 찬 여성이 결혼을 안 하면 그 여성이 남자를 유혹할 수 있다고 보아, 갈등의 근원이 잠복한 것으로 매우 부정적으로 본다. 남자는 처와 자녀를 부양해야 하는 의무가 있어서 대체로 결혼이 늦어지는 것이 보통이다. 여자는 빨리 결혼하고 남자는 늦게 결혼하는 것이 일반적이다 보니, 남자가 일찍 죽는 경우가 전통사회에 많이 나타나는 편이고 그래서 무슬림 사회에는 재혼자 수가 많다. 다만, 이혼 혹은 사별한 여자는 이후 3개월간 재혼할 수 없다. 이혼은 바람직한 것은 아니더라도 결코 부끄러운 일도 아니다.

알려져 있다시피, 무슬림 사회는 일부다처제를 유지한다. 남성 한 사람이 처를 네 명까지 두는 것이 허용되지만, 그 네 명을 성적으로나 경제적으로나 완전히 평등하게 대우해야 한다. 현실적으로 그런 도덕적 의무를 지키기가 어려워서, 실제 일부다처 집안은 그리 많지 않다. 무슬림 가족은 전체적으로 볼 때 핵가족적이고, 독립성이 매우 강하다. 따라서 부부가 자식과 함께 부모를 모시고 산다고 할지라도 그 성격은 힌두교도의 합동 가족joint family과 다르다. 대가족이라 할지라도 부양 책임자들이 일시적으로 통합 계약을 맺어 동거한다는 의미 정도이다. 힌두 사회에서처럼 가장家長의 권위 아래 모두가 따라야 하는 도덕도, 공유재산도 없다.

결혼은 종교적 의무이지만, 결혼식은 세속적 계약이고 결혼 방법은 개인적이다. 따라서 시간이나 장소나 모두 상황에 따라 자유롭게 정한다. 다만, 결혼 증서에 신랑이 신부에게 줘야 하는 결혼지참금 액수, 지불 방법과 시기 등 여러 사항을 기록한다. 대체로 힌두와 달리 신랑이 신부에게 결혼지참금을 건넨다. 이 돈도 힌두의 다우리dowry같이 그 액수 때문에 갈등이 많이 일어난다. 신부는 가구 등 집안 살림을 마련해야 한다. 무슬림은 친형제자매와의 근친혼은 금지되지만 사촌 이상의 친족과의 결혼은 인정된다. 힌두 사회처럼 같은 카스트끼리 결혼해야 하는 내혼內婚 범위는 없다.

무슬림은 결혼 뒤 남녀 모두 개인적 사유재산권이 인정된다. 따라서 결혼한 부부가 각각 별도의 재산을 소유한다. 그래서 보통 "이 침대는 처가 결혼할 때 가져온 것"이라든가 "이 책상은 남편이 돈을 벌어 산 것"이라는 등 각 물품에 대한 세세한 소유권이 정해져 있다. 이혼하게 되면 그에 따라 재산을 분할한다. 마찬가지 논리로, 결혼할 때 신랑이 결혼지참금을 일시불로 가져오지 못하고 결혼 후 갚겠다고 약조하면 그것은 그대로 남편이 처에 대해 진 빚이 된다. 따라서 남편이 생존 중에 이를 완불하지 못하면 다른 사람에게 진 빚과 똑같이 유산상속 전에 그에 대한 청산 절차를 밟는다.

통일된 민법을 제정해야 할까?

'통일 민법Uniform Civil Code'은 인도에서 종교 등과 관계없이 모든 시민에게 동등하게 적용되도록 제안된 법이다. 민법은 결혼, 이혼, 상속, 입양 등에 관한 사항을 다루는데, 현재는 각 종교 공동체의 경전에 따른 법이 적용된다. 헌법 제4부에 있는 주 정책 지시 원칙Directive Principles of State Policy 제44조는 "국가는 인도 전역에서 시민들을 위해 통일된 민법을 보장하도록 노력해야 한다"고 명시하고 있지만, 이는 국가가 시민들 사이의 공통 규범을 달성하기 위해 '노력'한다는 말일 뿐 그것을 시행한다는 말이 아니다. 통일된 민법이 만들어지면 헌법 제25조(종교를 고백하고 실천할 자유)와 제29조(독특한 문화를 가질 권리) 등 헌법이 보장하는 기본권을 침해할 수 있다. 이것이 인도가 통일된 민법을 갖지 못하는 가장 큰 법적 근거다.

개인에 대한 법률은 주로 힌두교와 무슬림 시민을 위해 영국 식민 지배기에 처음 만들어졌는데, 영국은 특히 1857년 봉기 후 문화와 사회 영역에 대한 간섭을 최대한 억제했다. 독립 후 초대 수상 네루는 통일 민법 제정을 지지했지만 다른 지도자들이 반대했다. 법무부 장관 B. R. 암베드까르는 통일 민법의 채택을 강력히 권고하다가 의회에서 심각한 비판에 직면한 후 장관직을 사임했다. 민법 문제는 1985년 샤흐 바노Shah Bano 사건 이후 인도 정치에서 중요한 관심사로 떠올랐다. 샤흐 바노라는 73세 여성이 40년간의 결혼 생활 끝에 남편이 '딸락'(이혼)을 세 번 말하면 그것으로 이혼이 성립되는 이슬람 전통을 거부하고 이혼 무효 소송을 제기해 대법원에서 승소한 사건이다. 이후 특정 법률을 특정 종교의 기본권을 침해하지 않으면서 시민에게 적용할 방안이 모색되었다. 이런 분위기에서 2019년과 2020년 두 차례 통일 민법이 제안되었지만, 의회에 상정되지도 못하고 바로 철회되었다.

사실, 이슬람의 샤리아 법은 모든 이슬람 사회에 적용되는 통일된 법은 아니다. 지역마다 다르고, 특히 인도에서는 이슬람으로 개종하더라도 카스트 체계라는 사회적 전통의 영향력이 강하여 모든 이슬람에게 샤리아 법을 일괄 적용할 수 없다. 1937년 모든 인도 무슬림이 결혼, 이혼, 유지, 입양, 승계 및 상속에서 이슬람 법을 적용받도록 규정한 샤리아 법이 통과되어 나름 일관성을 갖출 수 있게 되었다. 그러나 이 법은 여성과 여성의 지위 및 권리에 절대적으로 불리한 조항이 있다. 힌두 법도 크게 다르지 않다. 대체로 힌두교 전통 관습은 여성의 상속, 재혼, 이혼 등에 관한 권리를 박탈함으로써 여성을 차별한다. 영국 정부는 법을 통해 여성의 지위를 향상시키려 했으나 이루지 못했다. 그러다 1856년 힌두

과부 재혼법, 1923년 기혼 여성 재산법, 1928년 힌두 상속법 등 힌두 여성에게 유리한 개혁 법이 통과되어 힌두교 여성도 재산권을 갖게 되었다. 그러나 샤리아 법을 고수하는 보수적인 무슬림 단체의 반대로 이 조치가 무슬림 여성에게까지 확대되지는 못했다.

네루 행정부는 인도 사회를 대대적으로 개혁하기 위해 일부일처제, 이혼, 여성의 공동재산 소유권, 딸의 상속권 등을 중점적으로 제정하려 했다. 그런 노력의 결과, 1956년 힌두 결혼법, 승계법, 미성년자 및 후견인에 관한 법, 입양 및 이혼 후 자녀 양육에 관한 법 등 4개 개별 법안이 통과되었다. 하지만 이 법들은 힌두에만 적용되고 무슬림 등 다른 공동체에는 해당하지 않았다. 네루는 법이 완전하지 않다는 것을 인정했지만, 무슬림 공동체를 자극할 수 있어서 더 강하게 밀어붙이지 못했다. 다만, 헌법의 지시 원칙에 민법 제정에 관한 사항을 추가함으로써 향후 법 적용을 확대할 최소한의 근거는 마련해 두었다.

샤흐 바노 사건 이후 한 무슬림 국회의원이 이슬람 법을 보호하기 위해 법안을 제안했다. 형사소송법 제125조를 무슬림 여성에게 적용할 수 없도록 하여 샤흐 바노 건에 관한 대법원 판결을 뒤집고자 한 것이다. 무슬림 남편이 이혼을 요구하면 이후 90일 동안만 위자료를 지급하도록 하려는 시도도 있었다. 선거 패배 이후 라지브 간디가 이끄는 인도국민회의는 기존의 입장을 뒤집고 이 법안을 지지했지만, 좌파, 무슬림 자유주의자, 여성 단체 등이 강력하게 반대해 좌절되었다.

인도는 분명히 헌법에 세속 국가라고 명시되어 있다. '세속주의'는 모든 종교와 모든 종교 실천자가 법 앞에 평등하다고 정의된다. 그렇지만 여러 종교 공동체 전통을 따르는 다양한 민법이 복잡하게 섞여 있어, 무슬림 여성의 권리가 후진적인 수준에 머물러 있다. 종교 보수주의자들과 황색저널리즘 그리고 이에 기생하는 정치세력 때문에 무슬림 여성의 인권과 안전은 보장받지 못하고 있다. 2018년 8월 31일 인도 법률위원회는 통일 민법이 '필요하지도 바람직하지도 않다'고 밝혔다. 인도의 세속주의가 이 나라에 널리 퍼져 있는 복수성과 모순될 수 없다는 것이다.

그런데 최근 통일 민법 제정을 추진하는 힌두민족주의 우익 세력이 내심 바라는 것은, 진보를 가장하여 무슬림을 표적 삼아 공격하고 그들의 존재를 말살하려는 것이다. 그들은 그렇지 않다고 공언하지만, 시민법 개정 등 그들이 힌두국가 수립을 위해 벌이는 여러 정치 행위를 고려할 때 그 저의를 의심하지 않을 수 없다. 만약 통일 민법이 제정되면 무슬림 사회의 가치를 힌두 민법으로 통제하고 금지하는 일이 비일비재할 것이다. 그래서 야당인 인도국민회의를 비롯해 인도국민당의 연립 정당들까지 인도국민당의 통일 민법 제정에 반대하고 있다. 통일 민법 제정 문제는 인권의 문제에서 이미 정치의 문제로 비화하였다. 이런 상황에서 통일 민법을 제정해야 할까, 하지 말아야 할까?

결혼식 축의금 봉투에 왜 1루피짜리 동전이?

2000년대 초 연구 조사차 델리에 들렀다. 델리대학교 교수로 있던 친구가 은사님이 따님을 시집보낸다고 소식을 전해 왔다. 반가운 마음에 축의금을 어떻게 전하는지 물었다. 친구는 나를 데리고 가까운 문방구에 가서 샤군shagun이라는 축의금 전용 봉투를 사게 했다. '샤군'이란 행운, 상서로움을 뜻하는 말로, 문자 그대로 '축의'라 번역하면 충분하다. 그런데 그 샤군 봉투 겉면에 1루피짜리 동전 하나가 붙어 있다. 힌두는 짝수를 기피하고 홀수를 좋아하기 때문에, 봉투를 사용하는 사람이 짝수의 축의금을 내더라도 받는 사람이 홀수로 받게 하려고 그렇게 한다고 했다. 이론으로만 알고 있던 힌두 세계관이 실제로 어떻게 적용되는지를 이해한 순간이었다.

인도의 결혼식은 보통 사흘간, 닷새 동안 하기도 한다. 첫째 날은 가네샤 신께 부부의 화합과 조화를, 그리고 남은 기간 모든 행사가 잘 치러지도록 기원하는 뿌자다. 부부와 가까운 가족과 친척들만 참석하여 신부 집에서 치르는 게 보통이다. 둘째 날은 신부

손바닥에 헤나 장식을 하는데, 이때 신부 친구들도 함께 헤나 장식을 한다. 이날 저녁에 모든 손님이 한자리에 모여 음식을 나누고 노래하고 춤추며 축하한다. 셋째 날은 실질적인 결혼식과 축하 만찬이 열린다. 결혼식은 신랑이 흰 말을 타고 등장하는 것으로 시작하는데, 연신 빠른 박자로 북이 울리면서 흥을 돋운다. 신랑과 신부는 서로 화환을 교환한다.

결혼식은 하객들에게 음식을 접대하는 것이 주요 부분을 차지한다. 식사하고, 이어서 본 의례가 있고, 그것이 끝나면 피로연이 이어진다. 온갖 볼리우드 영화에 나오는 최신 노래가 크게 나오고 모두 춤을 추는 전형적인 파티다. 초청받은 하객은 물론이고, 초청받지 않는 사람도 환대하는 분위기다. 외국인이 길을 지나가다가 잠시 구경하고 서 있으면 극진히 안으로 모셔 융성하게 대접하는 경우가 많다. 궁극적으로 결혼식은 두 가족 혹은 가문의 결합으로 인식되고, 마을이나 공동체의 관계를 확인하고 돈독히 하는 기회로 삼는 성격이 짙어서 가족끼리 치르는 소규모 예식은 거의 없다. 그것은 힌두 전통에도 크게 위배된다. 그러니 결혼식 비용이 많이 든다. 어떤 보고에 의하면, 인도인은 총 재산의 5분의 1을 결혼식에 지출할 가능성이 크다. 형편이 안 되는 사람은 빚을 내어 식을 치른다. 과도한 결혼식 비용 때문에 가세가 무너지는 경우도 많다.

하객들의 식사가 다 끝나고 늦은 저녁이 되면 본격적인 의례가 시작한다. 식을 주재하는 이는 브라만 사제이고, 예전에는 사원에서 식을 올렸지만 근래에는 우리와 비슷하게 전문 예식장에서 많이 한다. 돈 많은 사람들은 최고급 호텔 홀을 빌려서 하고, 돈 없는 사람들은 마을 공터나 운동장에 텐트를 치고 한다. 그러다 보니 결혼식은 인도 사회에서 빠질 수 없는 중요한 비즈니스다. 2017년 보고서에 따르면, 인도의 웨딩산업 규모는 미국에 이어 세계에서 두 번째로 크다. 2000년대 이후 인도 중산층이 크게 늘고 전반적인 경제호황이 이어진 데다, 젊은이들의 소셜미디어 사용이 급증하면서 사진이나 동영상이 중요하게 인식되어 웨딩산업은 더욱 커지는 추세다.

결혼식은 힌두가 치르는 통과의례 가운데 가장 화려하다. 신랑과 신부의 집 입구, 문, 벽, 바닥, 지붕은 꽃을 비롯한 온갖 문양으로 장식된다. 결혼식장의 화려함은 두말할 필요가 없다. 결혼식장은 온갖 장식으로 치장되는데, 그 어떤 경우라도 반드시 있어야 할 것은 불이다. 불은 베다 시대 아그니 신의 현신이고, 아그니 신은 지상의 의례를 천상으로 전달해 주는 역할을 함으로써 신성한 결합을 증거하는 존재다. 결혼식 절차는 지역과 공동체에 따라 다르지만, 베다 의례에서 나온 세 가지 의식은 어디서나 같다. 하나는 신부 아버지가 딸을 내주는 것이다. 두 번째는 둘의 결합을 상징하는 것으로, 아그니 신 앞에서 둘이 손을 맞잡는 것이다. 세 번째는 아그니 신 앞에서 일곱 단계를 밟으면서 불 주위를 도는 것이다. 일곱 단계마다 신랑 신부가 서로에게 서약한다.

과거에는 결혼연령이 아주 어렸다. 지금도 시골에 가면 초경 전에 결혼해야 한다는 베다 규율에 따라 어린 나이에 결혼하는 신부가 있지만, 사회 전반적으로는 그렇지는 않다. 2011년 인구조사에 따르면 인도 여성의 평균 결혼연령은 21세다. 18세 이전에 결혼하는 경우는 5퍼센트 정도였다. 아직도 중매결혼이 대부분이지만, 도시에서는 자유 연애결혼도 많이 한다. 여전히 카스트가 같은 사람끼리 결혼하는 경우가 대부분이지만, 최근에는 다른 경향도 감지된다. 카스트 신경 쓰지 않고 연애해서 결혼하는 도시의 풍조는 매주 주말에 발간되는 주요 일간지의 결혼 광고를 보면 잘 알 수 있다.

어느 나라든 마찬가지지만, 특히 인도같이 보수적인 사회에서는 가족 차원의 중매결혼이 많아서 양쪽 다 불안감을 느낀다. 그래서 사흘간 식이 벌어지는 동안 쉴 새 없이 신에게 기원하고, 경전에 정해진 바에 따라 행운과 축복을 빈다. 의례와 관련된 모든 것, 즉 숫자, 방향, 시간 등이 모두 신성한 기운을 불러일으키는 것과 관련된다. 그러니 하객도 마찬가지다. 잘 모르는 사람 둘이, 특히 사회적 약자인 여자가 그 불안감을 해소하는 장치로 종교에 의지하는 것이다. 봉투에 1루피 동전이 붙어 있는 건 신랑 신부에게 신의 가호가 함께하라고 기원하는 의미다.

힌두 장례에 문상하는 방법은?

외국 사람으로서 힌두 사회에서 참석하기가 가장 부담스러운 의례는 장례다. 결혼은 다소 예의에 벗어나더라도 기쁜 일이니 양해받을 수 있지만, 장례에서 예의에 벗어나는 행위는 그 가족에게 상처를 줄 수 있기 때문이다. 장례는 죽음의 영역이고, 그래서 규제도 많으니 조심해야 한다. 힌두교의 장례식은 육체와 영혼이 별개의 존재라는 개념과 장례가 끝나면 영혼이 새로운 몸으로 환생한다는 개념을 기본으로 인식해야 한다. 기본적으로 크게 슬퍼할 일이 아니라는 말이지만, 죽음은 부정 타는 영역이므로 행동에 제약이 많다.

힌두의 장례는 망자의 집에서 시작하여 화장터로 가고, 그곳에서 화장하고 재를 뿌리며 끝난다. 그 시작은 망자의 가족과 가까운 친척 및 친구들이 참여한다. 가족이 사체를 깨끗한 물로 씻고 신성한 암소가 만들어 낸 우유, 응유dahi(요구르트), 버터ghi와 꿀을 섞어 몸에 바르고 머리에도 오일을 바르고 흰색 시트를 입힌다. 힌두교에서는 몸이 흙, 공기, 물, 불, 공간의 다섯 가지 요소로 구성되어 있어 불로 태우면 원래 대로 돌아간다고 믿는다. 그래서 되도록 신속하게 수행해야 그 몸이 지체되지 않고 자연으로 돌아가고, 그로부터 분리된 영혼이 다음 생을 향한 여정을 계속할 수 있다. 대체로 힌두는 고인의 영혼이 다음 세상으로 잘 찾아가도록 그 여정을 돕는 마음에서 심한 슬픔을 표하지 않는다.

화장은 사람이 죽은 후 24시간 안에 이루어지며, 전통적으로 남자들만 참석한다. 가족의 남자들이 시신을 화장장으로 운반한 후 발이 남쪽을 향하도록 시신을 안치한다. 조문객은 사체를 얹은 들것을 통과하면서 고인에게 꽃잎을 뿌리도록 인도받는다. 화장이 끝난 후 하루나 이틀 내에 갠지스강과 같은 신성한 물에 그 재를 뿌려 영혼이 육체에서 최종 분리됨을 확인한다. 이는 몸은 죽지만 그로부터 영혼이 분리되어 새롭게 환생한다는 믿음에서 이루어지는 의례다. 화환을 얹은 몸을 들것 위에 올리고, 주먹밥을 그 근처에 놓아 조상이 된 영혼에 공양한다. 그리고 친척과 친구, 조문객이 모여 고인의 사체를 확인하고 애도한다. 고인에게 애도를 표할 때 그 직계가족에게도 조의를 표한다. 이때 조문객은 일반적으로 순결을 상징하는 흰색의 수수한 옷을 입는다. 서양식의 검은색 옷을 입어서는 안 되고, 여성 조문객들은 무릎과 팔을 가리는 옷을 입어야 한다.

망자를 장지로 모실 때, 힌두교 사제 혹은 가족의 장남이 영혼을 위무하는 노래나 진언을 읊으면서 장례 대오를 이끈다. 우리의 전통 장례 때 상여 나가는 행렬과 비슷한 분위기라 생각하면 된다. 이때 아들이 없으면 가족 중 다른 남성이 이 역할을 맡을 수 있지만, 딸이 맡을 순 없다. 힌두가 아닌 추모객이 경의를 표하고 노래에 동참하는 것은 환영하지만, 반드시 그래야 하는 건 아니다. 요즘에는 망자를 들것에 올려 걸어서 운반하는 대신에 영구차를 사용하는 경우가 많고, 여성은 장지까지 따라가면 안 되었는데 허용되기도 한다. 장례를 집전하는 사제가 정해진 절차에 따라 사체에 불을 붙이고 사체가 어느 정도 불에 타면, 가족 중 한 사람이 막대기로 고인의 머리를 때려 두개골을 깨뜨린다. 몸과 영혼을 신속하게 제대로 분리하는 의미다. 식이 끝나면 추모자들은 유골을 강에 뿌리고, 집으로 돌아와 목욕을 해야 한다. 죽음이라는 것은 힌두교에서 가장 강한 오염을 발산하는 것이기 때문이다.

화장 후 유족은 애도 기간에 들어간다. 이를 종교사회학적으로 해석하자면, 힌두 사회에서는 죽음으로 그 가족 구성원이 심하게 오염되었기 때문에 일정 기간 사회로부터 격리되어야 한다는 뜻이다. 그래서 이 기간에 고인의 가족은 사원이나 사당, 기타 신성한 장소를 방문해서는 안 된다. 집에 고인의 사진을 걸어 두고 추모객을 받는다. 추모객은 고인의 영혼이 새로운 몸과 잘 결합하여 새로운 환생의 삶을 잘살 수 있도록 하는 의례를 한다. 우리 식으로 말하자면, 불교의 49재와 비슷한 개념이다. 불교의 49재 개념의 뿌리가 힌두교이기 때문에 비슷할 수밖에 없다. 애도 기간은 힌두교 전통에 따라 조금씩 다른데, 10일에서 30일까지 다양하다. 죽은 지 13일째 되는 날, 유족들이 사랑하는 사람의 영혼을 해방시키는 의식을 행할 수도 있다. 그리고 망자가 떠난 뒤 1주년이 되면 전통적으로 집에서 슈랏다shraddha라는 첫 제사를 지내며 고인을 추도한다. 이 제사는 사제가 집전하는 것이 원칙이고, 장소는 사원이 원칙이지만, 요즘은 가족들이 좋아하는 레스토랑이나 고인에게 특별한 의미가 있었던 장소 등을 택하기도 한다. 분위기도 우리의 제사와 달리 밝고 유쾌한 파티 비슷하게 지내기도 한다. 여기에 참석하는 추모객은 장례식 때와 마찬가지로 흰색 옷을 입는 것이 예의다. 여성은 팔과 무릎을 가려야 하는 것도 마찬가지다.

힌두는 일반적으로 애도 기간에 음식을 장만하지 않는다. 음식이라는 것은 삶의 세계에 속하는 것이고 신성한 것이라서, 죽음의 세계에 속한 자가 그 음식을 만들 수 없다는 논리다. 그래서 조문객이 음식이나 과일 바구니를 보내어 조의를 표하는 것이 관례다. 그러면 조문객으로서 무엇을 가져가야 할까? 무엇을 어떻게 선물해야 할지는 고인이나 그 가족과의 관계로 결정되지만, 대체로 음식이나 과일 바구니가 일반적이다. 선물 바구니에는 과일, 말린 과일, 견과류 등이 포함된다. 화장 전후에 고인 가족의 집에 꽃을 보내는 것은 바람직하지 않다. 일반적으로 부의금, 즉 돈은 금지된 것은 아니지만 환영받는 방법은 아니다. 고인을 추모하기 위해 어떤 단체에 기부하는 행위는 권장된다.

남자들은 왜 명주실을 차고 다닐까?

모든 전통사회에 거의 다 있는 통과의례 중 하나가 입문 의식이다. 힌두 사회의 입문식은 자네우janeu(聖絲)라고 부르는 세 가닥씩 세 줄로 꼰 1미터 남짓 하는 성스러운 줄을 왼쪽 어깨에서 몸 안쪽으로 길게 늘어뜨려 거는 것이다. 고대 시대에는 남자아이가 8~12세 정도 되면 부모 곁을 떠나 스승을 찾아가 힌두교 최고 경전인 베다를 배웠다. 스승은 학문을 배우러 온 제자에게 일정한 의식을 치러 주었는데, 명주실로 만든 끈을 채워 주는 것이 입문 의식인 '우빠나야나upanayana' 의식이다.

물론 브라만, 끄샤뜨리야, 바이샤 세 카스트만 입문식을 할 수 있고, 슈드라와 불가촉천민에게는 허용되지 않는다. 그래서 상위 세 카스트는 의식을 통해 두 번째 태어난, 즉 자기 부모에게서 육체적으로 한 번 태어나고, 스승에게서 두 번째 태어나서 이후 재생자dvija로서 정상적 사회생활을 할 수 있는 사람이 된다. 지금은 베다를 배우러 부모 곁을 떠나지도 스승에게 가지도 않는다. 인도인 대부분이 근대 교육을 받기 때문에 유치원과 초등학교를 갈

뿐, 베다를 배우러 가는 사람은 일부 힌두 극우를 제외하면 거의 없다. 그런데 상위의 세 카스트는 예외 없이 자네우를 차고 다닌다. 베다를 배우는 입문 과정은 사라지고 명주실을 차는 의식만 남은 것이다.

그러면 언제 자네우를 찰까? 요즘은 베다를 배우기 위한 입문식이 없으니 소년이 되어 근대 교육을 받기 시작한 후 적당한 시기에 의식을 치르기도 하지만, 많은 남성들이 결혼식 직전에 신랑으로서 입문식을 치르는 경우가 많다. 입문식이 결혼 의식의 일부가 되는 것이다. 입문 의례는 모든 힌두 의례가 다 그렇듯 만뜨라, 즉 성스러운 경전 구절을 낭송하는 것으로 시작한다. 만뜨라를 낭송하는 것은 신의 은총을 희구하는 것이면서 영혼의 정화를 추구하는 것이다. 소년 혹은 신랑은 정해진 관습에 따라 해당 옷을 입고 반드시 몸과 마음을 정화하는 목욕을 한다. 그런 다음 입문식의 주관자인 아버지에 의해 행사 장소로 인도된다. 그리고 스승으로 모셔 온 사람이 소년의 왼쪽 어깨에 자네우를 걸면서 만뜨라를 암송하며 자네우의 목적과 그것을 착용해야 하는 필요성을 설명한다. 소년 혹은 신랑은 스승과 부모, 다른 가족들에게 여러 가지 선물을 바친다. 그러면 의식이 끝나는데, 그 후 소년과 가족은 잔치를 벌인다. 이것이 우빠나야나 의식이다.

전통적으로 우빠나야나 의식을 통해 소년은 어린 시절을 떠나보내고 남자가 되어 지식을 얻는 길을 걷는 것인데, 이것이 요즘 시대의 결혼으로 이어진다고 해석할 수 있다. 비록 베다 학습의 의미는 사라졌지만, 원래 우빠나야나가 갖는 의미는 여전히 전승할 필요가 있어서 그 의식이 남은 것이다. 그 의미 가운데 가장 중요한 것은 세 가닥의 신성한 실이 의미하는 세 가지 서약을 하는 것이다. 첫째는 지식을 존중하겠다는 서약, 둘째는 부모에 효도하겠다는 서약, 그리고 그가 사는 공동체 사회의 질서를 존중하겠다는 서약이다. 이를 힌두교 특유의 세계관으로 다르게 해석하기도 한다. 어떤 사람은 세 가지 빚을 갚겠다는 의미로 해석한다. 그 세 대상을 스승 · 부모 · 학자라고 하기도 하고, 빠르와띠 · 사라스와띠 · 락슈미의 세 여신을 상징한다고도 한다. 여기서 각각의 여신은 세 개의 미덕, 즉 힘(빠르와띠), 지식(사라스와띠), 부(락슈미)를 의미한다. 남자는 이 세 여신의 축복을 받아야 그 삶이 완전해진다고 믿어서다. 어떤 사람은 힌두교 최고 삼신인 브라흐마 · 비슈누 · 시바를 나타낸다고 하기도 한다. 또 어떤 사람은 신 · 조상 · 사회에 대한 의무를 나타낸다고도 한다. 이렇게 해석은 다양하지만 공통점이 있다. 사회에 대해 행해야 할 의무를 다하고, 신에게 예배를 잘 드려 그 신으로부터 축복을 받기를 바라는 것이다. 전형적인 힌두교가 요구하는 사회질서에 필요한 것이다. 그래서 베다 학습은 사라졌어도 그 의례는 남은 것이다. 의례의 형태는 변해도 의미는 변하지 않는다.

그런데 요즘 이 입문식을 외면하는 사람들이 많다. 특히 도시에서는 이런 번거로운 의식을 잘 치르지 않는다. 그나마 결혼식의 일부로 치르는 경우가 있지만, 그나마도 하지 않는 경우가 많다.

인도 사회의 세속화가 심해진다는 의미다. 결혼식을 성대하게 치를 수 있는 부유한 가정이야 이런 의례를 치르는 것이 별일 아니겠지만, 그렇지 않은 사람들은 비용이 또 많이 들기 때문에 건너뛰는 경우가 많다. 그렇지만, 입문 의례를 치르든 치르지 않든 누구나 자네우를 몸에 두른다. 원래 자네우는 상반신에 입는 옷, 즉 윗옷 대신 차는 것이다. 즉, 자네우를 차면 윗옷을 입지 않는 것이 정통적인 복장 의식이다. 그런데 현대사회에서 자네우만 차고서 공공장소에 다닌다는 것은 상상할 수 없다. 그래서 윗옷을 입고 자네우를 그 속에 집어넣는다. 그러니 겉으로는 누가 자네우를 찼는지 안 찼는지를 알 수 없다. 누가 전통적 의미에서 상층 카스트에 속하는지 그렇지 않은지를 옷만 봐서도 알 수 없다는 말이다. 그런 데다가 슈드라나 불가촉천민이라도 문방구나 종교 용품점, 인터넷에서도 살 수 있으니, 누구든 쉽게 구입해 의례도 치르지 않고 차고 다닐 수 있다. 물론, 익명의 공간인 도시에서만 가능하다. 그만큼 도시화가 확대되고 널리 세속화되었어도, 사람들이 힌두교와 카스트의 불평등 문화에서 자유롭기는 어렵다는 말이다. 그만큼 인도 사회는 전통적이고, 보수적이다.

인도에도 술문화가 있을까?

인도에 대해 이야기하다 보면, 중국과 비교할 때가 많다. 세계 최고의 음식이 중국 음식이라고 하지만, 인도 음식도 그에 못지않다. 중국의 음식과 인도의 음식을 비교해 보면 상당히 재미있다. 그 가운데 가히 세계 최고 수준의 술 전통을 자랑하는 중국과 달리, 인도에는 이렇다 할 술 문화가 없다. 그 이유가 무엇일까?

인도에서 술을 마시기 시작한 것은 인더스문명 때부터다. 탄수화물과 당을 원료로 발효와 증류를 해서 술을 제조했을 것으로 추정한다. 기원전 2500년에서 1500년 사이의 일이다. 그뿐만 아니다. 아리야인이 들어오면서 1,000년 동안 유목 생활을 하던 베다 시대에도 술은 중요한 문화 요소 가운데 하나였다. 산스끄리뜨어로 수라sura라고 부르는 술은 베다 시대에는 전쟁의 신 인드라가 가장 좋아하는 음료였고, 그 전통은 이후 힌두교에서도 널리 받아들여졌다. 베다 시대에 제사 때 술이 사용된 것은 사실이다. 가장 오랜《리그베다》에는 지금은 알 수 없는 식물의 즙으로 중독성 음료인 소마Soma를 만들어 제사에 중요하게 사용했다. 그러다가 자연스럽게 제주祭酒만이 아닌 일상적인 쾌락을 위해 술을 마셨다. 이후 힌두교의 의학 체계인 아유르베다Ayurveda에서 술을 마시는 게 몸에 어떻게 좋은지, 어떻게 중독되는지, 어떻게 병으로 연결되는지 등을 설명하게 된다. 적당히 섭취하면 약이 되지만, 과도하게 섭취하면 독이 된다는 결론이다. 이렇듯 술은 고대 인도 문화에서도 분명히 중요한 위치를 차지했고, 지금도 인도에서는 와인, 막걸리, 청주, 맥주, 위스키, 럼 등과 같거나 비슷한 다양한 종류의 술이 각 지역에서 생산되고 있다. 그러나 대체로 술은 기피 대상이고, 술을 마시는 행위는 사회적 비난을 산다.

고대 인도에서도 중국에서와 마찬가지로 보통 사람들이 곡식을 발효시켜 술로 만들어 마셨다는 것은 역사적 사실이다. 술은 고대 인도 문화를 구성하는 큰 두 줄기, 즉 정신 · 진리 · 의례 등을 중심으로 하는 브라만 전통과 물질 · 전쟁 · 이익 등을 중심으로 하는 끄샤뜨리야 전통 가운데 후자에서 중요한 역할을 하였다. 전자는 채식을 중요하게 여긴 반면에 후자는 육식을 즐기는 문화인데, 술이 육식 문화에서 상당한 요소로 작동한 것이다. 그런데 다른 여러 가지 면에서처럼 끄샤뜨리야 전통의 물질적 측면이 브라만 전통의 정신적 측면에 압도당하면서 고대 사회에서 술을 마시는 문화가 육식과 마찬가지로 해서는 안 될 혹은 끄샤뜨리야 아닌 다른 카스트에게는 바람직하지 못한 행위로 간주되었다. 그래서 고대 인도 문화가 거의 그렇듯, 술은 끄샤뜨리야에게는 허용되고 브라만에게는 강력히 금지된다. 그러다 보니 대체로 일반 평민들에게는 되도록 자제해야 할 문화로 자리 잡았다. 최고의 경전인 《라마야나》는 이런 분류를 명시적으로 밝힌다. 술을 마시는 것은 악한 사람들이 하는 짓이고, 선한 사람들은 술을 마시지 않고 채식하면서 금욕을 한다는 것이다. 고대 인도에서 술을 마시지 않는 것이 도덕 계율 가운데 하나로 권고된 것이다.

이후 인도에서 음주는 부도덕한 행위로 사회적 낙인이 찍힌다. 술을 마시는 것은 자제력이 부족한 것으로, 특히 집안 어른들에게 크게 꾸중을 받는다. 외부인이 인도 농촌에 현지 조사를 하러 들어갈 때 절대 해서는 안 될 행위가 부녀자와의 사적 접촉, 카스트 문화 준수 외에 젊은 사람들이 권하는 술자리를 함께 갖지 않는 것이다. 더군다나, 여성이 술을 마시는 것은 대체로 크게 꺼린다. 아무리 도시라 할지라도 여성이 술을 먹는 것은 보수적인 남성에게 불쾌감을 준다. 그러다 보니 곳곳이 금주 구역이다. 어떤 주는 아예 음주를 법으로 제한하기도 하고, 특히 힌두교 성지는 음주를 금하는 곳이 많다. 외국인이 술을 마시려면 특별 허가증을 받아야 한다. 물론 힌두교 성지에서는 외국인도 완전히 금주해야 한다. 요즘은 많이 늘었지만 술은 허가된 레스토랑에서만 판매되며, 술을 파는 장소와 시간이 정해져 있다. 18세 이상의 사람들에게만 판매되는 것은 물론이다.

이렇듯 술이 사회적 경계 대상이 된 데에는 마하뜨마 간디의 영향도 상당히 있었다고 본다. 간디는 금주를 의무화해야 한다고 주장했는데, 그 이유는 술을 마시면 중독되고, 그렇게 되면 자제력을 상실하여 도덕적 삶을 살지 못하는 데다가 특히 가난한 사람은 더 가난해지기 때문이라고 했다. 간디는 1925년에 불가촉천민 제도 다음으로 하루속히 근절해야 할 것이 음주라고 했을 정도다. 간디는 술을 마시면 반드시 미친 짓, 간음, 도박, 가정폭력 등이 뒤따르는데, 이 때문에 정신의 타락은 물론이고 사람이 흉포하고 잔인해진다면서, 영국이 잔인한 것은 바로 술 문화 때문이라고 했다. 간디는 금주를 중요한 사회적 계율로 지키던 무슬림과 힌두 상층 카스트의 지지를 기대했지만, 술 생산과 판매 수입 때문에 영국 통치자들은 술을 전적으로 금지하지 않았다. 간디는 음주가 영국 제국주의 때문에 인도에 퍼졌다고 주장했고, 그래서 금주운동은 일종의 애국적인 민족운동으로 받아들여졌다. 그러니 이후 인도가 독립한 후에도 금주는 도덕 계율로서는 물론이고 민족문화의 자존으로서 존중받았다.

그래도 인도는 이슬람 사회에서와 같이 술을 완전히 금하지는 않는다. 술에는 세금이 높게 부과되어 술은 대체로 매우 비싼 소비재다. 그러다 보니 주로 부유층만 술을 마시고, 그것도 고급 레스토랑에서 맥주 정도 마시는 게 대부분이다. 고기도 꺼리는 문화이다 보니, 대도시라고 할지라도 인도에서는 중국과 같은 주지육림을 꿈꾸기 어렵다. 그 점에서는 나이트 문화가 없는 재미없는 곳이다.

결혼 광고에 담긴 인도인들의 욕망은?

신문에 광고를 내는 것은, 어떤 회사나 단체가 상품이나 행사를 널리 알리기 위함이다. 그런데 인도에는 개인이 자신을 드러내기 위해 내는 광고도 있다. '매트리모니얼matrimonial advertisement'이라고 부르는 것인데, 주로 주요 일간지의 주말 섹션에 실린다. 그런데 이 광고의 3~4쪽이 모두 결혼 광고로 채워진다.

결혼 광고는 여러 그룹으로 분류되는데, 신부 구함, 신랑 구함, 출신지, 카스트, 학벌, NRI 여부, 엔지니어, 회계사, 의사와 같은 전문 직업을 소제목으로 하여 분류 게재된다. 정직하고 유용한 광고도 많지만, 최근에는 사기 광고도 많아 신뢰성이 크게 떨어졌다. 인터넷 등 통신 기술이 발달하면서 개인정보가 노출되면 범죄에 악용될 가능성이 커서 많이 조심들 하는 편이다. 하지만 결혼 광고는 잘만 하면 좋은 배우자를 만날 수 있는, 현대인의 삶에 유용한 수단임은 분명하다. 20~30년 정도 장기간의 광고 흐름을 보면 사회 변화의 흐름을 파악할 수 있다.

인도의 결혼 광고는 대체로 '키가 크고 날씬한', '지적이고 교양 있는', '피부가 하얀' 등과 같은 형용사 어휘가 가득한데, 이는 수십 년이 지나도 거의 변하지 않는 여전한 추세다. 그러나 그 외의 것들을 자세히 살펴보면 그 시대의 문화, 기호, 카스트, 금기 사항 등의 변화상을 파악할 수 있다. 몇몇 예를 한번 살펴보자. "수니파 무슬림 27/165, 중형 체격, 스마트함, 걸프에서 일함. 엔지니어. 합리적이고 진보적이고 자유주의적인데, 비슷한 시각을 가진 교육받고 아름다운 여성 원함. 될 수 있으면 전문 직업인이면 좋겠음." 일반적인 무난한 광고다. 본인이 화자인 것도 있지만, 부모가 화자가 되는 광고도 있다. "심플 라이프, 청결한 습관, 채식주의자 신부를 아들의 배필로 맞고 싶음. 아들은 미국 시민권자이고 석사학위 전문 직업인. 아이에르 집안." 자료에 의하면, 광고를 내는 사람의 80퍼센트가 도시 지역 출신이고, 광고마다 평균 50~100개의 응답을 받는다. 가장 응답을 많이 받는 직업은 단연 의사다. 인도도 우리와 같이 의사가 최고 직업이다.

광고에는 은밀한 의미를 가진 약자 혹은 표현이 상당히 등장한다. 'convent-educated'라는 용어는 전적으로 여성에게만 해당한다. 영국 식민 시기부터 사용한 용어로, 쉽게 말하면 포크 & 나이프를 사용하는 집안에서 자란 영국식 교양을 갖춘 근대화된 가정에서 자란 여성을 원한다는 것이다. 'descent marriage'라는 표현은 다우리, 즉 결혼지참금을 원한다는 것이다. 'caste no bar'는 카스트는 신경 쓰지 않는다는 의미다. 하지만 이 경우에도 불가촉천민이나 슈드라를 제외한 브라만, 끄샤뜨리야, 바이샤의 세 상층 카스트면 괜찮다는 것으로 해석하는 것이 일반적이다. 카스트는 여전히 인도인에게 중요한 결혼 조건임은 분명하다. 여성에게 원하는 조건은 피부가 하얀 것이 으뜸이고, 남성에게는 전문직 종사자가 으뜸일 정도로 주로 외적 조건, 특히 외모를 구체적으로 제시하는 것이 특징이다. 그런데 최근 들어 남성에 대한 조건은 큰 변화가 없는 반면에, 여성의 외모에 대한 요구 사항이 갈수록 까다로워진다. 물론 광고 문구 하나하나에 비용이 발생하기 때문에 가장 중요한 조건만 제시할 수밖에 없다고 하지만, 인도 사회가 여전히 조건을 우선시하여 부모나 가족이 원하는 결혼을 만드는 문화가 강하다고 해석하는 것이 더 일리가 있다. 결혼할 때 당사자의 의사결정권이 그리 크지 않은 데다, 상대방을 잘 알아 보고 결혼하기보다 결혼 후에 맞춰 가면 된다는 봉건 풍조가 여전히 강하게 자리하고 있기 때문이다.

이러한 결혼 광고가 등장하고 갈수록 그 수요가 많아지는 것은, 다른 한편으로 인도 전통사회의 붕괴를 보여 준다. 전통적으로 집안끼리 평판을 알아보고 중매로 결혼하는 체제가 무너지고, 그렇다고 카스트 등에 신경 쓰지 않고 본인들의 자유의사로만 결혼하는 연애결혼이 대세로 자리 잡지 못했기 때문에 나타나는 현상이다. 가족과 친족이 끈끈하게 맺어진 전통적 네트워크가 크게 약해진 도시 생활이 대부분이지만, 결혼은 아직도 중매결혼이 주를 이루다 보니 생긴 현상이다. 광고 의존도가 높아지면서 사기 광고가 기승을 부리고, 그로 인해 고소 고발과 이혼이 증가하는 것도 중요한 사회 변화다. 사회가 크게 변하고 도시화가 빠른 속도로 진행된다고 해도, 인도는 여전히 부모가 자녀의 결혼에 대해 큰 통제권을 갖는 세계에서 몇 안 되는 국가 중 하나다.

2020년 넷플릭스가 선보인 '매치메이킹 인디아: 중매를 부탁해 Indian Matchmaking'라는 리얼리티쇼는 선풍적인 인기를 끌며 시즌 3까지 방송되었다. 그 정도로 인도에서 중매는 중요한 문화의 한 요소이고, 그러다 보니 신문에 결혼 광고를 내는 문화가 쉬이 사라질 것 같지 않다. 결혼 광고를 통해서 본 인도 사회의 변화는 그리 급격하지도 크지도 않다. 인도의 어른들은 젊은이들의 연애를 그리 탐탁지 않게 여긴다. 특히 여성은 여전히 집 안에 가두고 싶어 한다. 최근 들어 결혼 광고 문구에 새롭게 등장한 여성에 대한 요구 사항이 'non-feminist'인 것도 이런 분위기를 보여 준다. 다른 한편으로는, 돈을 버는 전문직 여성 선호도 눈에 띈다. 인도 사회가 복합적으로 변화하고 있다는 증거다.

볼리우드 영화는 어떻게 인도를 세계화하는가?

볼리우드Bollywood(Bombay+Hollywood)는 단순히 인도 힌디영화의 한 장르가 아니다. 볼리우드의 특징은 러닝타임이 길고, 춤과 노래가 섞여 있고, 사랑과 배신, 음모, 환희, 승리, 좌절, 극복, 신에 대한 간구, 천우신조 등 여러 주제가 섞이고 반복되는 플롯을 형성하고, 대체로 매우 화려하며, 결국 해피엔딩으로 끝난다는 것이다. 형식과 내용이 크게 대조되는, 할리우드 영화와는 문법의 구조부터가 다르다. 힌두교의 일원론적 세계관에 기반한 실제와 신화의 세계가 뒤섞여, 그냥 현실을 잊고 카타르시스를 느끼며 즐기는 데에 초점이 맞춰져 있다. 할리우드 영화에 비할 바는 못 되지만, 볼리우드 영화는 인도뿐 아니라 아시아와 아프리카 등 전 세계에 엄청난 영향력을 발휘한다. 그 힘이 최근 더 커지는 중이라는 분석이 많다.

1990년대 인도 정부가 본격적으로 경제 자유화를 실시한 이후로 소비문화가 성장하고 이를 견인하는 중산층이 생겨나면서 볼리우등의 영향력은 점차 커졌다. 1980년대까지만 해도 볼리우드는 주로 도시 노동계급 남성을 대상으로 하는 포퓰리즘적 콘텐츠에 치우쳐 있었고, 그래서 상류층은 볼리우드보다는 점잖은 할리우드 영화를 더 좋아했다. 그러다가 1990년대 들어 상당한 소비력을 갖게 된 중산층이 이전의 상류층이나 노동자층과 구별되는 문화적 취향을 만들어 가기 시작했다. 대학을 나온 그들은 도시에서 박물관이나 아카데미 혹은 갤러리 등을 통해 부르주아적 교양을 쌓기 시작했고, 그러한 맥락에서 영화에도 문화비평적 차원으로 접근했다. 그 과정에서 그들만의 문화적 문법이 영화의 헤게모니적 비전으로 제시되었다. 부르디외가 말한 취향을 통해 부르주아지로 자리 잡은 것이다.

중산층의 취향은 영화와 연계된 문화상품의 대중화를 결정하는 문화자본이 되었다. 그러면서 중산층이 원하는 바가 자연스럽게 영화의 주제와 소재로 반영되었다. 70~80년대 영화 소비층이 사회 현실을 묘사하고 카스트나 계급, 사회정의, 도덕, 국가주의 등에 초점을 맞춘 영화를 선호했다면, 새로운 중산층은 더 가볍고 밝고 명랑한 도시 생활에 초점을 맞춘 영화를 더 좋아했다. 이제 영화의 초점이 무거운 주제에서 가벼운 로맨스, 패션, 여행, 도시 라이프 등 소비문화와 직결되는 분위기가 만들어졌고, 이를 볼리우드 스타를 중심으로 한 마케팅 전략에 활용하면서 소비문화가 더 커지는 순환이 생겨났다.

볼리우드 영화는 대규모 인도인 커뮤니티가 있는 동남아시아, 중동, 북미, 아프리카 등에 널리 퍼져 있다. 주로 인도인 교포들이 소비하지만, 현지인들 사이에서도 상당한 인기를 끌고 있다. 전쟁 중인 아프가니스탄에서도 2000년대 이후 가장 큰 문화산업이 볼리우드 영화임은 의심할 바 없는 사실이다. 최근에는 중국에서도 인기가 치솟는 중이다. 중국은 미국에 이어 세계 2위의 영화시장이지만, 연간 34편의 외국 개봉작만 허용하는 쿼터제를 실시하기 때문에 중국 시장에 진출하는 것이 결코 쉬운 일이 아니다. 그런데 2018년에 〈당갈Dangal〉과 2019년에 〈시크릿 수퍼스타Secret Superstar〉가 엄청난 대박을 터트렸다. 2018년에 총 10편의 인도 영화가 중국에서 개봉되었다. 중국 최고의 온라인 스트리밍 사이트에는 이제 인도영화 전용 섹션이 있을 정도다.

볼리우드 영화의 세계적인 인기는 문화 세계화 현상으로 해석할 수 있다. 문화 세계화는 이전 시대의 문화 제국주의와 다르다. 문화 제국주의는 과거의 서구문화와 미디어가 지배력을 형성하면서 중심부가 문화산업 차원에서 주변부를 종속한 것으로, 한국 같은 나라가 전형적으로 미국 문화산업의 주변부로 남아 있었다. 물론 그 중심은 할리우드이고, 흐름의 방향은 일방적으로 할리우드에서 제3세계로 흘러갈 뿐 역방향은 없었다. 문화 세계화는 이러한 문화 제국주의 개념과 전혀 다르다. 각 지역에서 문화 생산 주체가 부상하여 세계화에 이르지만, 힘의 역학 관계가 지배와 피지배 차원으로 형성되지 않는다. 문화 세계화 차원에서 볼리우드는 관객의 규모와 문화 열기 측면에서 이제 할리우드의 주요 경쟁자로 부상하고 있다. 물론 총수익 측면에서 볼리우드는 여전히 할리우드와 상대가 되지 않지만, 인도 영화산업의 성장은 분명 괄목할 만한 현상이다.

한 국가의 소프트파워는 강제가 아닌 매력을 통해 글로벌 영향력을 달성하는 국가의 능력이다. 볼리우드 영화가 중국을 포함한 전 세계에서 인기를 누린다는 것은 인도의 소프트파워가 크게 성장했음을 의미한다. 영화는 보편성의 언어로 어떤 국가의 문화, 이데올로기, 세계관, 관행 등을 재현하는 것이기 때문에, 볼리우드 영화는 인도 문화를 기반으로 하는 소프트파워 성장에 큰 역할을 한다. 할리우드를 통해 미국 문화상품이 전 세계에 미국 문화의 소프트파워를 창출하는 역할을 한 것과 마찬가지로, 인도의 볼리우드 영화도 그런 역할을 할 것으로 보인다.

볼리우드 영화가 인도의 소프트파워로 성장하여 인도 고유의 세계관과 문화를 세계 곳곳에 퍼뜨리는 역할을 하는 것은, 서구식 선악 이분법과 국가주의에 물든 일방적 세계 문화의 다양한 성장에 기여한다. 여기에 인도 사회에 만연한 여러 가지의 차별과 불평등, 폭력, 빈곤, 교육 등 극심한 사회문제에 대한 고민과 해결책을 세계인과 공유한다는 사실은 인도로서는 그 가치를 따질 수 없는 엄청난 문화 자산이다. 이것이 가장 중요한 의미다.

힌두에서 가장 길한 방향은 어디인가?

인도에 가서 그 사람들과 함께 살거나 그들과 여러 형태로 접촉하려면 그들이 좋아하는 걸 해 주면 된다. 하지만 설사 하지 못하더라도 크게 실례될 건 없다. 그러나 그들이 터부시하는 건 절대 피해야 한다. 그들의 힌두교는 다신교라서 세상 모든 것 안에 성스러움이나 불결함이 있다. 터부의 가장 중요한 기준은 동서남북 방향이다. 좌와 우도 중요하고, 홀과 짝도 중요하다. 좌우 홀짝은 우리 문화와 크게 다르지 않지만, 방향은 우리와 크게 다르다.

인도 사람들이 생각하는 가장 길하고 복스러운 방향은 동東이다. 그래서 집을 지을 때에도 동향을 우선으로 한다. 신에게 제사를 올리기 위해 짓는 제단도 항상 동향이어야 한다. 그 안에 모셔진 불도 동쪽을 향한다. 동쪽은 제사의 신이자 불의 신인 아그니가 사는 곳이기 때문이다. 그곳은 신들이 사는 곳이요, 영원한 천국이 펼쳐져 있는 곳이다. 그래서 카스트를 기준으로 보면, 당연히 브라만의 방향이다. 고대 인도에서는 제사 때 소(牛)점을 쳤다. 소를 풀어 주고 어느 방향으로 가는지에 따라 점괘가 달라진다.

만약 소가 동쪽으로 가면 제주祭主는 곧 원하는 바를 얻을 수 있고, 궁극적으로는 극락으로 간다고 풀이한다. 결혼, 임신, 입문 등 길조를 기대하는 의식은 땅바닥에 상서로운 무늬를 그리는데, 그 무늬가 향하는 방향은 반드시 동쪽이어야 한다. 이때 그 무늬 그림 위에 뿌리는 상서로운 풀잎 하나하나도 그 이파리 끝이 모두 동쪽을 향하도록 놓는다. 의식에 참여한 사람들도 머리를 동쪽으로 향해야 한다.

반면에 우리가 가장 좋아하는 방향인 남南은 힌두에게는 죽음의 방향이다. 염라대왕이 사는 곳이다. 동쪽이 신이 다스리는 천상의 세계라면, 남쪽은 염라대왕이 다스리는 조상의 세계다. 그곳은 지옥의 방향이고 죽음과 폭력이 있다. 카스트를 기준으로 인식하면, 타인을 죽이고 폭력을 행사하면서 살아야 하는 끄샤뜨리야의 방향이다. 우리에게는 조상이 복을 가져다주고 후손들을 보호해 주는, 그래서 영원토록 지극정성으로 모셔야 하는 존재이지만, 인도 사람들에게는 꼭 그렇지만은 않다. 그런 좋고 긍정적인 일은 모두 신들의 몫이고, 동쪽 세계의 일이다. 그러니 인도에서 조상은 잘 모셔야 하는 존재임이 분명하지만, 어디까지나 후손들이 화를 당하지 않게 하기 위함이다. 고대 제사 때 쳤던 소(牛)점에서 소가 남쪽으로 가면 그 제주는 가까운 시일 내에 이 세상을 하직할 것이고, 궁극적으로는 염라대왕이 다스리는 지옥으로 불려간다고 풀이되었다. 그래서 남쪽과 관련된 징조들은 불길하거나 음陰의 의미를 지니는 것이 많다. 아침저녁으로 모시는 조상 제사나

아이가 세 살 되는 해에 행하는 삭발식같이 음의 의미가 강한 의례가 남쪽과 관련되어 있다. 조상 제사 때 바치는 제물은 항상 제사 식장에 봉헌된 불의 남쪽에 놓이고, 이때 뿌려진 풀잎 하나하나도 모두 남쪽을 향해야 한다.

서西는 동물의 세계로 풍요롭다. 고대 사람의 눈으로 볼 때 동물의 세계는 항상 풍요 그 자체였다. 그리고 그 세계는 서쪽에 있다고 생각하였다. 우리가 잘 아는 불교 세계에서도 극락은 풍요의 땅이고, 그래서 서방西方정토淨土이다. 서쪽은 부와 생명의 의미가 있고, 카스트로 치면 바이샤의 세계다. 누구든 자손을 많이 두고 싶거나 가축이 새끼를 많이 낳기를 바라면, 제단의 불을 서쪽으로 향하게 놓고 거기에 공물을 올려야 한다. 힌두는 부부 관계에서도 남자의 정자가 동쪽에서 자궁 쪽으로 들어가고, 수정된 태아는 서쪽에서부터 자라 나온다고 믿는다. 그래서 특별히 서쪽은 여자의 세계요, 자손의 세계다. 소(牛)점에서도 소가 서쪽으로 가면, 그 제주는 조만간 자식이나 하인을 많이 두든지 추수 때 풍작을 맞는다고 푼다. 보름달이 뜰 때 하는 풍요 기원 의식에서 키, 바구니, 절구, 절구 공이 등을 서쪽으로 놓는 것도 모두 서쪽이 풍요를 가져다준다고 믿기 때문이다. 그렇지만 서는 동의 반대 방향이라는 의미가 더 우선이다. 즉, 서는 신과 양陽과 정淨의 세계에 등을 지는 방향이기 때문에 서를 선호하지 않는다. 집을 지을 때 서향을 피하는 이유도, 많은 재물을 갖고 싶지 않아서가 아니라 신의 세계를 등지고 살고 싶지 않아서다. 그래서 재물이나 자손을 많이 갖고 싶으면 차라리 남향으로 한다.

북北은 사람의 세계다. 여기서 사람이란 신의 세계를 향하는 사람이 아닌 사람, 그리고 죽음의 세계를 향하는 사람이 아닌 사람, 즉 살아 있는 현재의 이 세계에 사는 사람을 의미한다. 우리가 사는 이 세계, 낮고 속되고 오염된 그러나 활기차게 살아 움직이는 세상의 사람을 뜻한다. 그래서 북쪽은 병이 창궐하고 썩어 문드러지고 죄가 판치는 세상이지만, 그 안에 사람 사는 재미가 있어 삶의 의미를 부정할 수 없는 세상이다. 힌두교는 지금 우리가 사는 세상을 부정하지는 않지만, 이를 극복하고 더 높은 곳으로 옮겨야 하는 단계로 본다. 그래서 카스트를 기준으로 보면, 슈드라의 방향이다. 결혼이나 입문 의식 때 긋는 상서로운 문양의 줄은 서에서 동으로 세 줄을 그은 후에 남에서 북을 향해 마무리 한 줄을 긋는다. 이때 바쳐진 음식들도 모두 북쪽을 향해 놓는다. 의식을 행하는 중간중간에 일어나는 동작들은 모두 남에서 북을 향해 일어나게 한다. 아이 탄생 의례 때 산모가 아이를 아비에게 넘길 때에도 남쪽에서 북쪽으로 움직여야 하고, 결혼식 하객들이 예물을 바칠 때 신랑은 신부의 남쪽에 서서 신부의 손을 잡고 북쪽을 바라보며 의례를 행해야 한다. 남과 서가 초록 동색의 관계라면, 북은 동과 초록 동색의 관계다. 전자가 음이고, 후자가 양이다.

도시에서 손으로 커리를 먹으면 곤란하다고?

인도의 옷 하면 대부분 여성들이 입는 아름다운 사리sari를 떠올린다. 사리는 여성이 두르는 재봉하지 않은 한 장의 천이라 정의할 수 있지만, 사실은 그렇게 하나로 정의하기에는 너무나 다양하다. 북부에서는 모든 계층의 여성이 사리를 입지만, 남부에서는 주로 기혼 여성만 입는다. 께랄라에서는 상층 카스트 여성만 입는 옷이기도 하다. 인도 여성들이 사리만 입는 것은 아니다. 가위로 자르고 바늘로 꿰매어 만드는 여성 봉제 옷은 서부 인도에서 많이 입는 큰 치마가 대표적이고, 뻔잡에서 카슈미르에 걸친 지역에서는 꾸르따kurta라는 윗부분만 단추가 있는 셔츠에 사르와르sarwar라 부르는 바지를 입는다. 둘 다 두빳따dupatta라는 긴 스카프를 두르는데, 모두 서아시아에서 들어온 무슬림 의복의 영향을 받아 변형된 것이다.

남성 옷은 재봉하지 않고 몸의 아랫부분을 두르는 도띠dhoti와 긴 치마인 룽기lungi가 대표적이다. 도띠 대신에 빠자마pajama라는 바지를 꾸르따와 함께 입기도 한다. 남성은 여러 가지의 터번을 많이 두른다. 서부 쪽의 뻔잡이나 라자스탄 등에서 많이 쓰지만, 시크교도는 모두 쓰게 되어 있고 '빠그리'라고 부른다. 그 외의 지역에서는 지역의 토후국 왕과 같은 권력층이 많이 쓴다. 밭에 나가 일하는 농업노동자들도 많이 쓴다.

인도의 전통 옷은 영국 식민 지배기에 크게 바뀌었다. 19세기 초반 동인도회사의 근대화가 시작될 무렵, 주로 벵갈의 브라만들로 구성된 꼴까따의 엘리트 계급은 영국의 문화를 적극 수용하면서 새로운 신분 질서에서 자신들의 위치를 확립하고자 하였다. 새로운 도시 전문직, 즉 교사, 의사, 변호사, 공무원, 은행원 등 서구형 직업인들은 도시의 활동적이며 탈脫의례적인 삶의 양식에 따라 도띠나 사리와 같은 힌두 전통에 의거한 재봉하지 않은 의복 대신에 바지나 셔츠와 같은 서구식 재봉 의복을 더 선호하였다. 그들은 도시 생활의 필요에 따라 처음에는 공적인 장소에서만 영국식 의복을 착용했고, 집으로 돌아와 뿌자를 올리거나 하는 전통적 질서를 따를 때에는 도띠와 같은 전통 복장을 착용했다. 이후 도시화가 진행되며 공공장소가 점점 넓어지면서 서구식 복장이 점차 대중적으로 자리 잡았다. 지금은 대부분의 도시 남성들은 양복을 입고 여성은 사리를 입는데, 젊은 여성은 셔츠와 청바지를 많이 입는다. 특히 남성은 서양식 옷을 입으면 근대화한 사람, 전통식 옷을 입으면 촌스러운 혹은 민족주의 진영에 속하는 사람으로 평가되는 게 일반적이다.

인도의 옷 하면 '사리'를 떠올리듯, 인도 음식 하면 '커리'를 떠올린다. 재료의 종류와 요리 방식에 따라 너무나 다양한 음식이 있는데, 이것들을 다 '커리'라고 한다면, 여러 향신료를 섞고 기름에 볶은 후 여러 방식으로 요리한 것이라 정의할 수 있겠다. 생선, 고기, 닭, 칠면조, 염소 등과 함께 감자, 콜리플라워, 당근, 시금치, 무, 토마토 등 채소가 들어간다. 물이나 우유가 적게 들어간 마른 커리도 있고, 서양식 스튜 같은 것에는 육수와 코코넛 크림, 우유, 요구르트 등 걸쭉한 국물이 있다. 그렇지만 우리네 국이나 찌개처럼 국물이 많지 않다. 보통 마른 것을 '드라이', 스튜 같은 것을 '그레이비'라고 부른다. 대체로 북인도 요리는 드라이하고, 남인도는 그레이비하다. 인도 음식에 가장 많이 들어가는 재료는 뭐니 뭐니 해도 양파다. 그래서 인도에서는 양파 가격이 오르면 정권이 바뀐다는 말이 있을 정도다. 인도 음식은 채식vege이냐 비채식non-vege이냐로 구별하는 것이 가장 일반적이다. 인도인의 삶에 가장 큰 토대가 되는 것이 정淨・부정不淨 개념이기 때문에 그렇다. 살아 있는 생물의 몸에서 떨어져 나오는 것을 부정한 걸로 보고, 그런 것 가운데 가장 부정한 것이 사체, 즉 고기라서 그렇다. 그래서 전통적으로 품위 있는 브라만은 육식을 하지 않는다. 그런데 그것도 지역에 따라 다르다. 브라만 문화라고 해서 하나로 정해진 전범이 없기 때문이다. 벵갈 지역의 브라만은 생선은 먹는 게 허용된다.

인도에서 주식으로 쓰이는 곡물은 쌀과 밀이다. 쌀은 동부, 즉 벵갈 연안과 서부 아라비아 해안 그리고 남부의 고온다습 지대에서 많이 생산된다. 인디카Indika 혹은 안남미라고 알려진 낟알 하나하나가 분리되는 찰기가 거의 없는 쌀로 밥을 짓는다. 밀은 가루를 내어 짜빠띠, 난, 빠라타, 뿌리 등 일반적인 빵으로 만들어 먹는다. 발효한 것도 있고, 발효하지 않은 것도 있다. 짜빠띠는 발효하지 않는 것으로 북부에서, 난은 발효한 것으로 서북부에서 널리 먹는데, 후자는 이슬람 문화의 영향을 받았다. 그래서 파키스탄이나 아프가니스탄에 가면 난이 인도 북부보다 더 많이 퍼져 있는데, 그 크기도 인도 것보다 크다. 기름으로 굽거나 튀긴 것도 있다. 그 안에 감자나 양파 같은 것을 넣어서 먹기도 하고, 아무것도 넣지 않고 빵만 먹기도 한다.

옷과 마찬가지로 음식도 영국 동인도회사 지배기부터 변화가 많이 생겼다. 가장 큰 변화는 영국 사람들이 '커리'라는 말을 만들었다는 것이다. 인도에는 우리나 일본 사람들이 보통 '카레'라고 하는 노란 스튜 요리는 원래 없다. '커리'는 영국 사람들이 인도 음식을 영국으로 가지고 가서 변형시킨 것이고, 그것이 일본을 거쳐 우리나라로 들어와 '카레'라는 음식이 되었다. 지금은 치킨 커리, 머튼 커리 같은 말을 널리 쓸 정도로 영국식 음식이 인도식 요리로 굳어졌다. 영국식 음식 문화가 전파되면서 밀크티, 즉 짜이chai가 인도 전통 음식인 양 퍼진 것과 비슷하다. 그러면서 손으로 먹는 인도 전통 방식은 가정 안으로 들어가고, 밖에서는 포크 앤 나이프로 식사하는 서양식 문화가 널리 퍼졌다. 도시에서는 음식도 옷과 마찬가지로 근대화 혹은 현대화의 척도로 이해된다. 그러니 한국 사람이 인도 도시에서 전통 옷을 입고 손으로 커리를 먹으면 이상하게 쳐다보는 것은 당연하다. 자칫하면 많은 사람들이 무시하는 네팔 사람이나 인도 동북부 사람으로 오해받기 쉽다.

힌두교 성지순례는 무슨 의미를 갖는가?

성지순례라 하면, 어떤 종교 창시자의 행적을 중심으로 태어난 곳에서부터 종교적 대업을 이루거나 죽음과 관련한 장소나 이후 종교가 세를 확장하면서 중요한 역할을 한 사건의 현장을 돌아보는 것을 말한다. 기독교나 이슬람이나 불교는 그 창시자가 역사적 인간임이 분명하고 그 행적이 구체적인 사실로 드러나기 때문에, 그 성지를 한정하는 일이 그리 어렵지도 않고 그 수가 애매하거나 불분명하지도 않다. 그런데 힌두교는 다른 종교와 크게 다르다. 힌두교는 행위의 주체가 대부분 신이고, 역사가 아닌 신화로 기록되어 있기 때문에, 모든 장소가 신화 속 장소이다. 그래서 그 장소를 구체적인 역사적 장소로 지정할 때 항상 의견 충돌이 있다. 비록 신화 속 장소라 하더라도 실제 역사적 장소, 곧 성지가 되는 곳이 적지 않다. 신화 속 장소가 구체적 장소로 비정되다 보니, 지역과 전통에 따라 그 수가 매우 많고 제각각이다. 그렇지만 인도아대륙의 여러 전통을 모두 아우를 수 있는 곳은 분명히 있다. 그러한 주요 성지는 어디이고, 그 성지는 사회적으로 어떤 의미가 있는가?

현재를 기준으로 볼 때 일반적으로 북부 히말라야 지역의 아마르나트, 바드리나트, 께다르나트, 하리드와르, 강고뜨리, 야무노뜨리 등 갠지스강과 야무나강의 발원지에서부터 갠지스강을 따라 내려가다 보면 중류의 바라나시, 쁘라야그라즈 등과 서쪽의 드와르까, 남쪽의 라메슈와람, 동쪽의 뿌리 등이 있고, 여러 신의 행적이나 강이 만나는 곳과 관련한 장소로 아요디야, 마투라, 웃자인, 깐치뿌람 등이 있다. 이 가운데 가장 보편적으로 받아들여지는 성지로는 북부 히말라야 지역의 바드리나트, 동부의 뿌리, 남부의 라메슈와람, 서부 드와르까의 소위 인도아대륙 사방四方 성지를 든다. 히말라야 안의 작은 사방 성지도 있는데, 강고뜨리, 야무노뜨리, 바드리나트, 께다르나트의 네 곳이다.

힌두들이 순례하는 것으로 '꿈브멜라Kumbh Mela'도 중요하다. 꿈브멜라는 여러 강의 네 군데 성지에서 돌아가며 12년 주기로 열리는 축제 행사다. 갠지스강과 야무나강 그리고 신화에 나오는 천상의 강인 사라스와띠강이 합류하는 지점인 쁘라야그라즈, 갠지스강의 하리드와르, 고다와리강의 나시끄, 쉬쁘라강의 웃자인이 그 네 군데이다. 이 축제 기간에는 기세棄世 승려인 사두sadhu가 축제 장소에 모여 토론하고 교육하고 자신들의 수행을 시전하고, 그 모습을 일반 신자들이 보고 배우고 함께한다. 8세기 힌두 철학자이자 승려인 샹까라짜리야Shankaracharya가 인도아대륙 전역의 힌두교 수도원 승려들을 집결시켜 철학적 토론과 논쟁을 벌였다는 신화에서 출발한 축제인데, 이를 뒷받침하는 기록은 없다. 순례자들이 대규모로 모여 치르는 의식 중 하나가 강에 몸을 담그는 의식이다. 꿈브 멜라는 보통 1개월에서 3개월 동안 지속된다. 이 가운데 가장 큰 모임은 쁘라야그라즈에서 열리는 끔브멜라다. 축제 기간에 순례자와 기세자는 의례욕을 하기 위해 강으로 들어간다. 나체 상태로 몸에 재를 바르고 헝클어진 머리를 한 나가 사두naga sadhu가 선봉에 서고 나머지 수행원들이 그 뒤를 따르며, 맨 뒤에 일반 재가자가 선다. 이 성지순례에는 엄청난 인파가 몰려드는데, 가장 최근에 열린 2019년 꿈브멜라에는 연인원 2억 명이 모였다. 축제 기간 중 가장 혼잡한 날에만 5천만 명이 모였다고 하니, 가히 세계 최대의 종교 순례 모임이다.

힌두교의 성지순례가 언제부터 시작됐는지 그 기록은 없고, 전설상으로만 전해지는 게 전부다. 힌두는 중세 언제부턴가 아대륙 전체를 하나의 어머니로 간주하면서 성스럽게 여기는 전통을 유지 보전해 왔다. 인도 땅 전체가 어머니이니, 전국 모든 곳이 성지라고 해도 된다. 그렇지만 아대륙 곳곳에 구체적인 성지가 있고, 곳곳의 성지에는 주요 사원이 있고, 그곳을 순례하는 사두는 도량道場(아슈람ashram)이나 사당(마타matha)에 머물면서 수도원 생활을 하기도 한다. 불교에서 처음 시작된 수도원 생활을 흡수한 것으로, 초기 중세 이후 크게 성장하였다. 이와 관련하여 인도아대륙 국토의 동서남북 곳곳에 있는 성지를 순례하는 행위가 힌두교를 하나의 종교로 통합시키는 데에 크게 기여하였다. 중세 초기부터 인도 각 지역에 퍼져 있는 성지들을 묶어 뿌라나 경전에 탑재함으로써 범汎인도 순례 전통이 만들어진 것이다. 여러 전통이 혼합되면서 각 전통에 따라 규정된 장소가 다르기 때문에 일정하게 정해진 성지는 없지만, 각 종파에 따라 전국적으로 정해진 곳을 순례함으로써 인도아대륙 내의 종교를 하나의 힌두교로 통합시켰다는 사실은 중요하다.

중세 이후 힌두교에서 성지순례는 독실한 신자에게는 필수적이지만, 이슬람과 같이 주요 교리를 구성하는 필수 코스는 아니다. 근대 이후, 특히 영국 지배기에 건설한 철도망을 비롯해 원활한 교통체계의 발달과 함께 대중적인 신앙 행위가 되었다. 힌두들은 성지를 '건너는' 곳이라는 의미로 이해하는데, 이는 성지란 신이 인간 세상과 접촉하거나 만나는 곳이라는 뜻이다. 그래서 성지는 신의 영역과 인간의 영역이 만나는 곳이다. 보통 힌두는 성지에서 속죄의 경배를 행하지만, 그냥 단순한 순례로 신성한 여행을 하기도 한다. 비록 전부는 아니지만 성지순례 기간에는 카스트 제약에서 벗어나는 경향이 있고, 사람들이 종교 안에서 평등함과 보편성을 따르는 경향이 있다.

힌두는 언제 삭발을 하는가?

힌두가 삭발하는 건 크게 두 가지 경우다. 하나는 통과의례 때, 다른 하나는 신에게 간절히 뭔가를 구할 때이다. 대부분의 의례가 그렇듯, 전자는 남자에게만 해당하고, 후자는 여자라도 할 수 있다. 통과의례는 탄생 의례 때부터 하는데, 출생 후 4개월에서 3년 사이에 삭발 의식을 치른다. 삭발 의식이 끝나면 성수로 머리를 깨끗이 씻은 뒤 강황과 백단 풀을 발라 소독한다. 첫돌에도 하고, 요즘은 아이가 자라서 학교에 갈 때 하기도 한다. 물론 요즘은 삭발식을 하지 않는 경우가 더 많다. 모두 지역과 종교 전통에 따라 다르다. 머리카락을 다 미는 사람도 있지만 정수리에 머리카락 한 올을 남겨 두기도 하니, 신화에 나오는 독실한 신자로서의 충심을 표시하는 것이다.

그런데 청년을 포함해 머리를 완전히 삭발한 어른이 많다. 이는 가족 중 누군가가 죽었다는 걸 의미한다. 대개 아버지나 어머니가 사망했을 때 전 가족 구성원이 삭발한다. 형제, 자매, 배우자, 자녀가 사망해도 마찬가지로 삭발 의식을 치른다. 특히 남편이 죽어

과부가 된 부인은 반드시 삭발해야 하는데, 과부가 죄를 지어서 삭발함으로써 그 오염을 떨어뜨린다는 의미다. 현실적으로는, 젊은 과부가 다른 남자에게 매력적으로 보이지 않게 삭발하는 것이라 해석한다. 삭발과 함께, 과부는 어떤 장신구도 착용하지 못하니, 다 깨수부고 옷도 화려한 색상은 입지 않아야 한다. 상층 카스트일수록 전통을 더 강하게 지킨다.

삭발 의례는 통과의례 때만 하는 건 아니다. 누구든 헤어나기 어려울 정도로 좌절하고, 거기서 빠져나올 방법을 찾기 어려울 때, 신에게 간절히 문제를 해결해 달라고 간구할 때, 머리카락을 다 미는 의식을 한다. 가끔 신문이나 방송에 이와 관련한 사연이 소개된다. 남편이 교통사고로 크게 다쳤는데, 자녀는 시험에 떨어지고, 본인이 하는 사업은 망하는 상황에서 어디 사는 어떤 여인이 결혼 후 한 번도 자르지 않은 머리카락을 다 밀고 완전 삭발을 한 채 신에게 간구했는데 얼마 뒤 남편이 회복하고 자식이 합격하고 어쩌고저쩌고했다는 휴먼 드라마다. 힌두교는 기복과 물질을 추구하는 종교라는 사실이 이야기의 중요한 저변이다.

삭발은 남을 축복할 때에도 한다. 머리카락을 신에게 바친다는 의미다. 예컨대, 오랫동안 장수한 할머니나 어머니가 더 무병장수하고 강녕하기를 기원하는 축복 의식 때에도 가족들이 머리를 삭발하여 신에게 바친다. 인간이 가장 소중하게 여기는 것을 과감히 버리면 신이 감동하여 간구하는 바를 이루게 해 준다는 희생 혹은 포기의 개념이다. 주로 짐승을 희생시켜 제를 지냈지만, 힌두교의 과부 순장 사띠나 불교의 소신공양과 동일한 희생제 논리다. 목숨을 바칠 수는 없으니, 자기 몸 가운데 사회생활을 하는 사람에게 소중한 머리를 삭발한다는 것이다. 불교에서 세상을 버리고 사회 밖으로 나가는 중이 될 때 머리를 다 미는 것과 같은 포기의 이치다.

종교의례 차원에서 머리를 깎는 일은 당연히 고대 힌두 신화와 연결되어 그 행위의 합리성을 인정받는다. 머리를 미는 신화에는 여러 가지 버전이 있지만, 그 가운데 가장 널리 알려진 기저 신화로 비슈누 신화가 있다. 신화에 따르면, 하늘의 신 비슈누는 풍요의 여신 락슈미를 따라 지상에 내려와 어떤 언덕에 거처를 정했다. 그러자 암소가 날마다 그 언덕으로 올라와 비슈누에게 자기 젖을 공손히 바쳤다. 그러자 암소의 주인이 자기 소유인 우유를 자기 허락도 없이 남에게 준 암소에게 분노해 그 암소에게 도끼를 던졌는데, 그 도끼가 비슈누 머리를 때려 머리카락 일부가 잘려 나갔다. 이 모습을 본 여신 닐라 데비가 그 자리에서 자기 머리카락 한 올을 잘라 비슈누의 상처에 대고 상처를 치료했다. 여신의 행동에 크게 감동한 비슈누 신은 앞으로 머리카락을 기부하는 사람은 누구나 그 보상을 받을 것이라고 축복했다.

머리카락을 밀 때 정수리 부근의 머리카락 한 올 혹은 극히 일부를 남기고 미는 것을 '쉬카shikha'라고 하는데, 불꽃 혹은 산봉우리를 의미한다. 남자들만 이런 모양의 삭발을 하는데, 지역에 따라 다르지만 대체로 쉬바 신화와 관련이 있다. 태초에 지구에 가뭄이 들어 모든 것이 말라 죽을 때, 여러 선인仙人들이 비슈누 신에게 비를 내려 달라고 간구하는 제사를 올렸다. 비슈누는 지나가가 은하수를 끌어와 지구로 던져 줬는데, 명상에 잠긴 쉬바가 그 은하수의 강한 위력에 지구가 파괴될 것을 걱정해 그 물줄기를 염력으로 끌어와 은하수가 쉬바의 머리를 맞고 한풀 꺾여 땅 위로 흘러 모든 생명이 다시 살아났다. 그렇게 해서 만들어진 강이 갠지스강이고, 그 갠지스강을 상징하는 것이 머리 정수리에 남기는 머리카락이다. 이후 쉬카는 쉬바가 했던 영적 목표에 대한 집중과 신에 대한 헌신을 의미하게 되었다.

예전에는 쉬카를, 신을 따라 천국으로 가거나 혹은 이 마야(幻)의 세계에서 벗어나게 해 주는 동아줄 같은 개념으로 이해해 모든 힌두교도가 다 쉬카를 지켰다. 그러나 지금은 브라만과 사원의 사제들이나 지킬 뿐이다. 마하뜨마 간디가 자네우(성사)를 두르지 않거나 쉬카를 하지 않는 힌두교도가 갈수록 많아지는 걸 보고 가슴 아프다고 말한 것은 꽤 널리 알려진 이야기다. 그만큼 힌두교도의 독실함을 평가하는 기준으로 작용한 것이 쉬카이다. 쉬카는 묶기도 하고 풀기도 한다. 물론 후자가 더 독실함의 표현한다. 요즘은 부모나 직계의 장례식에서도 쉬카가 풀려 있지만, 예전에는 대체로 묶여 있었다.

요가는 어디에서 와서 어디로 가는가?

요가는 고대 인도에서 시작된 영적 · 정신적 · 신체적 수련이다. 인도에서 나온 종교는 모두 이 요가를 수련하니, 요가는 힌두교에만 국한되지 않는 범인도적 문화이다. 게다가 근대 이후에는 스트레칭 비슷한 신체 피트니스 비슷하게 활용되니, 전 세계 어디에서나 하는 새로운 문화 특질이 되었다. 요가가 어디에서 기원했는지는 정확하게 알 수 없다. 기원전 1500년 경 아리야인이 중앙아시아와 아프가니스탄을 거쳐 인도아대륙으로 이주해 들어올 때 가지고 들어왔는지, 아니면 그들이 기원전 7~6세기경에 갠지스강 중상류 유역에 도달해 엄격한 제사 의례 중심의 베다 시대 힌두교를 비판하면서 꽃피운 영성 중심의 슈라만 문화의 구성 요소로서 우빠니샤드 · 불교 · 자이나교 등에서 발전했는지 정확히 알 수 없다. 요가 자세 그림이 새겨진 고대 인장을 근거로, 요가가 인더스문명에서 기원했다고 주장하는 학자들도 있다. 어쨌거나 정확한 기원은 몰라도 갠지스강 문명 초기 힌두의 우빠니샤드와 초기 불교에서 만들어진 것은 분명한 역사적 사실이다.

그렇다면 인도의 요가는 어쩌다 지금같이 전 세계인이 하는 글로벌 문화가 되었을까? 19세기 중반, 인도를 명상과 신비의 나라로 여기는 서양의 낭만주의자들이 생겨났다. 즉, 처음에는 오리엔탈리즘의 하나로 주목받았다. 힌두 승려 비웨까난다Swami Vivekananda를 통해 서구인들은 힌두교를 명상과 요가를 중심으로 하는 탈물질적인 종교이자 관용과 보편의 종교로 이해하였다. 비웨까난다는 1890년대에 유럽과 미국을 순회했는데, 당시 서구의 지식인들은 그의 가르침에 크게 매료되었다. 그러면서 요가는 서구에 널리 퍼졌다. 이때 서구인이 접한 요가는 중세 밀교의 육체적 수행을 통해 영적인 수련을 하는 '하타hatha' 요가였다. 그러면서 애초의 요가가 목표로 하는 초월의 중심이 마음에서 몸으로 옮겨졌고, 이후 육체 운동으로만 남게 되었다. 바로 이 육체 요가가 지금 현대인이 하는 요가다.

오늘날 요가는 '아사나asana'라고 하는 호흡법으로 몸을 이완 및 수축시키면서 여러 자세를 취하고 그 위에서 명상하는 신체 활동이 되었다. 원래 우빠니샤드 시기에는 아사나가 별다른 역할을 하지 않았는데, 물질을 중시하는 밀교 힌두교 이후 아사나가 중요한 위치를 차지하게 되었고, 아사나 중심의 하타 요가가 정통 요가처럼 받아들여졌다. 그러면서 아사나가 정교하게 계발되어 점차 그 수가 늘어났다. 1830년대에 84개였던 아사나의 수는 현재 900개가 넘는 것으로 알려진다. 이제 에너지를 통한 영적인 해탈이라는 목표는 완전히 사라지고, 현대인이 필요로 하는 휴식과 체력 증진이 목표가 되었다.

아사나를 다양하게 바꾸면서 신체를 이완 수축하는 아사나 요가는 현대인의 몸과 마음에 매우 긍정적인 영향을 미친다는 것은 여러 연구와 실천을 통해 증명되었다. 여기에 인도와 티베트 전통에서 오랫동안 수행한 하타 요가의 요소들, 즉 자세와 식이요법, 호흡법, 명상 등 더 진지한 수련 방식이 통합되면서 요가는 단순한 신체운동을 넘어서게 되었다. 새로운 요가는 특히 자본주의 경제가 발전하고 도시화가 빠르게 진행된 선진국에 널리 퍼졌다. 특히 앉아서 일하는 시간이 많고 스트레스를 많이 받는 도시인의 건강에 긍정적인 영향을 끼친다고 알려지면서, 직장이나 단체에서 집단 프로그램을 많이 계발하였다. 이제 요가를 가르치는 사람이 많이 필요해졌고, 교재나 책, 명상음악, 요가 매트리스, 수련복 등 이른바 요가 비즈니스가 전 세계적으로 발전했다. 인도는 요가의 메카가 되었고, 특히 북부의 갠지스강가에 자리한 리쉬께쉬는 으뜸 관광지가 되었다.

이제 인도는 19세기 서구에 널리 퍼진 오리엔탈리즘 신화를 다시 한 번 되새김할 필요가 생겼다. 전적으로 비즈니스 차원이다. 힌두 라슈뜨라, 즉 힌두국가를 꿈꾸면서 그것을 정치와 경제 양쪽에서 실리적 비즈니스로 삼는 모디 수상이 요가를 그냥 둘 리 만무하다. 모디는 2014년 유엔총회에서 '국제 요가의 날'을 제정해야 한다고 호소했다. 요가는 인도인의 것만이 아닌 세계인의 것이고, 세계인의 정신적 · 육체적 · 영적 에너지를 증진하고 내적 ·

외적 부문에서 평화와 웰빙을 증진한다고 설득했다. 요가를 통해 세계인의 협력과 포용, 평화와 화합을 이루자는 것이다. 그러면서 요가가 인도가 세계인에게 주는 선물이라는, 새로운 스타일의 힌두 문화 비즈니스를 과감히 전개했다. 결국 유엔총회는 매년 6월 21일을 '국제 요가의 날'로 정해 2015년부터 시행 중이다. 2016년 12월 1일에는 유네스코의 무형문화유산으로 등재되기까지 했다. 이로써 모디는 새로운 국제 비즈니스의 목표 하나를 달성했다.

이제 요가는 이탈리아의 피자 같은 것이 되었다. 종교학자 바라띠Agehananda Bharati는 이탈리아에서 기원한 구운 빵에 불과했던 피자가 제1차 세계대전 이후 미국으로 건너가 맛과 모양이 다양해지면서 그것이 다시 원산지인 이탈리아로 와서 그 의미와 지위가 크게 달라졌다면서 이를 '피자 효과'라 명명했다. 우리의 짜장면과 비슷하다고나 할까. 오늘날 요가는 인도에서 기원했지만 근대 시기에 영국인을 통해 유럽에 전해졌다가 다시 미국으로 건너가 전혀 다른 정체성으로 단장해 전 세계로 퍼지고 인도 땅에 다시 들어와 새로운 문화현상으로 자리 잡은 문화 특질이다.

아유르베다는 사이비 의술인가?

사람의 질병을 치료하는 의술이 과학이 된 것은 근대 이후이다. 근대 이전에는 의술 안에 종교의 영역에 속한 것이 상당히 많았다. 그 과학이 아닌 부분들이 과학으로 증명되면 문제가 안 되지만, 과학에 크게 반하는 것이 있으면 심각한 문제가 될 수 있다. 종교의 영역에서 만들어진, 흔히 말하는 미신으로 치료하는 행위는 대체로 민간전승 형태로 오랫동안 내려온 것이다 보니 쉽게 떨쳐내기가 어렵기 때문이다. 게다가 그 안에 과학적으로도 합리적인 부분까지 섞여 있으니 옥석을 가리기가 매우 어렵다. 우리의 전통 한의학과 그 언저리에 있는 민간요법 등에 굿이나 기도 같은 것이 섞여 있는 '의술'이 있다면 이를 어떻게 봐야 하는가? 인도에도 과학과 신앙과 미신이 뒤섞인, 사회적 영향력이 매우 큰 의술이 있다. '아유르베다Atyurveda'라고 부르는 전통 의약술이다.

아유르베다의 '베다'는 인도 경전의 베다가 아니다. 고대 인도의 여러 지식 담론이 그렇듯, '베다'의 권위를 빌려 이름으로 삼은 것이다. 그래서 신화적 역사를 의미하는 '이띠하사'가 그렇듯, 아유르베다 또한 다섯 번째 베다라고 불린다. '아유'는 '생명'을 의미하지만, 더 넓게는 신체, 감각기관, 마음, 영혼의 결합을 의미한다. 즉, 건강한 사람을 건강하게 유지하고 정신과 육체의 질병을 관리하거나 치료하는 것을 목표로 한다. 아유르베다 의(약)술의 시작 연대는 정확하게 알 수 없다. 하지만 적어도 지금까지 2천 년 이상 꾸준히 발전해 왔다는 데에는 이견이 없다. 현존하는 텍스트로는 《짜라까 상히따Charaka Samhita》, 《수슈루따 상히따Sushruta Samhita》, 《벨라 상히따Bhela Samhita》의 셋이 있는데, 이 작품들의 연대는 정확하게 파악하기 어렵지만 대체로 기원전후 시기로 본다. 그리고 고대 인도의 다른 텍스트와 마찬가지로 특정인이 집필한 것이 아니라, 구전으로 내려온 것들을 여러 편찬자가 집대성한 것으로 본다. 《짜라까 상히따》와 《수슈루따 상히따》는 5세기에 중국어로 번역되었고, 8세기에는 아랍어와 페르시아어로 번역되었다. 12세기에는 아랍인들에 의해 유럽에까지 전해졌다.

아유르베다 치료법에는 약초, 요가, 마사지, 다이어트, 명상 등이 포함된다. 아유르베다에 속하는 어떤 문헌은 코 성형, 신장 결석 추출, 백내장 제거, 이물질 추출 및 봉합 등 수술 기법까지 가르친다. 이 의술에서 가장 중요하게 여기는 건 몸과 마음 등 여러 가지 삶의 균형인데, 그 안에서 자연스러운 본능이나 충동을 억제하는 것은 건강에 해롭다고 본다. 항간에 아유르베다가 암 치료에 효과적이라거나 최근에는 코로나19 치료에 아유르베다가 유용하다는 주장이 있는데, 모두 근거가 없다. 게다가 납, 수은, 비소와 같은 금속 물질을 치료에 사용하기도 하니 오히려 위험성이 큰 것이 사실이다.

19세기 인도를 식민화한 영국은 인도의 모든 지식 담론에 관심을 가졌고, 그 과정에서 아유르베다가 유럽에 본격적으로 알려졌다. 20세기 이후에는 근대 생물학과 접목되어 체계화한 후 전 세계에 널리 퍼졌다. 글로벌화한 아유르베다는 비과학적이거나 미신적이거나 너무 종교적인 측면을 최소화하고 점차 세속화해 나갔다. 그 과정에서 서구의 뉴에이지 운동과 만나고, 요가 및 인도 영성운동과 본격 접목하였다. 그러면서 현재의 힐링, 미용, 휴식, 명상 등과 관계된 새로운 아유르베다 문화가 만들어지고, 이것이 지구적 소비문화로 우뚝 서게 된다. 이제 아유르베다는 허브나 천연 오일 등을 먹거나 바르면서 삶의 에너지를 충전하고, 망가진 몸과 마음을 회복하는 현대인의 문화로 자리 잡았다. 실제로 아유르베다가 현대 도시인의 스트레스와 우울증 치료, 신진대사 증진, 면역체계 강화 및 미용에도 큰 효과를 보여 화장품, 치약, 강장제, 성기능 보강제 등에서 엄청난 수요를 창출했다.

당연히 아유르베다가 긍정적인 효과만 내는 것은 아니다. 최근 아유르베다가 사회적으로 큰 주목을 받은 사건이 있었다. 코로나19 팬데믹 당시 힌두민족주의 우익 정치인과 그 지지자들이 소똥을 바르고 기도하면 코로나에 안 걸리고 낫는다고 주장하며 실제로 그렇게 했다. 당연히 아무런 효과도 없고 상황만 악화하였다. 고대 힌두 지식을 우익 정치인들이 정치적 맥락에서 전유하여 상황을 악화시킨 사건이다. 전염병이 유사과학 및 민족주의 정치와 만나 정치적으로 악용되는 상황이었지만, 인도 사회의 전통적인 분위기에서 과학자들조차 크게 반대의 목소리를 내기 어려웠고, 결국 사회적 혼란이 가중될 수밖에 없었다. 팬데믹 대유행이 다가오는 시점에 예방에 주력해야 하는 상황에서, 아유르베다가 치료 의술로 이용되고 그것이 사이비 언론을 통해 사회 전체에 퍼짐으로써 의술이 재앙이 된 것이다.

이와 관련하여 작지만 파장이 큰 사건이 하나 있었다. 바바 람데우Baba Ramdev라는 아유르베다 및 요가 치료사가 2020년 델리 국제공항에 당뇨병을 포함한 모든 만성질병을 아유르베다 방식으로 치료할 수 있다고 광고하고, 이어 큰 점포를 열어 엄청난 호응을 받았다. 과학자들이 나서서 그 폐해를 지적해도 사람들은 듣지 않았다.

지금은 과학이 전통 의약술을 검증할 수 있는 시대다. 아유르베다를 치료법으로 쓰고자 하면 사회적으로 해로운 '사이비' 의술이 될 가능성이 크다. 반면에 예방 차원의 의술로 존재하면, 그것은 '유사' 의술 혹은 대체 의술이 될 수도 있다.

인도 100문 100답 ❷

2024년 7월 31일 초판 1쇄 발행

지은이 | 이광수
펴낸이 | 노경인 · 김주영

펴낸곳 | 도서출판 앨피
출판등록 | 2004년 11월 23일
주소 | (10545) 경기도 고양시 덕양구 향동로 218
(향동동, 현대테라타워DMC) B동 942호
전화 | 02-710-5526 팩스 | 0505-115-0525
블로그 | bolg.naver.com/lpbook12
전자우편 | lpbook12@naver.com

ISBN 979-11-92647-35-7